Ofelia Ro...

LA VIDA MANDA

Y OTROS TEXTOS

Edición
Madeline Cámara

- STOCKCERO -

Selection, introduction, & notes © Madeline Cámara
Correction: Mariela Orama
of this edition © Stockcero 2018
1st. Stockcero edition: 2009

ISBN: 978-1-934768-96-9

Library of Congress Control Number: 2018948312

Set in Linotype Granjon font family typeface
Printed in the United States of America on acid-free paper.

Published by Stockcero, Inc.
3785 N.W. 82nd Avenue
Doral, FL 33166
USA
stockcero@stockcero.com

www.stockcero.com

Ofelia Rodríguez Acosta

La Vida Manda
Y OTROS TEXTOS

Edición
Madeline Cámara

Índice

Introducción

Introducción a la prosa de Ofelia Rodríguez Acosta: naturalismo, feminismo, misticismo.

Madeline Cámara. University of South Florida

Para Susana Montero,
por abrir el camino.
In Memoriam

Hace justo una década dediqué a esta autora un capítulo de mi libro *Cuban Women Writers: Imagining a Matria,* (New York, Palgrave: 2008) sobre mujeres cuyas obras reescribían la nación cubana. Ofelia merecía un lugar entre ellas bajo el epíteto de «la utópica». ¿Por qué reeditar ahora en 2018 la más conocida y polémica de sus novelas: *La vida manda*, junto a una selección de otros textos significativos? [1] Porque veo con satisfacción que en esta década ha comenzado a rescatarse su figura y comienzan a multiplicarse los estudios sobre su obra, muchos de los cuales me han ayudado a reescribir estás páginas que hoy presento gracias al interés de la casa editorial Stockero. Coincidimos el editor y yo en ampliar la muestra a disposición e incluimos textos periodísticos de dos etapas diferentes: el primero, «Rebasando el Feminismo» del año 1931, es parte de su «Campaña Feminista» en *Bohemia* e ilustra su agenda como activista dentro del movimiento feminista cubano de la época: mientras que el

---

1   La primera edición se hizo en Madrid en 1929 a la que siguió rápidamente una segunda edición en 1930 por la misma casa, la Editorial Biblioteca Rubén Darío; una tercera salió bajo la colección Mariposa de la Editorial Oriente, en Cuba, en 2008, con un prólogo de Zaida Capote; la nuestra sería entonces la cuarta edición en español.

segundo, «Tetuán», revela su curiosidad intelectual como mujer viajera cuando, con una beca del gobierno, realiza una gira por Europa y el Norte de Africa en el año 1936 y escribe una serie de crónicas que publica en la revista *Graphos* y luego como libro: *Europa era así* (1941). Se presentan también dos cuentos separados por casi tres décadas : «La concepción de un hijo» (1930) y «Agonía» (1957[2]) que demuestran la evolución de estilo y temas en la autora; y un ensayo «La muerte pura de Martí»(1953) que ejemplifica la tendencia al misticismo de su última etapa. Con esta selección, y a través de nuestro estudio introductorio, esperamos estimular futuros análisis comparativos de los diferentes géneros de prosa que cultivó esta mujer osada en la vida, la actividad política y la creación literaria que valientemente advirtió: «La mujer nueva no ha dicho aun su palabra, ni ha tenido aun su gesto. El feminismo, tan ridiculizado, tratado aun hoy día con tanta ligereza, ha de traer a la humanidad por su vehículo, la mujer, una verdad de una trascendencia incalculable para la vida.» (*Bohemia*, 18 de mayo de 1930) Convencida estoy que tenía razón y por eso es mi privilegio presentar su obra.

Permítaseme comenzar citando de una entrevista publicada en *Bohemia* por la periodista Berta Arocena de Martínez Márquez, fundadora del Lyceum Lawn and Tennis Club[3] . Su título «Ofelia Rodríguez Acosta: la novelista que venció a la mujer:»

> El doctor Rodríguez Acosta —magistrado al fin— interrumpe con su llegada aquella defensa [se refiere al alegato de Ofelia Rodríguez Acosta, su hija, en favor de su personaje Gertrudis. MC].
> El cigarrillo que se consumía en los labios de la valiente escritora describe una trayectoria de proyectil a través de la ventana abierta.
> A poco que se ha marchado el padre, Ofelia nos explica:
> —No le gusta que fume. Trato en lo que puedo de complacerlo
> Sonreímos (22/ 16 /1930: 9)

---

2   El libro en que aparece *Algunos cuentos (De ayer y de hoy)* es del año 1957, pero al pie de este cuento aparece la fecha 1954.

3   El Liceo fue fundado el 1 de diciembre de 1928, gracias a los esfuerzos de Berta Arocena y René Méndez Capote. Más tarde tomó el nombre Lyceum Lawn Tennis Club, con sede en la Calzada y 8 en El Vedado, la Habana. Los objetivos del Liceo en su momento fueron, según cita Stoner: «To foment a collective spirit among women, to facilitate an interchange of ideas, and to generate beneficiary activities.» En palabras de la estudiosa: «The Lyceum favored votes for women, lobbied Congress, and funded feminist and socialist lectures in Havana» (74). Figuras importantes que contribuyeron al Liceo fueron Ofelia Rodríguez Acosta, Mariblanca Sabas Alomá, Ofelia Domínguez, Fernando Ortiz, Raúl Roa, Lydia Cabrera y Carlos Márquez Sterling, entre otros.

No es necesario aclarar *who is who*: el Padre al que hay que respetar, la escritora que busca subvertir, y la amiga/colega feminista que trata de apoyar y comprender. En la escena veo encarnados los personajes y contextos que conformaron la vida de Ofelia de la Concepción Rodríguez Acosta García a quien en las páginas siguientes llamaremos por las siglas que la hicieron conocida en su época, ORA, o simplemente por su nombre propio: Ofelia. A un nivel alegórico en el resto de mi texto se sigue aludiendo a los símbolos configurados en esta entrevista. El lugar del Padre en mi ensayo lo ocupan las referencias a un momento clave de la sociedad cubana, que aun siendo patriarcal como lo es hasta el sol de hoy, gozó sin embargo de un fermento cívico–revolucionario cuya naturaleza no volvió a repetirse en nuestra historia. Y el lugar de la hija y la amiga lo reproducen las organizaciones feministas que exhibían por entonces de una variedad y pujanza nunca superadas. Todo ello explica que en estas décadas (1923-1943), simultánea y no paralelamente, se desarrollen movimientos intelectuales que buscaron sacudir la dormida conciencia nacional y que, provenientes de las filas intelectuales, hayan sabido representar intereses de grandes masas como fueron las mujeres y las clases trabajadoras: hablo del Feminismo y del Minorismo[4], proyectos que se cruzan en la vida de otra gran desconocida Mariblanca Sabas Alomá.[5]

Dentro de este escenario, se desarrolló la obra de una de las más destacadas figuras intelectuales de la época republicana en Cuba, una escritora que gozó de una increíble visibilidad pública y una impac-

---

4   Entre los años 1920-1923 comenzó a reunirse el que luego se llamó «Grupo Minorista.» Lo integraban intelectuales de diferentes sectores, en su mayoría escritores, que estaban interesados en dar un vuelco a la cultura cubana a la vez que participan en la vida pública con una actitud crítica frente a los gobiernos republicanos de Alfredo Zayas y Gerardo Machado. Asimilaron creativamente las corrientes de la Vanguardia y en el plano literario fueron responsables de la revolución del género ensayístico en Cuba. El grupo se declaró disuelto en 1929, luego de la fuerte represión machadista. Entre otros de sus miembros figuran: Fernando Ortiz, Alejo Carpentier, Rubén Martínez Villena, Mariblanca Sabas Alomá, Emilio Roig de Leuchsenring, Juan Marinello, María Villar Buceta y Jorge Mañach. Para más información consúltese de Ana Cairo: *El grupo Minorista y su tiempo*. La Habana. Editorial Ciencias Sociales, 1978.

5   Mariblanca Sabas Alomá (La Habana 1901-1983) Destacada periodista cubana, activista feminista, autora del libro de ensayo *Feminismo: cuestiones sociales-crítica literaria* (La Habana: Hermes, 1930) Para más información sobre su obra véanse Stoner y Montero. También el artículo de María Elena Capo Ortega «Mariblanca Sabas Alomá: mujer y periodismo republicanos» *La Gaceta de Cuba* 1. (2004): 58–62. Una reciente publicación que podría ser indispensable para estudios de género en este periodo de la cultura cubana es el libro de Jorge Gonzáles Pagés: *Historias de mujeres en Cuba*. Editorial Ciencias Sociales, 2003. Sobre las periodistas, tengo conocimiento de un libro de Ana Nuñez Machín: *Mujeres en el periodismo cubano* que incluye a Sabas Alomá pero no a Rodríguez Acosta (Cf. Fleites–Lear)

tante agencia social. Si alguna duda cabe de su importancia en el ambiente intelectual cubano de las décadas del 30 al 40, sépase que *Bohemia* le concedió una de sus portadas que, junto a una bella foto de la autora, se publicó con la siguiente nota:

> Ofelia, nuestra Ofelia, es todo un programa de vitalidad ideológica, perennemente inquieto, flamante y optimista como una bandera que se yergue sobre los incógnitos del porvenir. Es la mujer de hoy que ha logrado libertarse de las cadenas del prejuicio, pasando su espíritu y su pensamiento más allá de los soportes anquilosantes de la tradición [...]Por eso, no como una galantería vana que ella abomina, sino como un símbolo que enaltece nuestra patria y a la patria grande, la humanidad, Ofelia Rodríguez Acosta aparece en la puerta de esta institución que se llama *Bohemia* («Nuestra portada. Ofelia Rodríguez Acosta» 06/19/1930:10)

De esta misma mujer hasta hoy la crítica especializada no ha podido decir con certeza como pasó sus últimos años en una de esas paradojas que acompañan la trayectoria de las figuras femeninas en la Historia. Sí sabemos que Ofelia Rodríguez Acosta nació en Pinar del Río, la más occidental de las provincias cubanas, en la ciudad de Artemisa[6], cuyo nombre pareciera ya una premonición de los valores que ella honraría. La mayoría de sus principales estudiosos Montero, Bejel, Stoner, Capote y Menéndez concuerdan en la fecha: 1902: mientras que De Jongh ofrece 1906. Más controversial es el lugar de su muerte, ¿La Habana o Ciudad México? , no así la fecha: 1975 en la que todos concuerdan.

Diferentes versiones se han ofrecido. Montero, pionera en los estudios sobre ORA hechos después del 59' –a quien sigue la bibliografía sobre la escritora publicada en Cuba posteriormente– habla de la muerte de ORA como ocurrida en La Habana, basándose en informaciones orales. Nos dice que regresa de México, donde residía desde 1940, luego del triunfo de la Revolución Cubana en 1959[7]. Por otra parte, también ba-

---

6   Es un placer encontrar en el web *EcuRed* información bastante detallada sobre ORA, incluyendo una amplia bibliografía sobre lo que se publicó sobre ella en su época. Esta información tiene como fuente al museo municipal de esa ciudad (hoy llamada municipio en Cuba) y al historiador de la misma, Rolando García Blanco. Es de imaginar que el museo conserva y honra su memoria.

7   En el texto de Fernández de la Vega se afirma que «regresó en el 53» y lo corrobora pues cita la carta que ORA le escribió a Frank Vallhonrat, fechada en La Habana, el 21 de enero, de 1954, con el día corregido de puño y letra de la autora. En la misma ella afirma, en la que escribe que ha llegado a La Habana «el 20 de dic,» pero que piensa regresar a México «a principios de marzo.» (pp.10-11) Coincido con Fernández de la

sándose en fuentes orales, Stoner opta por situar el lugar de su muerte en México y algunas enciclopedias (Cf. Rappaport) en Estados Unidos la han seguido.[8] Bejel da cuenta de ambas opciones sin tomar partido por ninguna. Afirma Zaida Capote, quien refiere a un certificado de defunción y a un obituario en la prensa cubana[9] que ORA muere en La Habana y aquí pasó sus últimos años en el Asilo Santovenia. De Jongh es la única que ofrece un testimonio escrito de un escritor contemporáneo de ORA para ubicar su muerte en La Habana[10] y por eso me decanto por este escenario sobre el que volveré luego. En todos los recuentos, en una ciudad o la otra, se afirma que murió internada en una institución para enfermos mentales[11]. Muy pocos datos personales se obtienen: sabemos que fue hija de un magistrado, que tuvo una hermana escritora que firmaba bajo el seudónimo de Hortensia de Varela, pero nada he encontrado sobre su madre...[12] Solo son indispu-

---

Vega en que esta carta es fundamental para entender la evolución estilística e ideológica de la escritora, sus criterios sobre la creación artística, su ética de trabajo y sus últimos años de vida por eso la ofrecemos como apéndice en esta edición.

8   En el momento de investigación de mi libro (octubre, 2002) me comuniqué por email con ambas autoras y ambas me dijeron que sus fuentes fueron orales. Stoner señaló informantes en Miami; Montero, en La Habana pero no ofrecieron nombres.

9   Capote 2011, nota 1.

10   Elena De Jongh remite a lo que me parece ser la fuente más confiable en este aspecto de la vida de la escritora. Su cita bibliográfica lee: «Oscar Fernández de la Vega. Recuerdo de Ofelia Rodríguez Acosta (1902-1975). Nueva York: Parque Nacional, 1985». En mis propias búsquedas bibliográficas, he encontrado un folleto de Fernández de la Vega, que contiene la misma cita, usada por De Jongh, pero el título es: «De Ofelia Rodríguez Acosta a Frank Vallhonrat, dos narradores excepcionales de entreguerras en Cuba: una carta reveladora hace 30 años.» (Forest Hill, Nueva York: Parque Nacional, 1985) En la página final se lee, escrito a máquina: «En recuerdo de OFELIA RODRI-GUEZ ACOSTA a los diez años de su muerte: el 28 de JUNIO de 1975 1985» (sic) por lo que pienso que debe tratarse del mismo texto. Cito de dicho folleto aquí y dentro del texto: «Profesores, críticos, historiadores y periodistas la hemos excluido (¿ignorancia supina?) de crónicas y recuentos, alejada como estaba ella de nuestro ambiente republicano final. Regresó en el 1953; se aisló sin las consideraciones merecidas, dejó de imprimir después de que la fatal catástrofe suspendió pensiones, fue víctima de la amnesia (además) y murió en Santovenia, el 28 de Junio de 1975» (p.12)

11   Sobre su salud en este tiempo también hay debate: En el sitio de internet EcuRed se afirma que «perdió la vista y quedó inválida;» Capote (2011: 1) se refiere a que el certificado de defunción menciona como causa de su muerte «una bronconeumonía,» en su ensayo; Fleites–Lear rebate que Santovenia sea considerado como asilo mental, sino solo como hogar para «ancianos desamparados» pero esto no prueba mucho sobre la condición particular de ORA. (2015: 37)

12   Al final de la primera etapa de investigación de este trabajo encontré en un sitio de internet (genforum.genealogy.com/cuba/page8/html) accedido en Marzo 25 del 2008, una desesperada nota de una persona llamada Concepción Rodríguez que se identificaba como sobrina de Ofelia y pedía información sobre ella y su familia, al no poder comunicarse con ellos por vivir fuera de Cuba desde hacía muchos años. El mensaje databa del 2000 y sólo había recibido en ese fórum una respuesta que sugería a Concepción dirigirse a los fondos de la Colección Cubana de la Universidad de Miami. Diez años después cuando retomo este trabajo, vuelvo a encontrar una nota de

tables los datos compilados sobre sus textos y su labor como activista feminista. Entre sus publicaciones se encuentran siete novelas, un libro de
cuentos, varios de crónicas y ensayos y una obra de teatro que algunos
estudiosos sólo mencionan.[13] A ello debe sumarse una copiosa labor de
articulista que se divulgó en revistas como *Bohemia, Carteles, Social* y
Grafos, principalmente, así como los periódicos *Diario de la Marina* y *El
Mundo*; sin olvidar que fundó y dirigió su propia revista: *Espartana*
(1927)[14]. Fue miembro activo del «Club Femenino de Cuba» desde 1923
hasta 1928, y también perteneció brevemente a la Unión laborista de
mujeres. Luchadora anti–machadista comprometida, fue una
promotora activa del llamado «Frente único» que finalmente dio al
traste con este gobierno.[15]

Mi interés en la obra de Rodríguez Acosta nació de la lectura de
su periodismo directo, agitador y apasionado. Luego, exploré algunas
de sus obras narrativas para encontrar, esta vez hecha carne en la
ficción mediante conflictos y personajes, las tesis centrales de su discurso ensayístico. Definitivamente, esto orientó mi estudio hacia una
perspectiva comparativa entre ambos tipos de escritura tratando de
detectar la diferencia en la similaridad, la estrategia textual que
permite la transformación del concepto en forma artística, y como
dicha forma actúa activamente sobre la conceptualización, dialogi-
zando lo que a veces en el artículo de opinión resultaba dogmático.
En ese sentido, me ha parecido sugestivo contrastar la presentación
de un mismo tema bajo diferentes formas de lenguaje: el denotativo
del periodismo, el connotativo de la ficción. Todo esto, sin olvidar que
la interpretación de las ideas de Rodríguez Acosta, tiene siempre que

---

la sobrina de Ofelia dando las gracias a Zaida Capote por el artículo que esta publica en
«La Ventana,» portal; virtual de la Casa de las Américas que cito en mi bibliografía. En
su mensaje a Capote, la sobrina da las gracias por la información recibida sobre su tía.
Me satisface mucho que la encuesta que lanzó Concepción haya llegado a buenos
resultados.

13   Se trata de «La ilusa»: Montero citando a Gay Galbó informa que la obra es un drama
inédito en tres actos «de dudoso valor literario» (p.40) y Unruh (p.238, nota 30), señala
que es del año 1925. Sería muy interesante recuperar este texto e incorporar el análisis
del mismo a los recientes estudios comparativos sobre ORA pues se podría tratarse de
un «experimento» temprano con el uso de las voces de la ficción como portadoras de su
ideología.

14   Sólo alcanza a publicarse un par de números en los meses de enero y febrero de 1927.

15   «Frente Único» se le llamó a la amplia coalición de fuerzas sociales que se unió para
enfrentar al gobierno de Gerardo Machado pidiéndole su renuncia en el año de 1930.
Ofelia Rodríguez Acosta publicó un artículo titulado «Frente único» el 28 de Dic. en
Bohemia donde afirmaba «El Frente Único lo integra toda Cuba [...] Basta ya de
despotismo y de sangre» (15)

reinsertarse en el momento histórico específico en que estas se escribieron, pues la posición activa de la escritora en la arena social no permite una lectura descontextualizada.[16]

Cuando nos referimos a su narrativa tampoco puede obviarse la presión de la herencia literaria. Como se verá Ofelia no se libró de la «ansiedad de la influencia.» En este sentido es útil recordar que el naturalismo está presente en el aliento panfletario que a veces se respira en su ficción, las crudas descripciones sexuales de su novelística, el interés por las enfermedades y la recreación en atmósferas sórdidas, es particularmente obvio en su novela *Dolientes* (1931) y sobre todo en sus personajes tipos, como Félix e Irene en la novela que editamos (Cf. 1929: 151, 199, 213) Caracteres que se dibujan enfrentados por conflictos ideológicos o de clase, que sacrifican a la versomilitud artística a la transmisión directa de un mensaje, fueron moneda corriente en la narrativa republicana, naturalista y realista. (Cf. Ichazo)

Nina Menéndez también ha estudiado ese aspecto, citando opiniones de época como la de Juan José Remos, autorizado crítico literario que en 1931 afirmó:

> Cuba ha contado con magníficas figuras del verismo[...]desde el artista finísimo que se llamó Jesús Castellanos, hasta la pléyade brillante de pulsadores de la verdad humana, que integran Carrión, Loveira, Ramos...sin que falte la mujer valiente, más valiente aun en nuestro medio todavía cobarde y lleno de perjuicios, que concibió los capítulos intensos de *La vida manda* (cit. en 91)

Por otra parte, remito Vicki Unruh quien nos ha provisto de un profundo estudio sobre la inserción de ORA dentro del *milieu* literario vanguardista de la época advirtiendo a sus estudiosos que : «These crossing between feminism and the country's literary avant—grades for the 1920' are striking; nowhere inLatin America were they quite so strong.» (134)

No es posible detenernos en estos aspectos con la profundidad que el tema merece, como tampoco en ubicar el discurso feminista de Rodríguez Acosta en un marco continental, pero es lógico pensar que las

---

16   No sólo dentro de Cuba publicó en varias revistas y periódicos y participó en diversas organizaciones sociales, también en México fue miembro del «Ateneo mexicano de mujeres», de la «Agrupación de trabajadores intelectuales» y colaboró con revistas europeas como *Nuevo Mundo* (España) y *Ambos Mundos* (Francia)

agendas del feminismo institucionalizado de América Latina no le fueran desconocidas: la Comisión Interamericana de Mujeres se reunió en La Habana en 1930, y el feminismo cubano, o mejor sería decir «habanero,» dada la naturaleza urbana y de clase media que lo caracterizó, tuvo sus propios congresos nacionales en 1923 y 1925 en los que ella participó. De mis lecturas concluyo por el momento que, dentro de la arena cubana, Ofelia fue la voz más radical en cuanto a temas de sexualidad, y una de las más competentes en cuanto a su agencia y a su clarividencia política. Con respecto al entorno continental sólo Luisa Capetillo[17] parece comparársele por la original fusión que se da en ambas de espiritualismo y activismo social.

Ahora bien, dicho todo esto, cuando escuchemos las demandas de la cubana en su encendido periodismo de tribuna, nótese como su «agenda ideológica» se subordina al espíritu nacionalista que dominó el pensamiento cubano de principios de siglo, y como este moldea y sujeta el desarrollo de su «agenda feminista», de por sí altamente contradictoria, obediente a las demandas de la Modernidad pero rebelde ante sus ineficiencias para repensar «lo femenino.»

Emilio Bejel ya ha llamado la atención sobre este fenómeno subrayando que el feminismo de la época: «opened a radical new perspective that not only benefited women's rights, but also questioned patriarchy and gender roles in general:» sin embargo, el estudioso señala que «all of these discourses often were under the umbrella of nationalism –that is, all of them declare their principles and practices in the name of some sort of national morality. The homophobic foundations of nationalism were not systematically and directly questioned.» (44)

Por mi parte, destacaré las contradicciones que emanan de la sujeción del discurso feminista de la escritora al diapasón de la Modernidad reformadora, jamás deconstructiva. Así veremos que la fe en el progreso social vía la democracia, y en el mejoramiento humano gracias a la cultura, iluminaron el camino recorrido por el pensamiento y el activismo de Ofelia, hasta que –como su homónima en las letras shakespereanas– terminó perdiendo ¿ o renunciando a? la Razón.

---

17   Luisa Capetillo (1829–1922) feminista puertorriqueña cuyo pensamiento, vida y obra parece arrojar puntos de contacto con Ofelia Rodríguez Acosta. Una investigación pionera sobre esta autora es la debida a Julio Ramos: *Amor y Anarquía: los escritos de Luisa Capetillo*. Río Piedra: Ediciones Huracán, 1992. Agradezco al profesor César Delgado el haberme llamado la atención sobre esta posible comparación cuando leí un fragmento de otra versión del presente texto en una conferencia del Cuban Research Institute, FIU, Miami, 2001.

Dada la falta de información y de circulación de las fuentes primarias sobre su obra, sobre todo su disperso periodismo, este estudio introductorio expresamente se propone identificar, y ejemplificar sus ideas a través de la cita directa de sus artículos, ensayos, cuentos y novelas más influyentes. Soy consciente de los peligros de tal manipulación de textos[18] pero creo que merece la pena afrontarlos para intentar al menos resumir algunas de las ideas más representativas, ilustrar cada posición con palabras de la propia autora, y ofrecer una síntesis que muestre su originalidad, así como las trampas históricas, metodológicas e ideológicas a las que estuvo sujeta.

Abarco dos periodos: el primero es su consolidación como voz pública y como novelista reconocida por la crítica y va desde la aparición de su novela *La vida manda* (1929) hasta la culminación de la campaña periodística de *Bohemia* que abarcó los años 1930-1932, incluyendo su cuento «La concepción de un hijo» publicado en *Bohemia* en 1930. De la lectura de este grupo de materiales, extraigo un conjunto de ideas que propongo al lector como una suerte de decálogo[19] feminista de Rodríguez Acosta.

En el segundo periodo reviso dos hechos fundamentales: el viaje de la escritora por Europa en los años inmediatamente anteriores a la Segunda Guerra Mundial y su respuesta periodística en las páginas de *Graphos*, así como el impacto de la guerra en su novelística publicada posteriormente a su residencia en México, desde donde escribe el resto de su obra, de la que sólo me referiré brevemente a las obras *Sonata interrumpida* y *La dama del arcón*. De esta etapa, que se caracteriza por el vuelo filosófico de sus reflexiones, me interesan el desarrollo de un nuevo concepto de democracia de Ofelia Rodríguez Acosta basado en la elevación espiritual del individuo. Todo esto, en relación con los principios feministas que no dejarán de regir su vida y su creación. Para entonces, la escritora estaba a punto de cerrar un ciclo donde había explorado con toda la intensidad de que era capaz, las «políticas de la razón, la pasión y la acción» (238-242), para decirlo tomando en préstamo términos de Beatriz Sarlo.

---

18   Para identificar los textos en *Bohemia* he brindado al lector la información del día, mes, año y páginas; para *Graphos*, mes, año y páginas.

19   Escogí esta palabra en mi estudio del 2008 para denominar, agrupándolas, las principales ideas feministas de ORA, luego he descubierto que ella usó un término similar para encabezar de uno de sus escritos que lamentablemente no encuentro disponible pero cuyo título reza: «Diez mandamientos cívicos (cinco estéticos y cinco éticos)». La Habana. Imp. Barandiaran, 1951.

EL DECÁLOGO DE OFELIA.

Bohemia, la revista cubana de mayor circulación con una tirada de 50, 000 ejemplares semanales, era un vehículo idóneo para la divulgación de una agenda feminista que la publicación decidió apoyar. Véase el editorial con que presenta a los lectores la nueva serie: «El feminismo es una de las cuestiones más trascedentales de nuestra época. Su triple acción política, social e intelectual, se expande más cada día. *Bohemia* ha concedido siempre una atención especial a los derechos de la mujer, aunque de manera intermitente. Nuestra entusiasta acogida a la campaña.» («Nuestra campaña feminista» 04/06/1930: 25)

A partir de entonces, esta campaña consistió en la publicación de un artículo semanal sobre cualquiera de los múltiples aspectos del feminismo. Los mismos iban acompañados de una carta enviada por una lectora (sólo a mujeres se dirigió la encuesta) en la cual se debía contestar a dos preguntas, presumo redactadas por la propia Rodríguez Acosta, cito: ¿«Cuáles son los principales defectos que impiden a la mujer un completo triunfo en la vida y en la causa feminista» ¿»Cuáles son las virtudes y buenas cualidades que posee la mujer y que permanecen inactivas, retrasando este triunfo?» (*Idem*) Todo un ensayo merecerían estas respuestas que revelan con espontaneidad la presencia de un ideario feminista, entre ingenuo y radical entre las lectoras cubanas. Después del 17 de agosto, fecha en que se da por terminada oficialmente la campaña, Ofelia sigue publicando asiduamente sobre temas feministas hasta el 24 de julio de 1932. El primer punto de su decálogo rezaría:

1–«MUJER: DESEARÁS LA IGUALDAD»

La activista fue clara en sus demandas, tanto como lo fue la escritora. Como tal, ORA creó un alegato viviente de la igualdad femenina a través del personaje protagónico de su novela más conocida y aclamada por la crítica en su época y en la actualidad: *La vida manda*. La igualdad de sexos se realizará, principalmente, gracias a la liberación económica de la mujer lo cual ejemplifica notablemente el personaje protagónico de Gertrudis, cuyo nombre es de una sugestiva intertextualidad para la literatura cubana que se reclame feminista:[20] «Emanciparse. Ganar dinero por su cuenta propia, como lo hacían los hombres, economizar, reunir, abrir una libreta en el Banco.» (1929: 21)

Ofelia no tuvo miedo de enfrentar, por su ideario de corte socialista y marxista, a las feministas de su época, que con excepciones, practicaban un feminismo liberal burgués y les deja el siguiente mensaje: «No se le puede (se refiere al feminismo) recortar al arbitrio de *las leaders*. Abarca todas las instituciones de clase, y es más que una reacción moral y asunto de política, problema económico. Tanto es así que una mujer no es absolutamente independiente por mucha libertad moral, intelectual que goce, y aunque lograra su plenitud política, si no está principalmente liberada del yugo de la esclavitud doméstica» (»Rebasando el feminismo» 09/ 27/ 1931: 24) En ese mismo artículo es aun más radical cuando añade «Si no es así, desdeñemos el feminismo como el mediocre recurso de un egoísmo más y confesemos de una vez que hemos rebasado el feminismo como algo que viene muy estrecho a nuestra actual visión del progreso humano.»

En este sentido, su credo feminista de igualdad tiene una enorme deuda con las ideas marxistas y comunistas que circulaban en la época. Véanse como ejemplo sus artículos: «Los pueblos íntegros» (01/24/32: 19) y «Como viven los de abajo» (02/14/320:13) También resulta muy clarificador leer su texto «El arte y la vida social» (07/10 1932: 13) donde sigue a dos conocidos estetas marxistas Plejanov y Chernishevsky. Hasta tal punto la influencia marxista es perceptible en su ideario que ella consideró necesario escribir otro artículo titulado: «Comunismo, Feminismo Sufragismo» cuya tesis creo sintetizar citando: «La feminista o la sufragista puede no llegar a ser comunista: la comunista encierra y rebasa a la feminista y a la sufragista.» (08/24/30: 11)

2–«Mujer: participarás en la vida política»

Importa a Rodríguez Acosta la participación de la mujer en la vida

---

20 Obviamente he pensado en Gertrudis Gómez de Avellaneda a quien considero «la Madre» del discurso femenino subversivo entre escritoras cubanas en mi libro *Imagining a Matria* (2008).

política del país, sobre todo para contrarestar la corrupta intervención de los hombres a lo largo de la historia de Cuba. Nuevamente el personaje Gertrudis de *La vida manda* es ejemplo de cómo los derechos al sufragio de la mujer son aun más necesarios en un país donde los patriarcas han impuesto la corrupción a la naciente república. Véase este encendido alegato del personaje:

> —¿Qué preparación tenían los hombres que asumieron el mando en 1902? ¿Tenían la educación, la cultura, el duro aprendizaje que han tenido que librar las mujeres? [...]No somos nosotras las que no estamos preparadas para votar; son ustedes los que no lo están para recibir nuestro voto. Si ustedes no hubieran denigrado así la política, no había que temer de la falta de conciencia y de educación cívica de las mujeres que integran el país? (1929: 67–69)

Coherentemente con este punto, en uno de sus artículos de *Bohemia*, ORA critica la desigualdad de derechos sociales entre el hombre y la mujer, escribiendo: «!Miedo! Miedo a que perdamos la feminidad cuando Uds. pierden la masculinidad por los caminos de la política, del vicio o del lujo, en las agallas de un gobernante déspota, en la ruleta en el alcohol, en la droga[...]o en el hambre de todo un pueblo» (»Comentarios a un folleto feminista» 05/04/1930: 66)

La furia con que Rodríguez Acosta acometió su crítica a la política del momento puede compararse con la estrategia de manifestar la ira abiertamente que aconseja la feminista afro-americana Audre Lourde. Así, invoca al odio necesario:

> Desgraciado del pueblo que no sabe odiar, porque no sabrá amar, pensar, vivir, crear. Desgraciado del pueblo feble, manso, irresoluto: no sabrá jamás realizar nada sólido ni perdurable, destruir y forjar realidades sociales. («Cuba, tus hijos lloran» 06/28/1931:19)

Aunque no podemos detenernos como merece en el análisis textual que probaría cuan radical fue Ofelia en sus análisis de la política cubana, no puedo renunciar a estas dos citas:

> «Se celebraba en La Habana la fiesta patriótica del 20 de mayo. Esto no tenía en la vida civil del pueblo cubano trascendencia alguna, como no fuera la de ver pasar por la mañana a lo largo del Malecón la revista militar, asistir a la inauguración de algún parque y a la velada conmerativa de tal cual Academia. 166-167

Esta primera cita muestra un objetivo conocimiento de nuestra Historia, viéndose el momento actual como parte de una secuela de

la situación creada después del 98.' Pero también es significativo que
sea dentro de esta atmósfera paródica que ella descubre la hipocresía
de su amante Damián al encontrarlo allí con su familia. De esta forma
se crea un contrapunteo entre el tema de la corrupción social y la
moral, en uno de los momentos más logrados de la novela. La segunda
cita nos obliga a reflexionar sobre el estilo de ORA:

> Necesitamos fuertes, drásticos vomitivos [...] Es preciso localizar el
> foco de infección en nuestro organismo social, aislarlo rigurosa-
> mente y luego someterlo a un tratamiento bárbaro si así es necesario
> («La lepra social» 1/31/1932:11).

Al revelar su apasionado propósito de sanear la realidad social de
su país se expresa con metáforas médicas, influida por la literatura y
el pensamiento positivista que permeaba el momento. Y esto es algo
que encontramos en los varios géneros literarios que abordó durante
esta primera etapa, que ya veremos cómo cambian pensamiento y
estilo en la segunda.

Como todas las feministas de su época Ofelia usó de su tribuna periodística para reclamar el derecho al voto que la mujer cubana
obtuvo en 1943, tempranamente respecto a otros países de América
Latina: «Deberes públicos del ciudadano. Las mujeres pagamos por
igual al hombre, los impuestos, las contribuciones, los retiros, las
rentas, los intereses[...]es arbitrario considerarnos incapacitadas para
votar pero sí capacitadas para pagar.» (05/04/1930: 66–67)

No obstante, para entender los matices de su pensamiento
feminista y como este se entrelaza con su ferviente nacionalismo es
importante tener en cuenta el siguiente artículo del crucial año 1930:
«El voto femenino y el momento político cubano.» Allí dice:

> ¿Qué hacemos? Estamos obsesionadas por nuestras cuestiones su-
> fragistas, al extremo de desentendernos por completo de todo
> humano y digno interés por las cosas que tan gravemente nos
> afectan en nuestra implícita condición de ciudadanas. Entendemos
> que esa insistencia en querer obtener el voto precisamente en estos
> momentos, es irresponsable [...] ¿Qué harían, quisiéramos que nos
> dijeran, si después de darles el voto se lo piden para sancionar una
> dictadura de la cual ya está convicto y confeso el actual gobierno?
> (09/07/1930: 11) (El énfasis es de Rodríguez Acosta)

Esta capacidad para insertar el análisis feminista en el contexto nacional, e incluso internacional, cruzando los análisis de género y clase, es

una de las características distintivas del pensamiento de la escritora que sin embargo no alcanzó a incorporar la variante de la raza en sus análisis feministas. El feminismo cubano de la época era blanco, el de Ofelia lo era inconscientemente, pues no fue capaz de percibir la importancia del factor racial en su agenda feminista: «en principio no hay más que dos razas: la opresora y la oprimida,» afirmó. («La raza humana»07/17/1932: 17)[21]

3–«MUJER: CULTIVA LA SUPERIORIDAD ESPIRITUAL»

Coincidiendo, parcialmente, con los presupuestos de lo que más tarde se llamará «feminismo de la diferencia» (Cf. Moi), observa Rodríguez Acosta que la mujer es moralmente distinta al hombre: «...llega a la cultura con elementos espirituales que no tiene el hombre.» Pero de inmediato, cuando trata de explicar en qué consiste esa distinción, su búsqueda no se dirige al mundo material y espiritual de la mujer, sino que se remite a factores externos, adquiridos, que define de modo general y abstracto: «Porque su cultura no es erudición ni enciclopedia, es la cultura íntima y sólida del pensamiento forjado en verdades más altas, auténticas y nobles» (»La mujer y la guerra» 05/18/1930: 65)

Rodríguez Acosta no explora, como luego lo hizo el llamado «nuevo feminismo francés» post 68, la fuentes sico–biológicas de las que emana esta energía considerada *«le parle femme»* y *«l'ecriture feminine,»* respectivamente, por autoras como Hélène Cixous o Luce Irigaray[22]. ORA no glorifica el cuerpo de la mujer, ni en especial la libido femenina, sin embargo, sí reconoce una distinción sustancial entre hombres y mujeres en cuanto a la maternidad, un aspecto que

---

21   Dijo ORA: «el hombre negro es un ser humano con los mismos derechos a la vida como el hombre blanco.» (*Bohemia*, 05/02/1932: 13), pero también: «Pongámonos en la difícil tarea de enmendarnos de nuestra taras biológicas–maridaje de razas, impureza sanguínea, filiación bastarda–; limpiémonos de todo el lastre de la dominación española y las intervenciones americanas; fijemos las responsabilidades históricas criollas; desbrocemos, quememos, extirpemos, y luego construyamos todo lo que está por construir sobre la base de una cultura y una economía netamente nacionales» (»Cultura y Economía» 02/21/1932:13). Más radical para su tiempo era la visión que tenía sobre la raza Mariblanca Sabas Alomá que expresa en el diario *Pueblo* (Abril 19, 1939) en artículo titulado «Negras en el Congreso de Mujeres.»El texto provocó una polémica con Angel C.Pinto: «A Propósito de la Mujer Negra» (Abril 22, 1939) cuyo seguimiento en el diario *Pueblo* es revelador sobre los prejuicios existentes en la época sobre la discusión abierta del tema del racismo en Cuba.

22   Para una selección de textos de este movimiento y un estudio del mismo, véase: *New French Feminism,* by Elaine Marks e Isabelle Courtivron.

también suscitó el interés teórico de esa segunda ola feminista. Entonces, ORA se adelanta al decir: «Como el hombre no es enteramente buena ni enteramente mala, pero su maternidad la ha dotado de una capacidad de perspectiva infinitamente más amplia.» (*Idem*).

En *La vida manda* nos parece percibir una alusión a esa fuerza femenina en relación con lo maternal cuando leemos: «Gertrudis, como si el beso de su madre preagónica reflejara su luz en el sendero abismal de su vida, se sentía con el ímpetu de la lanza, con ambiciones de guerrera: con curiosidades de exploradora...» (21).

Luego vuelve a aparecer otro comentario significativo en relación a la sensibilidad femenina frente a la guerra que analizamos bajo el punto final de este decálogo.

Sin embargo, lo que hemos hallado en sus escritos periodísticos nos conduce a pensar que Ofelia hubiese rechazado, de haberlas conocido, afirmaciones teóricas que exaltan la intuición y la sensibilidad como condiciones inherentes a la mujer que la sitúan ventajosamente sobre la racionalidad masculina.

> La mujer posee ciertamente esa rara clarividencia del bien y el mal, pero si la cultura no interviene para orientar esa disposición natural hacia una manera rigurosamente disquisitiva (sic) de apreciar los hechos puede llegar la mujer a cometer errores sinceros y nobles, pero contrarios a todo espíritu de justicia[...]La mujer por el mismo ardor que pone a veces un poco enfermizo en sus pensamientos y sentimientos es más difícil que se deshaga de esos mismos prejuicios que adquieren en ella cierta rigidez, cierta pavorosa inmutabilidad» («La justicia, la guerra y la mujer.» 06/12/1932:13)

Para Ofelia, como aplicada hija del «Siglo de las luces» en este momento de su vida, existe una cultura universal válida, humanista, de la cual la mujer debe nutrirse. No basta la intuición, incluso estorba la sensibilidad. En la tan importante batalla por la defensa del espacio público como área accesible a la mujer, Ofelia no valoró la significación y los propios valores que puede aportar el espacio privado.

Admiró por ello a Amelia Eahart, la primera mujer que sobrevoló el Atlántico, y conquistó un lugar en el espacio acordado a las hazañas masculinas. Sobre el tema escribió:

> Para el Arte, para la Ciencia, para la lucha social, nuestra vida privada, aun nuestros deberes personales no cuentan nada. Pesan pero no atan. O atan pero hay que pasar sobre ellos [...]A través de la Historia hemos visto como los hombres se han desligado en un sentido material [...] de todos sus afectos, por hondos que hayan

sido[...]para cumplir su propio destino, su deber universal. Lo
vemos en todos los sabios, en todos los pensadores, recorriendo la
gama desde los apóstoles hasta los políticos [...]Así, en la misma dirección se nos ofrece la perspectiva del futuro de la mujer. Es por
eso que el vuelo de Amelia Earhart marcará una etapa en la historia
de la Humanidad («La propia ruta» 04/29/32: 13)

Esta invitación a seguir lo que ella llama «la propia ruta» es eviden-
temente un camino muy diferente al de la «mística de la feminidad.»

4–«MUJER: NO TE SUJETARÁS AL MATRIMONIO»

Quien en la vida real parece haber sido la dócil hija del magistrado
criticaba a través de su pluma los papeles que impone la familia patriarcal a la mujer: la madre y la esposa. Según ella, las funciones im-
puestas anulaban la potencialidad de lo femenino: «La madre ha
matado a la mujer, le ha cercenado todos sus derechos, la ha anulado
[...] La madre criandera, manejadora, criada.» («Matrimonio y amor
libre» 07/15/1930: 19) Tampoco aprobará la máxima institución de la
heterosexualidad: «La realidad es que el matrimonio está en absoluta
decadencia. La mayor prueba de su ineficacia para garantizar la felicidad y la moralidad de la familia es, precisamente, la precipitación con
que los casados se acogen hoy al divorcio [...] El matrimonio se sostiene
a fuerza de insinceridad, de engaño. («Nuevas normas» (07/15/30: 17)
    Su posición no fue convencional, diríamos más bien su postura fue
escéptica. Entendiendo que «lo mismo se fracasa dentro del matrimonio que fuera del matrimonio» («Matrimonio y amor libre»
09/22/29: 19) piensa que el amor sólo es posible por un tiempo corto
«un año, cinco o diez, mientras perdure la ilusión» (»Anticipándonos
a la vida futura» 10/19/30: 13)

5–«MUJER: BUSCARÁS TU PLACER»

El tema de la realización sexual de la mujer es uno de los pocos en
que no he podido encontrar una correlación de citas entre
artículos/ensayos de opinión y obra narrativa. Para captar las convicciones de la escritora tendremos que recurrir a sus personajes de

ficción, y me satisface que así sea. Comprueba que tenía razón Berta Arozena y que en Rodríguez Acosta «la novelista» podía vencer a «la mujer», es decir a la agitadora feminista y activista política. La escritora que había en Ofelia sabía que ciertos temas no eran susceptibles de ser diseccionados por la razón sino meramente sugeridos a través de la palabra artística.

Mientras que la defensa del amor libre como un derecho más de la mujer fue un asunto que salió a relucir reiteradamente en su periodismo, para la ficción escogió la pintura sugestiva del placer que esa libertad reserva a quien la practica, siendo este quizás su mejor argumento. Todos los personajes femeninos que han aparecido en las novelas consultadas exhiben con orgullo su libertad sexual, experimentando sin atavismos el amor libre en escenas de alto contenido erótico.

El intenso estilo lírico que se escoge para estas enriquece la prosa por lo regular naturalista del primer período literario de Rodríguez Acosta. Cito un ejemplo de *La vida manda*: «Ambos cerraron los ojos y se sentían la sangre agolpada una contra otra, en el abrazo tembloroso de sus cuerpos. Un gemido de gozo presentidor rompió en la garganta de Damián. Entonces Gertrudis cedió por completo» (1929: 60).

Nina Menéndez, comentado esta y otras citas de la novela, afirma: «Their sex is clearly mutually satisfyng and involves two active erotic subjects» (104). Coincido con ella ya que igualar a ambos sexos en el placer es una postura ya de por sí transgresiva dentro de la representación del erotismo heterosexual pues altera el papel tradicionalmente pasivo designado a la mujer, objeto de placer no el sujeto del mismo.

Pero aun puede ser más subversiva Rodríguez Acosta cuando decide explorar —pero solo a través de la ficción ya no en los artículos periodísticos, hasta donde conozco— el lesbianismo como una alternativa de la realización sexual del sujeto femenino de sus obras. La bibliografía crítica consultada, y mis propias lecturas, me conducen a pensar que es *La vida manda* la única obra que trata el tema, o al menos donde se le explora con una complejidad más digna del interés de la crítica. Bejel y Menéndez y luego Fleites—Lear lo estudian con detenimiento. Bejel reconoce que «*La vida manda* is one of the very first Cuban novels to deal with this issue in such a clear fashion.» (56) Menéndez, examinando la relación entre Delia y Gertrudis, personajes de la citada novela, llega a la conclusión de que: «This open—mindedness regarding lesbianism is reiterated in Ofelia Rodríguez Acosta 's novel *La vida manda*, which contains an important subtext dealing with lesbian sexuality [...]Rodríguez Acosta –in a understandadly underspoken way– presents lesbianism as a liberating identity for some women.» (124)

Véanse dos pasajes de la novela que la estudiosa ofrece como indicios para esta lectura:

«Sintió clavada en ella como ponzoñoso aguijón la mirada buida de Delia [...] La mirada de Gertrudis, hipnotizada, bajó hasta los labios de Delia, que se estremecía voluptuosamente [...] se agitó pecaminosamente en la larga, interminable, dulce mirada de la otra mujer.» (Rodríguez Acosta, 1929: 132)

«[Gertrudis:] —¿En que me ha conocido usted, Delia?

[Delia:] —En sus silencios. Sus silencios son de una elocuencia irrebatible [...]Ponerles atención es verla a usted llorar, añorar, pensar descarnadamente: amar [...] » (*Ibídem*: 80-81)

Ambas citas son lúcidamente discutidas por Menéndez usando las más actualizadas teorías de los llamados *queer readings*: la significación de la mirada y de los silencios como expresión del deseo lésbico. Coincido con sus análisis, pero añado otra cita a este espectro. Al releer la novela para este estudio encuentro que ORA ubica la sexualidad heterosexual y la homosexual en un nivel igualitario, natural, cuando al final de la escena estudiada por Menéndez, el personaje de Gertrudis se pregunta: «¿Era Damián? ¿Félix? ¿Antonio? ¿Delia? Sus deseos fueron calmados físicamente, sin que ella supiera cómo ni por quién.» (1929: 200) El desenfado con que se presenta esta sexualidad fluida de la protagonista me parece de total actualidad.

Por último, para reconstruir el pensamiento de Rodríguez Acosta respecto al lesbianismo conviene que consideramos varios aspectos del siguiente artículo;

> Particularmente entiendo que la mujer no puede prescindir del hombre –no se interprete macho– y viceversa. La atracción se verifica por una doble corriente poderosa que tiende a vincularnos ineludiblemente. De un lado, lo que pudiéramos llamar –desde mucho antes de Marañón[23] la masculinidad pura de la mujer, en el

---

23 Gerardo Marañón (Madrid, 1887-1960), médico, escritor, historiador, moralista, había considerado uno de los intelectuales públicos más destacados de la España del siglo 20. Marañón ganó fama internacional por sus trabajos en Endocrinología, en la que fue catedrático de la Universidad de Madrid. Se consideraba un profesional de la medicina «personalista y humanista» y fue pionero en formar parte de los estudios de Psicología y Endocrinología. Se interesó en la eugenesia y publicó un ensayo titulado «Amor, con-

vigor de resistencia y aun de predominio de que tantas veces ha
dado prueba. De la otra, esa feminidad del hombre que consiste en
lo plegadizo de su carácter ante las ternuras del cariño que tan humanamente le afectan [...] Está fraguada esta simpatía dual para
mantener, premeditadamente por la Naturaleza, el germen de la
atracción instintiva con su finalidad reproductora... («Hacia la
cumbre» 05/20/1930: 17)

Estos citas fragmentadas del texto parecen apuntalar la idea que
claramente se presenta en la primera línea; «la mujer no puede prescindir del hombre» que contradice la presentación del lesbianismo
como «una identidad liberadora para algunas mujeres,» si seguimos
a Menéndez. Pero más aun, obsérvese en esta misma cita la contradicción implícita con la idea de la concepción eugenésica, que discu-
tiremos seguidamente bajo el punto seis del decálogo, y que tan apa-
sionadamente desarrolla Ofelia en su cuento-tesis «La construcción
de un hijo», el cual, como bien lo anuncia *Bohemia* interesará a los
partidarios de «la sociedad moderna y del sentido ginecocrático en
que la orientan los adelantos contemporáneos.» (09/07/1930: 2)

De cualquier modo, estas paradojas se encuentran con más fuerza
donde triunfa la forma a menuda dogmática –más que todo por apasionada– de su expresión periodística, llamada a encerrar sus ideas en
formulaciones conclusivas. Quizás por ello mismo, porque Rodríguez
Acosta no asumió el debate entre garzonismo[24] y feminismo como un
campo de batalla ideológica, en ninguno de los artículos periodísticos
que hemos consultado hemos hallado una explícita toma de partido a
favor ni en contra del lesbianismo, como sí lo hizo su gran colega y
amiga, la otra gran periodista y feminista del momento Mariblanca
Sabas Alomá que atacó duramente lo que llamó «desviaciones sexuales.» Ofelia no se pronunció directamente pero sí abordó el tema en
las formas abiertas de su prosa novelística que alcanzaron capturar ese
modo del deseo, innombrable para la época, que es el erotismo lesbiano.

---

vivencia y eugenesia» en 1931. Su libro *Estudios de fisiopatología sexual* circuló amplia-
mente en América Latina en la década de 1930 y fue muy influyente en el discurso
«científico» sobre la sexualidad femenina que en Cuba. Sin embargo, sus teorías fueron
duramente criticadas por Rodríguez Acosta y Mariblanca Sabas Alomá. Cf. Rodríguez
Acosta «Hacia la cumbre» y para Sabas Alomá, *Feminismo* (47).

24 *Garzonismo* se convirtió en una popular palabra de código para el lesbianismo en Cuba
después de la publicación de una traducción al español de la novela de Víctor
Magueritte *La Garçonne* (París: Flammarion, 1922), que había tenido un fuerte impacto
con sus conceptos del amor libre y la sexualidad femenina. La protagonista femenina
de la novela incluye, entre sus relaciones, contacto íntimo con otras mujeres.

6–«MUJER: ENGENDRARÁS POR TI MISMA»

Ofelia no aceptaba que existiese «la tragedia biológica de la mujer» por eso dedicó una de sus charlas en el Lyceum Tennis Club a rebatir al sociólogo ruso Anton Nemilov que publicó por entonces un libro bajo ese mismo título. La charla se convirtió en ensayo y salió a la luz bajo el título de «La tragedia social de la mujer»en la editorial Génesis en La Habana, en 1932. Entre la bibliografía usada por Rodríguez Acosta para construir su alegato contra Nemilov están las obras de Engels, Marx, Lenin, Freud y Alexandra Kollontay, esta última quizás la voz feminista más radical a nivel mundial en la década del 30'. En sus argumentos Ofelia se adelantaría a Simone de Beauvoir con su influyente libro *El segundo sexo* (1939). Véase una cita del ensayo de la cubana:

> Así queda pues fijado que la tal tragedia biológica de la mujer lo es en cuanto se produce el choque entre la ley biológica y una realidad social fabricada por los hombres. Solo por esta lucha es por lo que la vida sexual, espiritual e intelectual de la mujer tiene una sintomatología tan dramática, de tan funesto desenlace en su normalidad biológica. (1932: 9)

Habiendo dilucido ya que lo pretendidamente biológico es una construcción social, Ofelia ataca el mito de la fatalidad «natural» de la mujer al convertirse en una ardiente defensora de la concepción eugenésica. Según esta práctica, la mujer podría estar en completo control del proceso de engendrar el hijo siendo el hombre como ella misma lo califica «un elemento fortuito de siembra.» («El postulado de la ciencia» 10/05/1930:19)

Afiliándose a los seguidores de la eugenesia, Ofelia demostraba cuan fácilmente ella podía ser seducida por las promesas de la ciencia, pero también cuan desprejuiciadamente actuaba cuando estaba convencida de algo. Me aventuro a afirmar que entre las varias ventajas con que contaba (y cuenta) este debatible método, la que más a ella le interesa es la de permitir el control de la natalidad con quienes postulaban entonces, acorde con el más racista de los positivismos, que debía imponerse una higiene racial.

Volvamos entonces a lo que sí es esencial en su decálogo: la mujer debe estar en control de su derecho a ser madre y el hombre podrá ser «usado» sólo como vehículo biológico de la paternidad sin involucrarse en la gestación, educación y crianza del niño, quien quedaría solo bajo la tutela de la madre. Su cuento «La concepción de un hijo» está concebido para defender esta idea y también para mostrarnos, con dolor por parte de la autora, su condición utópica para el momento.

Bohemia_anuncia el cuento de Rodríguez Acosta con la siguiente nota: «es la historia de una mujer independiente, que sigue su propio camino de manera inflexible, sin desviarse por el miedo al que dirán. Pero los prejuicios sociales, más fuertes que ella, acaban por vencerla, destruyendo su felicidad y su porvenir.» (09/97/1930:2) En el número siguiente aparece el texto (Bohemia, Septiembre 7) que se despliega por las páginas 4,5, 22 y 52 de la revista. En ellas se introduce al personaje protagónico de Virginia quien cometerá el sacrilegio de abordar a Eduardo, descrito como «un espécimen de la raza,» (4) para hacerle esta atrevida proposición:

> —Quiero tener un hijo con fines exclusivamente maternales. Me afirmo para ello en el derecho que me dan la Vida y la Ciencia. Pero deseo un hijo perfecto [...] Eugenésicamente es Ud. el hombre que me conviene, que reúne las condiciones que yo exijo para la concepción de un hijo–,» aclarando rápidamente «eso es un mero contrato. Nada de compromiso amoroso (Ibídem: 5)

En la segunda parte del cuento encontramos el terrible desenlace de este contrato. Virginia es llevada a juicio por el padre de la criatura, que enamorado de ella, exige legalmente reconocer a su hijo con el plan de atar a la madre. Los magistrados,»la ley de los hombres,» reconocen los derechos de Eduardo. «Toda la tragedia biológica de la mujer, no le daba derecho a la maternidad libre y responsable,» (Ibídem: 52) concluye la autora.

Como se aprecia, en estas breves líneas se concluyen dos aspectos básicos del pensamiento de Rodríguez Acosta: su feminismo radical y su ferviente adoración a la Modernidad. La ciencia, según Rodríguez Acosta debe estar– y está mediante la eugenesia– al servicio de la emancipación de la mujer. Engendrar a su hijo con la participación mínima del hombre es, según todo parece indicar en este cuento, un índice de libertad femenina.[25] Así lo confirman luego sus

---

25 Estudio en este momento el tema en la obra de la Avellaneda con lo cual pretendo establecer otro vínculo entre estas escritoras a través de los siglos y las corrientes literarias. He leído interesantes sugerencias sobre este aspecto en La Avellaneda, una y otra vez, (Plaza Editorial, 2014), obra de teatro publicada por Matías Montes Huidobro sobre nuestra famosa autora decimonónica.

artículos: el antes citado y otro titulado «Anticipándonos a la vida futura» (10/19/1930: 13) Lo que escapa por ahora a la lúcida Ofelia es que esa misma Ciencia que postula la eugenesia, apoyará luego los criterios de limpieza racial sustentados por el nazismo que de modo tajante la escritora criticará en el último periodo de su vida.

7–«MUJER: DEFENDERÁS A TUS HIJOS»

El pensamiento de Rodríguez Acosta se nutre constantemente de la realidad, del debate público, de la respuesta al momento histórico preciso. Por ejemplo, lo concerniente a los derechos de los hijos nacidos fuera del matrimonio fue asunto candente en los debates de la Cámara de gobierno. Al respecto, Stoner nos informa:

> Between 1925, when Domínguez Navarro and the most radical feminist walked out of the Second National Women's Congress over the issue of the rights for illegitimate children, and 1940, when illegitimate children received expanded rights, a number of moderate feminist groups decided to openly adopt the issue. (160)

Rodríguez Acosta estuvo junto a su tocaya: Ofelia Domínguez y también a Mariblanca Sabas Alomá, quien reclamó al Estado su deber para con los niños no reconocidos y las madres solteras. Como bien ha estudiado Stoner el movimiento feminista cubano había ido madurando desde un estrecho grupo de demandas hasta el análisis de las causas mayores de la subordinación de la mujer (162) Al redactarse la constitución de 1940, se mantuvieron las distinciones entre hijos legítimos e ilegítimos en cuanto a las posibilidades de heredar; pero la voz decisiva de Alicia Hernández La Barca, fue crucial en la aprobación del artículo 56 que logró que se removiera del certificado de nacimiento la marca legal de «ilegítimo» y se legislase a favor de la madre soltera que quiera reclamar al padre la manutención del hijo natural (Stoner 164) No dudamos de la importancia de los artículos publicados por Rodríguez Acosta durante su campaña feminista de *Bohemia* para crear el estado de opinión pública que decidió semejante cambio constitucional. He aquí una muestra de ese periodismo:

> El hijo como quiera que nazca, así sea en un burdel, es una cosa sagrada. Désele los mimos derechos; arránquesele el estigma no por inmerecido menos triste; repártasele por igual el pan y el vino de la

vida–¡hum! ¡ahí duele!–; reconózcasele en un orden social, la
misma situación moral al hijo hoy tenido por ilegítimo que al que
se le tiene por legítimo. («Nuevas normas» 06/15/ 1930: 57)

8–«MUJER: NO RECHAZARÁS AL HOMBRE»

Orgullosa se muestra de su género sexual la novelista y afirma que
un «mismo acto en una mujer no tiene porque apoyarse en referencias
masculinas para lograr su estimación [...] siendo «el mejor elogio:
Piensa y procede como toda una mujer» («El mejor elogio» 06/ 01/
1930: 11). Pero a la vez está convencida de que : «Sentimentalmente,
aun aceptándole en su desnivel espiritual y dejando aparte las consideraciones fisiológicas, la mujer necesita al hombre para vivir su vida
completa, para llenar su cometido y mantenerse dentro de la ley de la
normalidad genésica y de la normalidad afectiva.» (»Hacia la
cumbre» 04/20/1930: 17)

   ¿Cómo reconciliar teóricamente estas posiciones que luego estable-
cieron un cisma dentro del Feminismo? ¿Cómo entender esta última
cita después de haber apreciado su afinidad con los «fines eugenésicos»
que defiende el cuento «La construcción de un hijo»? Intento fijar
estas paradojas en el marco más amplio de su feminismo entendido
también como credo justicialista y como práctica humanista.

   Si bien hemos insistido a lo largo del texto en la relación entre su
feminismo y su praxis política y ella misma afirma que «el feminismo
no puede ser aislado de las cuestiones morales, sociales y políticas que
palpitan en la razón ambiental en que se mueve» (»Rebasando el feminismo» 09/27/1931: 24) en la entrevista citada la principio de nuestro
texto, a la que remitimos, Ofelia abre espacio a esta calificación de su
feminismo como una ética trascendente cuando dice que: «El feminismo, como todo movimiento libertador, es la exaltación e una idea
nacida de una necesidad de justicia. Por eso rebasa nuestra imper-
fección humana. Es un evangelio de amor, de generosidad, de humildad.(60)» Trazada entonces una meta que va más allá de «un mero
cambio de situación en la vida de la mujer» (*Idem*), puede entenderse
que exaltadamente afirme en otro artículo: «Subir solas la cumbre no
es triunfar: subámosla con ellos. Hacia la cumbre mujeres, hacia la
cumbre del brazo de los hombres!» (04/20/30: 17)

9–«MUJER: NO TE SOMETERÁS A LA RELIGIÓN»

Esta «mujer nueva» de Rodríguez Acosta será, por supuesto, rebelde contra todo tipo de religión institucionalizada. Su crítica abarca lo mismo el Budismo que el Catolicismo. Al primero le reprocha que: «Una monja aunque lleve cien años de monjío, ha de levantarse en presencia de un monje, aunque el monje acabe de ingresar» (»Buda visto con los lentes de una feminista.» 04/13/1930: 3) Pero también es dura contra el Catolicismo, al que critica sobre todo su poder para sancionar la respetabilidad del matrimonio con «una bendición hipócrita y cobarde.» Considera que «La Iglesia no se perdona méritos para salvarse de su descrédito». La califica de «inválida», «lisiada» y la enfrenta a la Ciencia cuando dice: «Matrimonio, familia, hogar, hijos ilegítimos, concubinato, ya todo esto pasó de ser asunto de sacristía, para ser materia de elementos de laboratorio. La Sociología, la Psicología, La Biología, la Moral sexual: he ahí los medios con que el hombre se procura hoy la felicidad. De ella nos viene la Verdad» («La Cruzada de la Ciencia» 06/ 22/ 1930: 57).

Para Rodríguez Acosta, heredera de la Ilustración, mujer moderna en todo el sentido del término, ella como el hombre deben seguir la Razón emancipadora: «La crítica, sed de conocimientos, es la única que depura a los hombres, los sistemas y los pueblos. La Crítica: exigencia e probidad moral.» (*Idem*)

10–«MUJER: CONDENARÁS LA GUERRA»

En varios de sus artículos: «Cuya es la culpa? (sic) (05/11/1930:), «La mujer y la guerra (05/18/30), «¡La Guerra!» (02/04/32) y «El porvenir de las guerras» (05/19/32) de los que aquí solo tomaremos como botón de muestra tres citas, Rodríguez Acosta ensalza el anti–belicismo como instinto femenino opuesto a la retórica del patriotismo. Publicados entre 1930-1932, se adelantan varios años a la aparición de *Tres guineas*, (1938) obra monumental de Virginia Woolf que no ha perdido actualidad en su forma de relacionar la masculinidad, el ejercicio del autoritarismo y el belicismo.

No es exagerado decir que la relectura de los artículos de la periodista cubana nos obliga a ver como Rodríguez Acosta precedió a

Woolf en elaborar los mismos argumentos. Ambas reconocen que la cultura femenina es precisamente lo puesto a la cultura viril que causa y desata las guerras.

Léase este irónico juicio de Ofelia: «Los hombres hacen la guerra en la familia, en la política, en el comercio y en el arte: hacerla en la trinchera es una manera más fehacientemente criminal de hacerla, pero nada más una de las maneras de hacerla [...] (»La mujer y la guerra.» 05/ 11/1930: 9) Denuncia entonces como esa cultura ajena a la mujer se le ha inculcado a través de las normas de conducta patriarcales con que se las educa: «Se exacerbó su pensamiento con fuertes dosis de palabras hinchadas, deformes, tumefactas: con las palabras sacrificio, patriotismo, deber.» (¿Cuya es la culpa? (sic) 05/11/1930:16) De nuevo coincidiendo con la inglesa, que llegó a decir «como mujer no tengo una patria, como mujer no quiero una patria,» (1966 [1938]: 109) , la cubana ataca duramente este mismo concepto al escribir en *Bohemia*: «Patriotismo! Recurso de la oratoria bélica. ¡Falsa repugnante, palabra engañosa, desprestigiada y degradada por la chusma de la diplomacia, de las rimbombantes e inútiles conferencias! («La guerra» 02/14/1932: 13)

En un alegato, no muy frecuente en sus escritos, a la superioridad «natural» de la mujer, Rodríguez Acosta deposita en ellas su esperanza: «Quizás las mujeres seamos las llamadas en la Historia de la Humanidad a dar muerte a la guerra con nuestra propia vida blandida como espada redentora. Quizás lo que necesita la guerra para morir es la intervención de la Mujer-Madre.» («La mujer y la guerra» 05/18/1930: 65)

Postcriptum para un decálogo.

A pesar de las diferencias entre las ideas ilustradas en las anteriores citas todas se subordinan al objetivo trascendental del activismo y de la escritura de Ofelia Rodríguez Acosta: educar, organizar y movilizar a la mujer cubana para que fuera capaz de reclamar sus derechos tanto en su vida privada como en la arena social.

Como se ha visto en los acápites anteriores el pensamiento de Rodríguez Acosta oscila constantemente entre postulados que luego dividieron teóricamente al feminismo en las llamadas primera y segunda ola. (Cf: Moi) A ratos parece predominar en su agenda aquel primer «feminismo de la igualdad,» hijo de la Ilustración que se extendió hasta la primera mitad del siglo XX y que defendió sobre todo los derechos sociales de la mujer; en otros momentos encontramos un aviso del llamado «Feminismo de la diferencia,» que Ofelia no conoció, fruto del 68 francés, que teorizará la superioridad cultural femenina basada en su naturaleza sicosexual más compleja y abierta. Pero incluso hay un espacio de su ideario que anuncia la tercera ola feminista[26], que entre otras, recoge las demandas de clase de la mujer. Quizás fue esta la mayor contradicción para su época: el defender ideas de proyección socialista y marxista que la enajenaron de los círculos de acción feminista posible por entonces. Esta «amenaza roja» fue, posiblemente, la causa principal de desavenencia entre Ofelia y otras figuras del movimiento. La escisión entre las que ella llama «feministas de salón» y «feministas de institución» («Feminismo efectivo» 05/25/1930:10) la lleva a no tener fe alguna en las alianzas colectivas de mujeres y así lo expresa: «Las instituciones feministas de Cuba resultan estrechas por sus prejuicios y sus guerrillas. Las advenedizas del feminismo, convertidas en pulpo, se adueñan de los clubes y asociaciones succionándoles su savia.» (07/13/1930: 65), «Solo planeándolo en la vida podemos medir el alcance de nuestro pensamiento.» («La reacción saludable» 07/20/1930: 17) «Un hecho es una demostración de poder. El feminismo ha demostrado su enorme capacidad de posibilidad. Es una razón que se ejecuta, que se efectúa. («Ganando terreno» 03/23/30: 9)

Estos son los pilares éticos de Rodríguez Acosta. No poder armonizar teoría y práctica, debió ser motivo suficiente para buscar alejarse del país. Una beca concedida por el gobierno la lleva a México, después del año 1940.

CRÓNICAS DE UN VIAJE SIN REGRESO

Entre 1935 y 1937 ha viajado por la «vieja Europa» y el Norte de Marruecos como corresponsal de *Grafos* . El análisis de los textos pu-

---

26   Esta tercera ola, conocida como posicionismo, es caracterizada por su crítica al esencialismo del feminismo francés y por incorporar las condiciones de clase y raza en los análisis de género. Véase *Feminist Studies/Critical Studies* de Teresa de Lauretis. (1986) El feminismo latinoamericano ha incorporado esta perspectiva, entre otros estudios recomiendo *La estratificación de los márgenes*, de Nelly Richard.

blicados en esta revista, aspecto que hasta el momento no ha sido abordado a fondo por los estudiosos de Rodríguez Acosta consultados[27], nos permite apreciar una interesante etapa de transición estilístico–ideológica en su prosa periodística. El fuerte tono de tribuna de su periodismo en *Bohemia* ha sido sustituido por el tono más suave, sensorial, lírico e íntimo de la crónica de viaje en *Graphos* que también quedó recogida en un volumen aparecido posteriormente, en 1941, bajo el título de *Europa era así*.

La estrategia de convocación, movilización y persuasión cede paso a la sugestión; el lector debe ahora compartir el sentimiento frente a un paisaje, el interés por las nuevas culturas que se descubren, y claro, era inevitable, la reflexión de la escritora sobre las costumbres extranjeras. Por ejemplo, en el artículo «Tetuán,» que describe una visita a esta ciudad de Marruecos, la impresión de disgusto que causa en Ofelia el recogimiento de las mujeres árabes es atenuada por el misterio que en ella despiertan estos rostros velados: «Ellas pasan como cuerpos amortajados saliendo de tumbas milenarias. Solo se les ven los ojos, hermosísimos y con cierta palidez inquietante en la propia mirada.» *Graphos* (Enero 1936): 22)

Obsérvese la distintiva cualidad estilística de esta prosa, una recurrencia al puntillismo en la redacción de la frase, que sustituirá a aquellas oraciones a veces farragosas de *Bohemia*, empeñadas en envolver al lector en la exaltación de la autora, y conducirlo por los laberintos de su compleja ideología.

En «Tetuán» algunos de los comentarios valorativos sobre la cultura árabe pueden ser criticables, desde una perspectiva multicultural contemporánea, pero en su mayoría se transmiten al lector no como juicios terminantes sino como impresiones, a veces preguntas.

> Sobre las mesas el eterno vaso de té...El aspecto verdoso del vaso nos causa cierta repugnancia. En toda la plaza, parques y calles, un incesante ir y venir de sombras blancas que se mueven lentamente sin objetivo alguno. Hora tras hora, año tras año los moros de Tetuán se están allí clavados, ajenos al mundo, fumando sus pipas, bebiendo

---

27 Afortunadamente, una década después, encuentro publicadas dos investigaciones de Zaida Capote, una que menciona la colaboración de ORA en *Grafos:* Cf: «Ofelia Rodríguez Acosta en tres espacios de divulgación feminista» en el boletín semanal de *La Ventana*. Portal informativo de la Casa de las Américas (23 de febrero del 2017) y otra que estudia alguno de los artículos de *Graphos*: «Escritores olvidados de la República: Ofelia Rodríguez Acosta.» (http://www.fundacioncarpentier.cult.cu). En este estudio, Capote destaca la importancia de la mirada en la escritura de las crónicas, con lo cual coincido.

el brebaje de su té extraño, jugando a los naipes o a los dados[...]
Ninguna ambición y acaso ningún ideal ¿Felices ¿Quién puede saberlo? (*Idem*)

Ofelia, la escritora de prosa afirmativa y combativa, acepta ahora
que la «Verdad» en Historia es relativa al hablar de la leyenda del
moro Boadhil. En otra crónica, «Granada», dice que «tal vez la
verdad en la Historia es como un pétalo de rosa en el enjambre de un
bosque y de ella nos queda ese eco legendario en el que todos sus
hechos suenan al oído del hombre-niño como una emotiva y
misteriosa conseja de abuela.» *Graphos* (Junio 1936: 14)

Obviamente, el sur de España y Marruecos fueron pasajes culturales que enamoraron a la periodista; Inglaterra tuvo otro efecto sobre
ella. A este país, y a su capital Londres, que llamó «la ciudad jeroglífico,» dedicó 5 de las 14 crónicas que componen el ciclo. No puedo
dedicar espacio a ilustrar el contenido de los mismos, pero al menos
una breve cita nos puede dar el espíritu con que Ofelia percibió a la
nación donde ahora ella percibe se fragua el drama mayor de la II
Guerra Mundial: «Perversidad la de esta neblina londinense que por
sus filos agudos nos desgarra la carne y el espíritu.» («Neblina londinense» *Graphos* (Noviembre, 1936: 18)

Su próxima novela es *La noche del mundo* (1940), de estructura di-
fuminada y lenguaje futurista en sus descripciones que presentan una
imagen hiperbólica de la ciudad moderna con sus barrios marginales,(
131–132) su prisa, la invasión de los medios de comunicación masiva,
(32) en fin, el espectáculo caótico que justifica el título de la pieza.
Más que una novela, nos parece este texto una elaboración de pensamientos e impresiones de la escritora sobre el derrotero del mundo,
marcado con un fuerte anti–belicismo (224–242). Para ello, usará incluso a sus personajes femeninos Leticia y Natalia como marionetas,
fuerzas ciegas que encarnan la contradicción sensualidad–
racionalidad que tanto interesa a Ofelia.

Coincido por tanto con los juicios de Susana Montero. Según la in-
vestigadora, esta novela define «la exposición de las ideas de la época
a través de diálogos entre personajes que polemizan desde posiciones
antagónicas.»(49) Y continúa diciendo que a nivel estructural «está
constituida por una sucesión de pasajes dispersos, de sucesos y personajes que no se relacionan o apenas se cruzan[...]Con esta
acumulación de cuadros simultáneos, que recuerdan la técnica del do-

cumental cinematográfico, la escritora se propuso abarcar los numerosos problemas sociales, físicos y subjetivos que afectaban al ser humano en aquel momento de caos y violencia.» (*Idem*)

Aceptando estas valoraciones, al comparar esta con la próxima novela, *Sonata Interrumpida* (1943) se observa un notable salto de calidad. Estamos ante una obra madura que imita la composición de este tipo de pieza musical y va mostrando cuatro etapas en la vida de una mujer. Fernanda recuerda a Gertrudis, mujer compleja, emancipada, feminista, escritora, partidaria de la eugenesia. Por ciertos aspectos, Fernanda que no Gertrudis, pareciera un alter–ego de ORA. Como por ejemplo, ser un personaje al que se le presenta la oportunidad de viajar, presenciar la situación en Europa y reflexionar sobre las causas de la Segunda Guerra Mundial. A la vez, Fernanda está en vinculación con las luchas sociales en Cuba, lo que permite al lector el contrapunteo entre ese marco internacional y la situación particular de la isla.

Esta estructura brinda una fuerte dimensión universalista al pensamiento político de Rodríguez Acosta que, como hasta ahora, se expresará casi directamente a través de su personaje protagónico femenino. Resuman esta páginas horror ante la guerra fascista cuyos motivos analiza brillantemente la voz de Fernanda, quien es capaz de obervar el creciente peligro del nacionalismo, la amenaza del Totalitarismo comunista, la necesidad y posiblidad de reforma del capitalismo democrático, temas estos que se plantean con brillantez y dan fe de la mayor madurez artística e idelógica de la escritora. Me permito sólo unas citas ilustrativas:

> Los dictadores caen y pasan: el pueblo queda. (1943: 255)
>
> Con el Capitalismo no se puede y no se debe acabar: si no adaptarlo a módulos más razonables, más humanitarios. (267)
>
> La Democracia[...] es la ley moral del hombre: es el reconocimiento y la dignificación de su personalidad. El individuo es lo más grande de la existencia, lo que nunca pasará, lo que se levantará siempre[...] Hay algo que no se puede sindicar, ni colectivizar bajo ningún régimen político por ninguna forma de opresión: es nuestro corazón, nuestra conciencia personal. (268)
>
> El problema de nacionalidades, de nacionalidad, no de minorías, se oculta tras el duelo de ideas y partidos, cada uno sigue viendo detrás de la teoría y el poder político al país que ha sido a través de la Historia su enemigo natural. (263)

Un profundo humanismo y una mayor clarividencia ideológica se desprenden de estas ideas sobre la democracia y el individuo, por eso no coincido con Montero (cf. 52) en su conjetura de que, por oportunismo político, Ofelia, quien ha recibido apoyo gubernamental para su estancia en México, abandona en esta novela el peso que anteriormente tenía la crítica social de la situación en Cuba reemplazándola por temas más universales y filosóficos. Aventuro otra hipótesis. Quizás la Cuba que ya para entonces ha asesinado Antonio Guiteras[28] ya no era aquella donde las revoluciones intelectuales y la agencia femenina fueran sueños factibles. La utópica y aguerrida feminista se obsesiona entonces con un tema de mayor diapasón: el conflicto internacional capitalismo/socialismo/fascismo.

La salvación del individuo es prioridad dentro de esta nueva visión de Rodríguez Acosta que desconfía cada vez más de instituciones e ideologías. Por eso el tono intimista, anti–realista incluso, de su siguiente novela, una pieza excéntrica dentro de su obra por el fuerte acento esteticista: *La dama del arcón*. (1949) Su atmósfera cerrada se construye, principalmente, dentro del espacio interior de una casa, representada como alegoría de una familia disfuncional, centro de relaciones interpersonales que son los verdaderos conflictos de la obra, encarnados en personajes simbólicos. Dentro de estos, por primera y única vez en su novelística, es un hombre quien alcanza la caracterización más compleja: Fausto, cuyo nombre encierra ya una explicación intertextual. Ofelia no habla solo por las mujeres cubanas, ni siquiera por las mujeres como grupo sino por la Humanidad y su batalla existencial que se simboliza en el nombre del personaje. Y también, por primera y única vez, no hay un problema político concreto de fondo, la sociedad no es un organismo vivo en la trama. Estamos ante un argumento que se alimenta de pasiones amorosas y filiales frustradas, y que trata de recoger la ambición existencial que consume a Fausto: «No sabemos lo que queremos porque no queremos lo que sabemos. Todo lo que no contribuya en su función al servicio del espíritu es infecundo e intrascendente en nuestra Historia. Todo es medio solo el espíritu es fin» (1949: 129)

---

28   Antonio Guiteras (Filadelfia, 1906–Matanzas, 1935) Durante su período en la Universidad de la Habana organizó huelgas estudiantiles. Más adelante fue el Secretario de Gobernación, Marina y Guerra bajo el llamado «Gobierno de los cien días» (septiembre de 1933 a enero de 1934), un puesto que le permitió propulsar medidas populistas y antiimperialistas. Fundó y dirigió «La joven Cuba» una organización política de ideas radicales inspiradas en la lucha proletaria y el anticapitalismo. Sus críticas contra la corrupción en el gobierno y sus ideas revolucionarias condujeron a su asesinato en 1935.

Algunos años antes de que se jubilara como escritora, publicó su última novela, *Hágase la luz: Novela de un filósofo existencialista* en México, en 1953. En sus páginas, profundamente comprometidas, como era su naturaleza, Ofelia desarrolla el debate entonces de moda sobre el existencialismo. En su prólogo, se refirió en categórica oposición a las ideas de Jean–Paul Sartre, refiriéndose a él, Hitler, y Mussolini como «casos temáticos» Ella considera que los tres «difunden sus fiebres malignas para contaminar los cuerpos de los demás,» utilizando esta metáfora positivista para hablar de la difusión del existencialismo y el fascismo en América Latina, un problema que según aconsejó debe ser «sometido a un tratamiento preventivo de estudio y análisis o una cirugía de amputación.»(8–9). Susana Montero ha criticado duramente la novela diciendo:

> El muy escaso cuidado que la narradora puso en los elementos propios del género novelesco (lo esquemático de las figuras, la retórica discursiva de los diálogos, ambos nada convincentes, la pobreza de la acción, que es un mero pretexto para apoyar la exposición teórica, y la simplicidad del argumento) nos indica que a Ofelia Rodríguez Acosta no le interesó verdaderamente escribir una novela[....] (55-56)

Cito esta crítica en abundancia porque estoy de acuerdo con esta lista de deficiencias si la novela se juzga de una manera canónica; sin embargo, si leemos atentamente el prólogo que le escribió Ofelia puede pensarse que su autora deliberadamente había elegido esta forma, «[...] dentro de la libertad del [género novelístico] el derecho y la autoridad propios de su ficción» (7). Estas estructuras le ayudan a realizar su crítica personal de la obra de Sartre, usando el dispositivo original de insertar pasajes del filósofo francés que funcionan dentro del discurso del protagonista de la novela, a quien nombra Adán, nuevamente, como es su costumbre, usando un guiño intertextual, esta vez con nuestro antepasado bíblico, representando la raza humana y sus limitaciones. Esta técnica narrativa, sin embargo, aceptamos que resulta desastrosa para la tensión dramática narrativa, el *tempo* de la novela y la caracterización psicológica.

Como un breve ejemplo de la prosa densa de la novela, muestro un poco del diálogo, o más bien una especie de doble–monólogo del principal personaje, Adán, que pronuncia estas palabras mientras está de pie delante de un maniquí de tienda, que es una personificación de la mujer en su mente:

> Ante un escaparate decorado con cantidad y variedad de objetos en venta, se detuvo, de pronto, Adán. [...]
>
> Llevando su vista con detenimiento de uno a otro artículo de moda de los allí expuestos, alzó los ojos después hacia un estilizado maniquí femenino [...]
>
> «Bolsas, zapatos, guantes, joyas y...ahora tú» [...]
>
> «Sólo tú, con tu vulgar caos de chucherías lujosas a tus pies, tentando la avaricia, la vanidad y la estulticia de los seres, tienes fuerza y poder, esto es: realidad para existir sin necesidad de nosotros.[...]»
>
> Como si hubiera en ella una consciencia secreta de su origen [...] Parecía responder a Adán, por una telepatía delirante:
>
> «Soy así, no por los pensamientos tuyos, por tus conceptos de las cosas, por tu mirada retributiva sino por los de aquellos que me hicieron tal como soy y para servir de lo que sirvo: por los de los que me conformaron» (18-19)

Por mi parte, aunque insatisfecha como lectora, como crítica, le doy crédito Rodríguez Acosta por su audacia creativa. Aunque esta no tuviera un éxito total muestra a una escritora siempre experimentando con formas narrativas que atestigua la atmósfera vanguardista de la época. Esto es lo que ella misma dijo en una carta esencial que recomiendo leer en su totalidad con el fin de aprender sus posiciones estéticas e ideológicas hacia el final de su carrera. En comunicación con el escritor Frank Vallhonrat, citada por Fernández de la Vega, ella escribió:

> ...Ah, Vallhonrat, en qué complicaciones y dificultades me estoy metiendo. Tal vez mi única virtud como artista —sobre entendida, claro está mi inclaudicable honradez— sea la de buscarme, precisamente, cosas difíciles que hacer. He procurado siempre que mis obras, en cuanto a novelas se refiere, sean diferentes. Detesto repetirme. Creo que lo he conseguido, al fin. Mis siete novelas, me parece, son totalmente distintas entre sí. (10)

Me parece que su propio testimonio es la mejor explicación. Tres décadas después de iniciarse en el cultivo de la novela con *El triunfo de la débil presa* (1929), sobre la cual se dijo en su momento que «esto no es arte sino propaganda» (Gay Galbó, citado por Montero, 44), ella continuó sin temor explorando las rutas a través de las cuales la novela podría servir como un afluente a la «Verdad» (ver Fernández de la Vega, 10). Sobre *Hágase la luz*, la autora opinó con orgullo: «es mi bandera, mi tributo, mi máximo esfuerzo hasta hoy como pensadora y artista.» (*Idem*) Subrayo esta frase para enfatizar que estas dos posiciones eran inseparables para Ofelia Rodríguez Acosta.

Aun publicó dos libros más después de esta novela. Un ensayo breve, escrito con motivo de las publicaciones para conmemorar el cien aniversario del nacimiento de José Martí (1953).[29] Ofelia lo tituló *La muerte pura de Martí* .

Para mí no hay dudas que esta es la más poética de las obras de la autora, donde es claro el abandono de su fe en la Ciencia, por una apertura hacia el idealismo filosófico que favorece la existencia del Espíritu independientemente de la materia y que se abre hacia una indefinida religiosidad de raíz cristiana y mística. Quiero dejar estos hermosos pasajes de ejemplo:

> Cada quien muere de su propia muerte, dice Rainer María Rilke. Martí no podía morir de muerte guerrera. ..Lo que llevaba en él de Mesías, lo que en él era Mesías, se lo impidió... El Profeta, mejor aún, el Misionero, lo salvó[...]Tenía que ser lo que era: EL PURO. (5)

> A Martí, su ley propia, su destino particular le cerraron los ojos antes que disparase[...](6)

> Ninguna muerte, menos aún que alguna otra la suya, es verificable por reactivos intelectuales. Más, que la suya, ninguna muerte permanece tan consagrada. La consagración es el signo y el arte de los

---

29   Hasta el momento no he encontrado estudio alguno sobre esta obra. Espero que la inclusión del texto en esta edición motive a otros críticos. Muy importante será tener en cuenta que en la bibliografía activa de la autora que ofrecen todos los críticos consultados en este estudio siempre se data el ensayo de Martí como publicado en México en 1955, cuando esto resulta una reedición pues todo indica que el ensayo aparece por primera vez en Cuba dentro del marco de las publicaciones hechas en 1953 para conmemorar el cien aniversario de la muerte de Martí. Al final de la edición mexicana, hay dos líneas, casi imperceptibles pues están unidas al texto central, que dan fe de esa publicación habanera, cito: «Publicado en el "Excelsior" de La Habana, el 17 de enero de 1953-Centenario de José Martí.» (14) Pero para complicar más la determinación del lugar original de publicación hay que tener en cuenta que en la carta a Vallhonrat ella le dice: «Yo fui al concurso de Martí con un artículo que intitulé "La Muerte Pura de Martí" publicado en "El País". Era una interpretación muy personal de la vida del Apóstol.» (11). Otro detalle importante del ejemplar consultado que se encuentra en The Special Collection, USF Library, Tampa, es que arroja luz sobre la estancia de ORA en La Habana, ya que la dedicatoria reza: «A mi estimado Luis Felipe Toruño, recordándole mucho. Ofelia Rodríguez Acosta. Habana. Dic. 1955.» Fernández de la Vega, en su muy útil panfleto, comentando una foto de la escritora, escribe: «Octavio de la Suarée y Ofelia Rodríguez Acosta, en 1956, cuando se efectuó una exposición de libros de la autora en una librería de La Habana. Aún se dolía de que un excelente ensayo martiano suyo no hubiese recibido la merecida atención durante los festejos del 1er Centenario de Martí, 3 años antes. La Suarée pidió que se honrara debidamente junto a los de Gabriela Mistral y Fernando de los Ríos, pero todo fue en vano» (13) Aprovecho para agradecer a la biblioteca la adquisición de este valioso ejemplar.

dioses, no el acta y la ciencia de los mortales. (9)

La Muerte Pura no la da más que el vivir virtuoso[...] Martí *sabía* que ya iba a morir. (11. Las mayúsculas y el énfasis son de ORA)

La mirada de Martí a las estrellas, con los pies sólo alígeramente30 posados en suelo cubano, lo iza al infinito sideral[...].

Porque si en algún ser el morir fue un acto de espíritu, y no un mero accidente de materia, lo es en Martí. (12)

Téngase en cuenta el tono elevado y el lenguaje bíblico que estarán en total empatía con algunas de las interpretaciones místicas que se han hecho posteriormente sobre la muerte de Martí.[31] Estos párrafos pueden parecer muy alejados de aquellos inspirados por la tragedia biológica de la mujer, en los artículos de *Bohemia,* o el ya mencionado cuento «La construcción de un hijo;» pero si examinamos cuidadosamente sus obras podemos ver que, ya sea a través de la defensa de la eugenesia o de celebrar la elevación espiritual y sacrificial, Rodríguez Acosta siempre propuso en sus escritos que el mejoramiento de la humanidad es posible.

Su último libro apareció en 1957, otra vez en México. Se trataba de una colección de historias escritas o publicadas en el primer período de su obra– entre la década de 1920 y 1930– junto a otros que corresponden a la década de 1950. La intención de antología comparativa va en el título: *Algunos cuentos (de hoy y de ayer)*. La autora admitió en la carta

---

30   «Alígeramente.» La palabra no existe en el Diccionario de la Real Academia Española, en cambio, sí existe el adjetivo alígero que significa «dotado de alas.» Igual sucede en una de las citas de La vida manda donde se lee la palabra «presentidor» y en el artículo *La justicia, la mujer y la guerra* donde leemos «disquisitiva»,entre otros ejemplos. Obviamente, ORA no reparó en crear neologismos con sentido siguiendo la ley natural de la lengua hablada y estos abundan en sus obras, sobre todo en *La vida manda* contribuyendo al coloquialismo de sus diálogos.

31   Sería muy revelador comparar el texto de Rodríguez Acosta sobre la muerte de Martí con el de María Zambrano aparecido en febrero de 1953 en la revista *Bohemia* titulado «Martí, camino de su muerte.» Debido a la naturaleza de este estudio, no podemos citar suficientemente de Zambrano para argumentar, pero las coincidencias son definitivas en cuanto al sentido místico y sacrificial que ambas ven en la muerte del Apóstol. Aquí una muestra de la prosa zambraniana: «Se había vencido a sí mismo [Martí] –tal cosa es sacrificarse–. Nacido poeta tuvo ser hombre de acción. Y toda acción es de por sí violenta [...] [Martí] se había derrotado a sí mismo –que es lo que sacrificio significa. El poeta nato tuvo que convertirse en un hombre de acción. Y toda acción es, en sí misma, violenta.» En «Martí, camino de su muerte,» (*La Cuba secreta y otros ensayos,* 143.) Años más tarde, el poeta y novelista José Lezama Lima escribe «Sentencia de Martí» que aparece en 1958 y volvemos a encontramos con una dimensión bíblica de la muerte martiana; aun luego, en 1967, la idea de un Martí semejante a Moisés, muriendo en su «tierra prometida» recorre el libro del argentino Ezequiel Martínez Estrada, *Martí revolucionario*. Leyéndolos en conjunto, admira la similitud asombrosa en la sensibilidad y en el lenguaje de estos autores para acercarse al misterio de la muerte de Martí. Quizás se produjo entre ellos lo que Zambrano llamaría una sicigia.

a Vallhonrat: «francamente nunca me estimé una buena cuentista (11).» Pero leer estos textos nos hace pensar lo contrario. La brevedad del género favorece el tipo de prosa que se adhiere estrechamente a la forma anecdótica o al ambiente que puede crear un cuento, y que no se desborda, como puede suceder muy fácilmente en sus novelas, en disquisiciones ideológicas o filosóficas que pueden perder valor poético.

El realismo característico marcado de textos tempranos de Rodríguez Acosta y una evidente influencia del naturalismo son las características distintivas de las «historias de ayer,» entre las que me interesó «La bruta.» Esta es la historia de una mujer que ha sido abusada por su familia y el entorno en que creció. Un día, agredida por su marido, ella se rebela contra esta vida de humillación mediante el violento acto del asesinato. Las citas siguientes son útiles como botón de muestra. La primera describe la atmósfera de la historia; la segunda, sus personajes. Mediante ambas el lector puede hacerse una idea del «determinismo social,» típico del naturalismo, que está implícito detrás de este cuento:

> Callejuela torcida, penumbrosa. Fonda miserable, con un recoveco cavernoso al fondo; con una luz deshilachada y sucia.... Los mismos nocturnos comensales. Empalidecidos, gruñones, malolientes. El mismo «menú»: bazofia ingerible (sic). El mismo problema: el dinero esquivo, solitario, sudoroso. (69)
>
> [La pareja Paco y María] Eran dos ruinas solidarizadas. Dos náufragos, que se asían el uno al otro en la vastedad de su desgracia. Dos desperdicios humanos, que al rodar se encuentran en la misma basura. (71)

Muy en contraste resulta entonces el tono lírico subyacente en la prosa de Rodríguez Acosta en las que ella llama «las historias de hoy,» es decir las escritas en la década del 50' en que aparece el libro. Esto se ejemplifica en su texto «Agonía.»[32] He seleccionado esta historia

---

32   Seleccioné esta historia como representante de los cuentos de Rodríguez Acosta escritos hacia los 50,' dentro de los antologados por la autora en *Algunos cuentos (hoy de de ayer y)*, pues abre la sección que ella establece como «De hoy» dentro de su partición del libro en dos etapas, sin embargo, al final del cuento, junto a la fecha «México, 1954» se nos dice que el cuento es «inédito». Luego he descubierto que Vicky Unruh (Véase: p. 153-154 y nota 34) menciona en su libro una historia diferente, pero con un título idéntico, que Rodríguez Acosta publicó tempranamente. (*Bohemia* 21 (Julio 28, 1929: 38-39) Para la estudiosa, el texto muestra la influencia vanguardista que dominaba el período al ofrecer la visión de un personaje que ejemplifica las búsquedas experimentales de un creador en este momento «De hoy» dentro de su partición del all.» (153) Parece significativo que ORA eligiera el mismo título para referirse, en 1929, a la «agonía» de un artista, y en 1957, a la «agonía» de un ser viviente en la naturaleza: el árbol. Es interesante que Susana Montero parece cometer un error al citar en su libro

como representante de esta segunda etapa, pues demuestra un cambio
significativo en la configuración de la naturaleza en lugar de la ciudad
como telón de fondo de la acción, así como el cambio del tema social
a una trama simbólica. En «Agonía» la historia es simplemente un
recuento de la identificación del narrador con un árbol y su indignación y tristeza cuando el árbol es talado por los hombres. Me
permito compartir algunas citas relevantes para mi argumento:

> Sus frondosos ramajes rozaban la pared, escudriñando táctilmente
> por entre las persianas del ventanal. Aquel calor de alma, aquella
> sombra de cuerpo, me ablandaron la vida. Abrí. No cabía en mi
> mirada. El mundo físico fue sólo ante mí[...] aquel remolino verde
> en la copa de agua azul de la noche, y del día. Todo, en él; nada,
> fuera de él. (9-10)

Luego de esta conmovedora y muy bien lograda descripción del
árbol, que será el protagonista de esta historia, el narradora, tentada
estoy de decir, la narradora, comienza a contarnos la «agonía», la del
árbol que será talado, y de ella que observa sin comprender esta destrucción de esta criatura viva. Cinco días transcurrieron:

> Al quinto día, a ras de hierbas, abrumadas por la carga del descuar-
> tizado esqueleto del árbol, se veía al centro una enorme hostia
> pálida[...]El disco de su muerte[...] Mi alma, en pie, se volvió a todos
> los rincones del mundo. Y preguntaba, preguntaba ¿Por qué ha sido
> esto? ¿Por qué? (15)

La lectura comparativa entre las dos historias de ayer y de hoy: «La
bruta» y «Agonía» ofrece apoyo a una hipótesis que va tomando
cuerpo al final de este estudio. Creo que puede hablarse de una transformación en la escritura de Rodríguez Acosta que va desde el realismo naturalista, atraviesa las aguas del existencialismo, y se deriva
hacia el misticismo poético. Además, diría que, simultáneamente, en
términos filosóficos se alejó de la influencia del Positivismo mo-

---

este texto bajo el título de «El árbol.» (Cf. 40) Nuevamente en el uso del motivo del
«árbol» como ser sintiente la cubana se acerca a las ideas místicas de María Zambrano,
que dejó un bello poema titulado «El agua ensimismada» 1941, y también dialoga con
una coterránea suya, Dulce María Loynaz que publica la novela lírica *Jardín* en 1951,
donde mujer y Naturaleza reciben un tratamiento preferencial en la literatura hispana.
No hay que olvidar tampoco el antecedente que supone el cuento «El árbol» de la
chilena María Luisa Bombal en 1941. En esta constelación de escritoras interesadas en
este símbolo se debe estudiar la bellísima historia que nos entrega Ofelia Rodríguez
Acosta. Saludamos la reciente reedición de los cuentos de ORA hecha por Rolando
Morelli, donde el editor también alaba «Agonía» al punto que lo utiliza como el nuevo
título para su libro: *Agonía y otros cuentos* (2010)

viéndose hacia una zona indefinida de religiosidad. En su carta a Vall-honrat, ella declara: «yo he estado haciendo versos.» Fernández de la Vega nos dice que la autora escribió en 1957 un ensayo nunca publicado que tituló «Sobre Dios y el hombre.» Tal vez estas páginas que quedaron inéditas, y hasta donde conozco perdidas, habrían confirmado mi hipótesis.

Esto lleva a su fin un ciclo de más de treinta años de escritura a través del cual Rodríguez Acosta usó todo excepto «las tretas del débil.»[33] Ella intentó reconciliar una absoluta libertad sexual para la mujer con una completa igualdad de derechos entre ambos. A principios del siglo XX y aun hoy, tal fórmula es difícil de resolver en la vida real como en una hoja en blanco de papel.

El personaje revolucionario y transgresor Gertrudis, de *La vida manda*, que fue capaz de experimentar con el amor libre, sexualidades alternativas y la maternidad sin matrimonio, termina suicidándose. ¿Es su muerte un castigo por su voluntarismo y su hipersensibilidad, por dejarse arrastrar por un «exceso de vida»? ¿Presenta una alternativa la escritora? Nos parece que sí y la encontramos en estas palabras:

> Se volvía al porvenir. Vislumbraba una nueva concepción de la vida, en la que la mujer, educados sus sentimientos, aprendería a vivir sin tanta soflamera creencia, y aplicara a su modo de existencia un virtuosismo intelectual que tuviera a raya las vehemencias dementes de su corazón. (1929:242)

No fue igual para la autora pero también su vida termina fatalmente. Desde 1957 hasta su muerte en 1975, nos encontramos sólo su largo silencio, y luego el paso, no sabemos si voluntario, al más profundo silencio del asilo, una de esas instituciones creadas por el Positivismo para «vigilar y castigar» como una forma de controlar la locura.

Muchos factores pueden haberse reunido para desencadenar la crisis final, cuando Rodríguez Acosta ya no podría lanzar su colilla por la ventana a tiempo, cuando ella no pudo encontrar su camino en el último viaje a la razón emancipadora, y quedó perdida para nosotros, que casi la habíamos perdido, en el injusto anonimato y olvido de sus años finales. Pero no quiero terminar estas páginas solo con la aceptación del final trágico que truncó una vida, porque no fue así,

---

33 La frase es el título del estudio de Josefina Ludmer sobre los medios de rebelión literaria utilizados por la monja Sor Juana Inés de la Cruz.

definitivamente, con su influencia como «autor.» Ella, la merece en el sentido que le otorga Michel Foucault, quien la aplica sólo a aquellos capaces de abrir nuevos senderos discursivos.[34] Rodríguez Acosta, en su estilo lúcido y transgresor, y desde su posición de compromiso, dejó su huella en que el camino de la que ella llamó «la causa»: la lucha feminista cubana que todavía sigue.

---

34   Según Foucault, esta función no se aplica ni al escritor ni el narrador ficticio, sino precisamente a la división y la distancia entre los dos; así acerca el antibiografismo y la idea de la multivocalidad del texto. («What is an Author?» 124-127.)

Bibliografía

Alonso, Nancy y Mirta Yañez. *Damas de Social. Intelectuales cubanas en la revista social.* La Habana: Ediciones Boloña, 2014.

Bejel, Emilio. *Gay Cuban Nation.* Chicago and London: Chicago UP, 1990.

Cámara Betancourt, Madeline. «The Feminist Discourse of Ofelia Rodríguez Acosta: Garzona o Espartana? *Cuban Women Writers. Imagining a Matria.* New York: Palgrave, 2008: 19–52.

Capote Zaida. «Prólogo» *La vida manda.* Santiago de Cuba. Colección Mariposa. Editorial Oriente, 2008: 9–18.

_____. «Ofelia Rodríguez Acosta en tres espacios de divulgación feminista.» Boletín semanal de *La Ventana.* Portal informativo de Casa de las Américas.

_____. «Escritores olvidados de la República: Ofelia Rodríguez Acosta.» (http://www.fundacioncarpentier.cult.cu)

EcuRed. Conocimientos con todos y para todos. «Ofelia de la Concepción Rodríguez Acosta García.» (https://ww.ecured.cu)

Fernández de la Vega, Oscar. Ed. *De Ofelia Rodríguez Acosta a Frank Vallhonrat, dos narradores excepcionales de entreguerras en Cuba: Una carta reveladora.* New York. Forest Hill, 1975.

Fleites-Lear, Maricela. «Transgresiones cubanas: Ofelia Rodríguez Acosta y la mujer/nación independiente y lésbica.» *Revista de Filología de la Universidad de Costa Rica.* 41.2 (2015): 35–51.

Foucault, Michel. «What is an Author?» *Language, Counter–Memory, Practice.* Ithaca, NY: Cornell UP, 1997, 124–127.

González Pagés. Jorge: *Historias de mujeres en Cuba.* Editorial Ciencias Sociales, 2003.

Ichazo, Fernando. «Letras» (*La vida manda* por Ofelia Rodríguez

Acosta, Editorial «Rubén Darío», Madrid, 1929) *Revista de Avance* Dic 15. 1929: 371–373

Jongh de, Elena M. «Gender and Controversy: Cuban Novelist Ofelia Rodríguez Acosta» *SECOLAS Annals*. Vol. XXIII. March, 1992: 23–35.

_____. «Feminismo y periodismo en la Cuba republicana: Ofelia Rodríguez Acosta y la campaña feminista de *Bohemia* (1930–1932)» *Confluencia* 11.1 (1995): 3–13.

Menéndez, Nina. «Garzonas y feministas cubanas en la década del '20: *La vida manda*, por Ofelia Rodríguez Acosta.» *Sexo y sexualidades en América Latina*. Ed. Daniel Balderston y Donna J. Guy. Barcelona: Paidós, 1998: 257–275.

_____. *No woman is an island: Cuban women's fiction in the 1920s and 30s.* Diss. Stanford U, 1993. Ann Arbor: UMI, 1993. 9309640.

Montero, Susana A. *La narrativa femenina cubana 1923–1958.* La Habana: Editorial Academia, 1989.

Moi, Toril. *Sexual/Textual Politics: Feminist Theory.* London; New York: Methuen, 1985.

Morelli, Rolando. Prólogo: «Pórtico a *Posteriori*» *Agonía y otros cuentos*. Philadelphia: Ediciones La Gota de Agua, 2010: 9–17.

Ortiz–Loyola, Beatriz. «Ofelia Rodríguez Acosta and the Quest for National Solidarity in Cuba.»*Hispania*. 98.4 (2015): 689–700.

Rappaport, Helen. *Encyclopedia of Women Social Reformers.* Santa Bárbara, CA; Oxford: ABC–CLIO, 2001.

Rodríguez, Acosta Ofelia. *Evocaciones*. La Habana. Grafical Arts, 1922.

_____. «Apuntes de mi viaje a Isla de Pinos» La Habana: Montiel, 1926.

_____. *El triunfo de la débil presa*. La Habana: Bonza, 1926.

_____. *La vida manda*. Madrid: Biblioteca Rubén Darío, 1929.

_____. *Bohemia* (La Campaña Feminista 1930–1932).

_____. «La construcción de un hijo» *Bohemia*. Sept 7. 1930: 4, 5, 22, 52.

_____. *Dolientes*. La Habana: Herneo,1931.

_____. «La tragedia social de la mujer: La Habana: Editorial Génesis,1932.

_____. *En la noche del mundo*. La Habana: La Verónica, 1940.

_____. *Europa era así. Crónicas de viaje*. México. Ediciones Botas, 1941.[Estas crónicas aparecen antes de modo continuo en la revista *Graphos* (enero–diciembre 1936 . Nota de la editora]

_____. *Sonata Interrumpida*. México: Editorial Minerva, 1943.

_____. *La dama del arcón*. México: Ediciones Estela, 1949.

_____. «Diez mandamientos cívicos (cinco éticos y cinco estéticos)» La Habana. Imp. Barandiaran, 1951.

_____. *Hágase la luz. La novela de un filósofo existencialista*. México,Impresora Galves, 1953.

_____. «La muerte pura de Martí.»México, Imp. De F.F. Francia, 1955.

_____.-*Algunos cuentos (de ayer y de hoy)*. México, B. Costa-Amic. 1957.

Sabás Alomá, Mariblanca. *Feminismo: Cuestiones sociales-Crítica literaria*. La Habana: Editorial Hermes, 1930.

Sarlo, Beatriz, Sylvia Molloy, Sara Castro-Klarén, eds. *Women's Writing in Latin America. An Anthology*. Boulder: Westview Press, 1991.

Stoner, Lynn K. *From the House to the Streets: The Cuban Women's Movement for Legal Reform, 1898–1940*. North Carolina.: Duke UP, 1991.

Unruh, Vicky. «Acts of Literary Privilege in Havana: Mariblanca Sabas Alomá and Ofelia Rodríguez Acosta.»*Performing Women and Modern Literary Culture in Latin America*. Austin: Texas UP, 2006: 135–164.

Woolf, Virginia. *Three Guineas*. San Diego, CA. Harcourt, Brace,Jovanich, 1966 [Orig.1938].

Zambrano, María. «Martí, camino de su muerte.» *La Cuba Secreta y otros ensayos*. Ed. Jorge Luis Arcos. Madrid: Ediciones Endymion, 1996, 141–146.

APÉNDICE

La Habana,Enero 15 de 1954*

Mi muy estimado amigo y compañero Vallhonrat: recibo en la Habana, a donde llegué
al 20 de Dic. pp. ,su carta remitida a México,
y que la persona que dejé encargada de mi co-
rrespondencia me reexpide. Gratísima
sorpresa, por tantos conceptos, después de
varios años de silencio por su parte.

Ahora vengo a agradecerle vivamente su
gentil opinión de "La Dama del Arcón" y los
"Diez Mandamientos Cívicos", que en oportunidad de sus respectivas publicaciones, le
había enviado. Por toda su amable y afectuosa
carta llego al reconocimiento de que no he
visto nada más fiel que su silencio. Como toda
paradoja, esto contiene un fuerte nudo de
verdad; silencio de trabajosa fidelidad, el
suyo. Silencio, que es pista: la pista de mi
trabajo, constante y cordialmente visualizada
por usted. ¡Cuánto me conmueve su interés cul-
tivado en tan callada lejanía!

Llego a Cuba con un nuevo libro. Bueno, la
verdad es que todavía estoy esperando esa ca-
terva da 35 ejemplares que me dijeron habían
salido hace ya un mes,5 ó 6 días antes de em-
barcar. Es otra novela. Ah, Vallhonrat, en
las complicaciones y dificultades en que me
meto. Acaso mi única virtud como artista -so-

brentendida, claro está, mi inclaudicable honradez- sea la da buscarme, precisamente, cosas difíciles que hacer. He procurado siempre que mis obras, en cuanto a novelas se refiere, sean diferentes. Detesto el repetirme. Creo que lo he logrado, al fin. Mis siete novelas, me parece son totalmente distintas entre sí.

Vayamos a esta séptima... He querido llevar la filosofía a la novela, intentando que sea las dos cosas. En ella rebato el Existencialismo de Sartre, sin referirme a las otras ramas, épocas y autores de dicho Existencialismo. Se intitula "Hágase la Luz". No combato a Sartre desde ninguna doctrina opuesta a la suya; en cuanto al articulado de ella en cuestión: me limito -o me extiendo- a defender la Vida y el Hombre y la Libertad, que él desacredita tan drástica, definitiva y falsamente. Para lograrlo, me dirijo a poner de manifiesto todas las contradicciones. Las del filósofo, el escritor y el político. Las de cada uno en sí y con relación al otro. El protagonista, filósofo existencialista, es catedrático de Filosofía en la Universidad, es el propio autor de la obra de Sartre.

Como ve, por este avance, trabajo duro. No importa que se me haya olvidado bastante, y se me pretenda ignorar. Cuantitativamente, cuan-ti-ta-ti-va-men-te, he trepado con grandes fatigas al puesto de primer novelista da mi patria, indiscutible, en cuanto a mujeres. Por descuido de otros, no estoy al corriente de la producción novelística aquí a lo referente a colegas masculinos; mas creo que, en la historia literaria de Cuba, ninguno ha llegado todavía a la séptima novela. Guiándome por Juan J. Remos, en su libro, es así entre los fallecidos; entre los actuales "militantes" de la novela, no estoy muy precisa en la obra de Labrador Ruiz que creo es el que más produce, en lo que parece un receso de Masdeu. Usted, amigo Vallhonrat, que seguramente está en el detalle de todo esto, podría informarme; sobre todo, de lo que escritores nuevos hayan hecho.

Me extraña cómo fue que no le envié a tiempo "Europa era así". Soy tan ordenada y puntual y fiel en mis cosas. Quizá se extravió, como otros libros a otras personas. Lamento sinceramente no poder ofrecerle un ejemplar, pues está agotada la edición. Su opinión me es muy estimulante y consoladora. Más aún, me causa una limpia alegría: contemplativa, con respecto al pasado; activa y emprendedora, en relación al futuro.

Sigue usted, al igual que Adela, prefiriendo "En la noche del mundo". Fue mi obra preferida hasta que escribí "La Dama del Arcón", que, en mi maternal afecto, se le empareja. Ahora, "Hágase la Luz", es otra cosa: es mi bandera, mi tributo, mi máximo esfuerzo hasta hoy como pensadora y artista. De todos modos, no voy a discutir con usted el que quiera tanto a uno de mis hijos; todo lo contrario, estoy orgullosa y feliz de que uno de ellos le haya provocado tan perseverante cariño y tan galante admiración.

Me adjunta usted, a su carta, un artículo y un cuento míos de hace muchos años. Mi flaca memoria ya no recuerda estos compromisos. Cuando vine a Cuba en el año 45, por el fallecimiento de mi inolvidable hermana Hortensia, me encontré con que tenía en mi casa paterna los recortes de mi labor periodística, así que tengo estas dos pequeñas cosas que ahora puede decirse me obsequia, pues era de los único que conservaba, y hasta ha tomado la molestia de copiar el cuento.

Me pide una copia de aquel cuento de la maestra leprosa, que premió el Lyceum en un concurso. Muy obligada y complacida lo haré cuando regrese a México...que pienso será para principios de Marzo.

Tengo otros cuentos hechos entonces, y varias veces pensé editarlos, tal vez haciendo dos o tres nuevos, pero siempre desistí, o lo pospuse porque los viajes, los libros que iba escribiendo, y mis desgracias de familia me obligaban a ello. También es verdad, que francamente nunca me estimé una buena cuentista. Al contrario, mis pocos cuentos no merecieron de mi considerable estimación intelectual. Ahora, al leerle a usted, una máxima autoridad en el género, me he quedado en suspenso. ¿Habré sido yo tan ingrata con algo literariamente nacido de mi propio trabajo y de mi propio amor? Porque es con lo que yo siempre he escrito: con empeño amoroso.

¿Conoce usted mi novela "Sonata Interrumpida" ¿No se la mandé? ¿La leyó del ejemplar de Adela? Hay personas que esta es

la novela mía que prefieren. Por cubana,
dicen.

Bueno, dígame de usted y de Carmen. Sus
vidas y proyectos. Qué han escrito en estos
años ¿Verso? ¿Prosa?

Yo fui al concurso de Martí, con un artículo
que intitulé: "La Muerte Pura de Martí", publicado en "El País". Era una interpretación
muy personal de la tan discutida muerte del
Apóstol.

Como última noticia les diré, a usted y a
Carmen, que a estas alturas me estoy revelando
poeta, con enorme perplejidad mía. Jamás había
hecho poesías, y era una de mis incurables y
melancólicas penas. Ahora, no sé cómo, he
estado haciendo versos. Cantidad, tengo ya
para un libro. ¿Cómo estarán de calidad?

Todo esto se lo digo, no por vanidosa importancia, sino para que vea cómo persisto en
mi carrera, cómo trabajo. El secreto está en
que lo traje en la sangre. No puedo... y no
quiero, no quiero, evitarlo.

Quiero darle las más cariñosas gracias por
su recuerdo, por sus frases tan alentadoras,
por su generosa admiración, por tener esa extraña fidelidad de leerme, de entenderme y
disculparme o excusarme los errores o fallas.

Un abrazo para Carmen y otro usted, muy
afectuosamente

Ofelia Rodríguez Acosta (firmado en el original)

Hablé por telefono con Adela , al llegar, y

por ella misma supe de su enorme e inconso-
lable dolor de haber perdido o su prometido.

(Nota manuscrita en el original)

La dirección de mi hermano donde paro cuando
viajo a La Habana es actualmente esta: Estrada
Palma 416-altos-entre D' (ilegible) Figueroa-
Santos Suárez, Habana.
*En el original el día aparece tachado y se
añade manuscrito el día 21.
Criterios de edición: La carta es reproducida de una copia que lo es, a su vez, de
un manuscrito tipografiado por la autora donde
hay tachaduras, errores mecanográficos,
saltos de letra y algunas imprecisiones de
lenguaje y redacción. Estas últimas no las
hemos corregido pues reflejan el carácter coloquial y espontáneo de la misiva que busca
una comunicación directa. Solo hemos arreglado lo que hubiera impedido la legibilidad.

El texto se encuentra dentro de la edición citada de Oscar Fernández de la Vega quien anota al pie: «Reproducción reducida
de la carta por gentileza de Frank Vallhonrat».

La Vida Manda

Nuestro derecho a discutir las
teorías de la Vida, lo ahoga el
deber de vivir la Vida.

MARIA VILLAR BUCETA

I

Llovía de una manera implacable, verticalmente; una pegajosa humedad, acumulada de lluvias anteriores, levantaba en el aire olor de tallos y de hierbas remojadas. Como fustigazos [35] de fuego rompían, en el cielo gris y rojizo, los relámpagos. En la hurañez [36] de la noche, los árboles se apocaban, llorándoles las hojas que el rayo, desde lo alto, estremecía de pavor.

En el soportal de la casa, don Esteban y Gertrudis se asoman inquisitivamente.

—¿Le ha calado el agua, padrino?

—No la hemos dado tiempo. Mira aquí, estas gotas cómo resbalan por el gabán. ¡Ya quisiera yo sentirlas en la carne! En la desnudez completa del cuerpo, como cuando era niño.

—Súbase la solapa, y no alardee: que va usted a enfermarse.

—Es verdad, y sería un lujo para nosotros.

Los faroles del alumbrado se veían borrosos, y su claridad amarilla se perdía como una remembranza en la imprecisión del turbio paisaje. Toda la noche se había roto en aguacero. Torrentosamente bajaba el agua de las aceras, calles y jardines, como un revuelo de faldas. Los golpes de la lluvia en los tejados tenían un eco triste en aquella aciaga hora de la Naturaleza; hora aturdida, loca, que iba dando tumbos de puerta en puerta, zarandeada por el viento.

—¡Calada estás, Gertrudis!

—¡Psh!... Pero no por dentro, padrino. Son mis cosas, ¿sabe? ¡Se me ocurren a veces pensamientos tan disparatados! Además, sufro. Sufro, sí, por este egoísmo de los hombres que... deja a la Naturaleza en la inclemencia.

---

35 Neologismo de la autora
36 Neologismo

—¡Bah!, ¡bah! ¡Fantasías! ¡Fantasías tuyas!

—Sí ; he dicho una barbaridad, padrino, ¿no ?... En fin, ¿qué quiere? Yo me entiendo...

—Y yo no te entiendo, ¿es así? Tú quisieras que la gente se lanzase ahora a la calle a levantar un toldo a la altura del Morro[37] para que no se constiparan los árboles. ¡Ah, Gertrudis! ¡Cosas raras las que se te ocurren! No sufras tanto, la pulmonía se sacia en los hombres.

—Búrlese usted. Por algo yo no hablaba. Y es el caso que también discurría, que estos disturbios de los elementos conviene a la vida de la Naturaleza, y bueno... A usted no le interesan mis incongruencias. ¡Mala crianza suya, no dejarme nunca sola con mis pensamientos!

—Porque te hacen daño.

—Yo no tengo la culpa, si no encuentro otros mejores a mi alcance.

—Tienes razón; por eso voy a higienizarte un poco la sensibilidad. Vamos a ver dime todo tu pensamiento, pero, todo ¿eh? No se te quede nada por decir.

—Va usted a reírse de mí, y tengo un gran dolor.

—Acaso mi risa destruya tu dolor.[38]

—¿Cree usted justo que ese pobre rosal que se ve en sombra, padezca tanto bajo la lluvia, mientras en el interior de las casas alguna planta de salón esté bien resguardada?

—No; no es justo. Pero ¿vas a pedir tú justicia ahora? ¡Peregrina idea! ¿Ves como tenía razón al achacar tu mal humor a tu fantasía?... Son atisbos socialistas. Mira cómo también yo disparato. No quiero parecer lerdo a tu lado. Además, si fueras a preguntarle a esa planta de salón, puede que le oyeras pedir a gritos la suerte de esa vida salvaje a la intemperie del cielo.

—¡Qué fastidio de lluvia!

Don Esteban, recostado en la baranda que dividía un soportal de otro, sonrió imperceptiblemente debajo de su gorra, calada hasta los ojos.

«¡Qué fastidio de lluvia!», había dicho Gertrudis, y el anciano comprendió el voltaje del pensamiento. «Lo mejor es dejarla olvidar», se dijo, y calló.

Gertrudis anduvo de aquí para allá. De pronto entró en la casa.

---

37   El Castillo de los Tres Reyes del Morro, La Habana Vieja, Cuba – su construcción concluyó en 1630.

38   Esta frase no se encuentra incluida en la versión del 2008.

Don Esteban tosió, se echó el bastón al hombro y escrutó la noche. Los ojos bondadosos del viejo se apagaban, se achicaban en el esfuerzo visual. Las cejas espaciadas, agudas, le levantaban en el borde inferior de la frente una pelambre agresiva. La nariz se le arraigaba —tal que un arado en la piel terrosa de su cara— en las dos profundas arrugas que ponían sobre su boca listada, imperceptible, un acento cincunflejo.

El mentón era como una pala de granito que resistía a las irónicas claudicaciones de los ojos. Rebelde, tenaz, avanzaba al encuentro de la declinación de la nariz, como una arista viva, como un bravío pico de roca. Y en la hondonada, en el hueco de este paréntesis, la boca suave, apenas labiada, era todo un gesto de resignación, en el que flotaba el blanco pañuelo de su sonrisa.

Sobre el hombre de guerra que había sido don Esteban, el tiempo había echado, pegándolo, adhiriéndolo a todo él, el hombre de paz que hoy era. En el horcón de su voluntad luchadora, la vida le había abierto hendiduras de dulcedumbre[39]. De toda su abundante verborrea juvenil, le quedaba ahora aquella manía inocente de proferir en tono sentencioso paradojas ingenuas, frases de mediterránea novedad, en las que creía resumir, en una lección para Gertrudis, toda su experiencia, toda su filosofía.

Gertrudis volvió junto a él. Traía una varilla en la mano. Se fue[40] al jardín y apuntaló el rosal, amarrándolo con el cinturón de la tela de su vestido, que desgarró seguidamente, y tornó junto al anciano.

—¿He hecho bien? –preguntó con timidez.

—Habría que preguntárselo al mismo rosal. Una buena acción no favorece siempre al que la recibe, y a menudo perjudica al que la hace. Pero, te has mojado, Gertrudis.

—Un poco, sí. ¿Y si supiera, padrino, que me atrae la lluvia?

—¿Has gozado?

—Sí; y comprendo ahora que la hierba ame y necesite la lluvia.

—Tu carne huele mejor. Tus brazos están ateridos, y tu regazo debe estar tibio lo mismo que el seno de la tierra.

—Padrino: ¡dice usted peores cosas que yo!

—Porque en ti habla la sensibilidad, y en mi ser su educación.

---

39 Neologismo
40 El 29 de mayo 1952, la Academia Española acuerda suprimir el acento de fue, lo cual entra en vigor en septiembre del mismo año. El monosílabo fue lleva acento en la novela original pero lo hemos eliminado. La edición de 2008 también.

—¿Vendrá Antonio con esta noche tan fea?

—Vendrá.

—¡Qué convicción! Usted le quiere mucho.

—¿Y tú?

—También, ¡claro!

Y Gertrudis hundió su mirada en la noche. Se hizo un silencio en medio del soliloquio de la lluvia... Paró un automóvil frente a la casa.

—Ahí está.

—¡Espera, Antonio!: voy por el paraguas.

—Deja, Gertrudis, deja.

Ya estaba en el soportal, riendo bajo los chorros del agua.

—Buenas noches, don Esteban. ¡Qué nochecita!

—Pero aquí está usted como si tal cosa. ¡Que le venga la nochecita con bemoles a su juventud!

—A mi amor, don Esteban, a mi amor.

—¿Oyes, Gertrudis?

—Sí, padrino. Me da miedo que te enfermes, Antonio, pero mira, ahora estoy muy contenta de que hayas venido.

Entraron. Era una pequeña casa del Vedado[41] primitivo. Tras el jardín humilde enfilaban marcialmente, en orden y sin complicación alguna, los apartamientos, los cuales se comunicaban por enormes puertas pintadas de un azul alegre y chillón; del mismo azul que embadurnaban allá en lo alto las viguetas sobre las que corría atravesadamente la monomaníaca cosquilla de los alambres eléctricos. De día, la casa, toda amplia y clara, reposaba plácidamente en una siesta letal. De noche, toda honda, profunda, retumbaba de los ecos nocturnales, como si entraran en ella, fantasmagóricamente, los paseantes de la calle solitaria: como si la recorriera el amoroso vocerío de los árboles arrellanados en la oscuridad.

Don Esteban se retiró al comedor, a leer, según era su costumbre. En la sala, bajo la ventana, la pareja se acomodó en el sofá.

Antonio traía las manos frías y los ojos encendidos de un íntimo ardor. La humedad de la noche, voluptuosa bajo la larga y enervante caricia de la lluvia, ponía en su voz un vaho de pasión.

—Gertrudis, mi noviecita ideal, ¡qué ricos esos minutos a tu lado! Ella, cogió sus manos.

---

41   Vedado es un barrio famoso en Cuba que se inicia a finales del Siglo XIX y alcanza su esplendor la primera mitad del siglo XX.

—Están heladas por la superficie; sin embargo, parece que llevaras una brasa en la palma.

Antonio deslizó su brazo izquierdo por detrás de la espalda y le atrajo la boca. Gertrudis, oprimida por los labios varoniles, vibró al conjuro del beso y aguijones de miel punzaron sus sentidos. Aún enlazados, ella se apartó para decirle:

—¡Qué bien te encontrarás sin la preocupación de los estudios! Ahora podrás venir todas las noches.

Él frunció el ceño y abandonó los brazos.

—Sí..., pero...

—Pero, ¿qué?

—Mira, Gertrudis, dejemos eso. Aprovechemos estos minutos tan deliciosos. Para entristecernos siempre habrá tiempo.

Ella preguntó, ya sin inquietud, sin pena, sin interés:

—¿Te vas para Santiago?

—Sí. ¡Figúrate! ¡Tres años sin ver a mi familia! Mamá me ha escrito. Debo ir, Gertrudis.

—¡Desde luego!

—¿Estás disgustada?

Ella parpadeó, como si se le desprendiera de la mente un pensamiento.

—No, ¿por qué? Es justo.

Callaron. Antonio, descontento de su actitud pasiva: él esperaba lágrimas, protestas, y no la fría aceptación de Gertrudis. ¡Si la mujer le quisiera menos! Y la abrazó, lleno de cobardía.

Gertrudis sacudió la cabeza, y buscó la boca del amado. El beso, así, nada más, no satisfizo a Antonio.

—¡Ni siquiera me ruegas!

—¿Qué? Ah, sí! Pero si tienes que irte. Es preciso. ¡Figúrate! Tres años sin ver a tu familia. Tu pobre madre deseará mucho el verte

—Pero, Gertrudis, ¿no sientes separarte de mí? ¿No sufres?

—¿Sufrir? Sí. Pero no tan grandemente.

—¡Cállate!

Don Esteban se incorporó en su sillón. El soberbio imperativo fue rebotando por toda la casa, y hasta los árboles en la calle, y los del fondo del patio, lo oyeron.

La lluvia pareció estremecerse y gemir en lo ancho de la noche. Después, hubo una calma en todo, y en el corazón de Antonio, Gertrudis acababa de sonreír dulcemente.

* * *

A las ocho de la mañana del día siguiente, Gertrudis subía al tranvía que bajaba para La Habana. Iba a entregar su trabajo. La joven tenía su pequeño negocio: hacía en su casa copias a máquina. Al principio le fue dura la tarea. La vida de Gertrudis, hasta entonces, era una vida como todas, poco más o menos, hija del ambiente, perfectamente anodina. Pero llevaba; sin embargo, la tristeza de su origen: huérfana al nacer.

Dos horas después de haber venido al mundo, su madre, comprendiendo que iba a morir, pidió que se la alcanzaran. Gertrudis evocaba siempre la penosa referencia: Su madre la besó en la frente, la miró un momento; un momento enorme que se hincaba en la muerte, abarcando la vida, y murmuró: ¡pobrecita! Empezaba el destino de Gertrudis.

En ella y en su hermana Charo, concentró el padre todo el amor que le tuviera a su querida ausente. En su afán por crearles un porvenir, adquirió una laringitis, que lo llevó, pocos años después, a la tumba. Don Carlos era profesor y daba clases en dos colegios y a domicilio. Gertrudis tenía entonces nueve años. Al amparo de su tío y padrino, don Esteban Solís, quedaron las dos huerfanitas. Charo tenía a la sazón doce años: vivió hasta apenas los dieciséis. Una traidora tisis galopante tronchó su existencia. Gertrudis estuvo junto a ella hasta el último instante, llena de rencor y de miedo, por las obsequiosidades que la muerte tenía para con su hogar.

A los catorce años, a Gertrudis le faltaban ya los puntales de su tierno corazón: madre, padre y hermana.

La vida ante ella, toda amplia y desolada: pecado y cruz; montaña y yermo.

La pensión que el Estado le daba a don Esteban, como veterano de la Guerra de la Independencia[42], no le bastaba para las exigencias, cada vez más apremiantes, de Gertrudis. Entonces buscó trabajo y lo

---

42   La primera Guerra de Independencia o la Guerra de los Diez Años (1868-1878) contra España; la última contra el dominio español se inició con el «Grito de Baire» en 1895 y duró hasta 1898, finalizando con la intervención de los Estados Unidos.

encontró. Fue oficinista durante cuatro años. Supo de la ríspida brega; del poco sueldo y mucho trabajo; de la explotación; de la esperanza, siempre fallida, del ascenso; de los galanteos seniles de los viejos; de los réquiebros precoces de los jóvenes; del tímido enamoramiento de algún pobre roído de miseria; de la envidia de las tituladas compañeras; del mal consejo de las llamadas amigas; de la mordida de la calumnia y la dentellada de la maldad; de la codicia y la ambición de todos; del atropello y halago del dinero; de la tentación y la injusticia humana escoltándola siempre: en la oficina, en la calle, en el tranvía, en la casa, en el pensamiento y en la carne rebelde.

¿Seguir siempre así? ¡No! Gertrudis había nacido con alas, y las alas, en la adolescencia de la mujer, se habían engrandecido, ensanchado, vigorizado. Esclavizarse a un sueldo mezquino arrastrar aquella vida monótona, trasegadora, no era hecho para ella. Gertrudis, como si el beso de su madre preagónica, reflejara su luz en el sendero [43] abismal de su vida, se sentía con el ímpetu de la lanza, con ambiciones de guerrera, con curiosidad de exploradora. Y clavó en los ijares de su voluntad, su espoleante[44] anhelo de subir.

Emanciparse. Ganar, dinero por su cuenta propia, como lo hacían los hombres, economizar, reunir, abrir una libreta en el banco. Y después... «¿Qué vendrá después, padrino?» «Ya se te ocurrirá, hija, lo mismo que se te ha ocurrido todo esto». Y el tío don Esteban pasaba lentamente su mano cansada por la cabeza altiva de Gertrudis. Él que había temido tanto por ella, que tantas veces se doliera de su condición de mujer: «No podrá con el mundo», se decía, y ahora veía que de varón le habían nacido los arrestos y el coraje.

A veces, al buen hombre le venían fuertes deseos de educarla como a una loba, de hacerle el corazón en la barbarie. Esto le ocurría cuando las feminidades y la sensibilidad de Gertrudis le florecían como astros errabundos, en los ojos, en los labios y en las manos; puntos donde la onda se remansaba tan dulcemente, que don Esteban torturábase lleno de pavor: ¡Oh, Dios mío, qué mujer es!

Una tarde, Fonseca, un compañero de oficina, se acercó a hablar con Gertrudis.

Nadie sabía cuál era el nombre de pila de Fonseca, y, en verdad, no hacía al caso. Por su figura, por su manera comedida de vestirse y

---

43   *Árido* y son palabras que están incluidas en la versión 1930 pero no en la del 2008.
44   Neologismo

por su proceder, Fonseca era toda una persona decente. Quizás por esto no tenía ningún rasgo distintivo. Completamente vacío de personalidad, era un hombre de diario, esto es, un hombre de los que se ven todos los días en el tranvía, en el teatro y en los entierros. Un tipo corriente, de los miles que salen todas las mañanas a la calle. Tan incapaz de hacerle mal a nadie como de hacerle bien. No mataba, ni robaba, ni le quitaba la mujer al prójimo. Cumplía en su trabajo y no contraía deudas ni para servir a un amigo.

Desaprensivo en cuestiones de alta moral, era de una risible melindrosidad[45] en los detalles. Tenía en mucho que le llamaran hombre formal. Era buen hijo y buen hermano, y cariñoso y jovial –características muy criollas– con las mujeres.

Con todos estos defectos y medianas cualidades amén de no tener talento, Fonseca era escritor, mejor dicho, novelista. Fácil tarea era para él levantar el andamiaje de la trama, pero en la ornamentación había siempre delinquido por falta de gusto.

Lo que inspiraba confianza y simpatía en Fonseca era que, no obstante ser escritor, no hablaba mal de nadie. Era un signo de generosidad sentimental muy curioso, pues Fonseca no acertaba a hablar mal ni de sí mismo. Quizá por eso, aunque no tenía estilo, le había dado por creerse que escribía bien.

Aquella tarde, Fonseca le preguntó a Gertrudis

—¿Tiene usted máquina de escribir?

—Yo no.

—Yo puedo facilitársela ¿Quiere usted hacerme un trabajo? Remunerándoselo,

—¡Pues ya lo creo que si!

—Se diría que deseaba usted recibir esta proposición.

—Verá usted..., es verdad. Quiero ganar dinero fuera del empleo.

—Muy bien; me felicito de proporcionárselo yo el primero. Tengo que hacerme perdonar de usted.

—En absoluto.

—¡Vaya! Ya sé que usted ha olvidado, pero me duele haberle hecho tontamente la corte.

—Hace mal en recordarlo siempre.

—Lo recuerdo, porque aún no he saldado la deuda con usted; en cuanto liquide este escrúpulo, lo olvidaré definitivamente, créame.

---

45 Neologismo

Era deber de mi vanidad enamorarla.

—Y ese trabajo, ¿qué es? ¿Cuándo debo entregárselo ?

—Está usted impaciente por empezar

—No lo oculto.

—Pues mire, son los originales de una novela. No tengo apuro. Le doy un mes y el derecho a pedir un nuevo plazo.

—Trato hecho.

—Aún no. ¿Qué debo abonarle?

—Usted sabrá mejor que yo.

—Yo no sé nada. Diga usted. Aprenda a defenderse. Es negocio, ¿sabe? Si me parece mucho, se lo digo y veremos.

—¿Cuántas cuartillas?

—Más que cuartillas, hojas largas; cuatrocientas bien contadas.

—¿Le parecen veinte pesos?

—Vaya, sea; veinte pesos.

—Gracias, Fonseca. Bien sabe usted lo que me apena verle esclavizado a este puesto, en vez de poderse entregar a su arte.

—Qué le vamos a hacer, señorita. Aquí los escritores, para poder comer, necesitamos trabajar de oficinistas, de mecanógrafos, de cualquier cosa que no sea nuestro oficio de las letras. Los conozco que tienen un garaje y un tostadero de café. Pero cuando pienso que no hay todavía ninguno de albañil, me consuelo.

—¡Eh! ¿Y su socialismo?

—No se asuste. Está bien que un albañil sea escritor, pero no que un escritor sea albañil.

—¿Por qué no intenta abrirse paso en la carrera diplomática?

—Sí, efectivamente, eso está dentro de mis ambiciones. Una cancillería, un consulado, me resolvería la situación. Veremos, veremos...

Fue por mediación del mismo Fonseca, que ella conoció a varios catedráticos de la universidad[46], que la ayudaron un poco, recomendándola a sus alumnos.

Gertrudis guardaba un recuerdo dulce y nostálgico de sus primeros pasos en el ríspido camino que se había propuesto recorrer. Con sus trabajos a los estudiantes había progresado mucho. Copias de un sin número de materias distintas llovieron sin cesar en su mesa; sobre todo en épocas de exámenes. Pasaba en limpio las tesis que

---

46   La palabra Universidad con mayúscula en la primera letra se ha sustituido por universidad con la minúscula en el resto de la edición.

habían de ser presentadas en las oposiciones de grado de aquellas carreras que lo requerían en una forma redactada. Al principio, al abrirse los cursos, iba pasándole a la máquina a algunos «clientes» las lecciones que en forma de apuntes la llevaban. Si la asignatura era de letras o filosofía, ella ponía algunos aderezos a la prosa.

Esto le rindió un gran beneficio cultural. Fue cobrando, en aras[47] de su aguda curiosidad intelectual, una seria afición a estudiar analizando, a comprender observando y deduciendo. Discutía con aquella abigarrada y simpática clientela, que le ampliaba los conocimientos, transmitiéndole las explicaciones de los profesores y prestándole libros. Con algunas muchachas adquirió cierto grado de amistad: sus relaciones iban aumentado.

Su vida, estrecha y ceñida, como un vestido demasiado corto a una contextura demasiado desarrollada, se fue agrandando, tendiendo siempre a alcanzar las desmesuradas proporciones de su destino.

Era el suyo un esfuerzo ahincado, tenaz, sin reposo. Apenas llegaba a su casa a las cinco de la tarde, poníase a cumplir la tarea: su método era no acumular trabajo, tener siempre expeditas las horas para el que pudiera venir. Para ella no había sábados, domingos ni fiestas de guardar. Acostábase tarde, pues la lectura le ocupaba las horas de la noche.

Don Esteban la reprendía a diario:

—Vas a enfermarte; va a venirte una depresión nerviosa.

—No; no lo crea usted. Necesito hacerme mi porvenir, padrino.

—¿Y para qué esa prisa? La vida es larga, hija mía, para el porvenir siempre hay un mañana. para el presente no hay más que un hoy.

—¡Ay, padrino —y lo decía riendo—. Su teoría es destructora de la voluntad, como la poesía de Nervo[48].

—¿La poesía de Nervo? ¿La poesía más fecunda en la espiritualidad? ¿La que más impulsa el hombre a Dios?

—Una morfina, padrino, una morfina para las almas de naturaleza mística; Nervo está hecho para que lo lea la ancianidad.

—Porque es la ancianidad la que está más desprendida de la tierra.

—No siempre...

—¿Cómo?

Don Esteban =
padrino de
cecindis

---

47   Esta palabra fue cambiada a aras en la edición del 2008. Se corrige así el error tipográfico deslizado en la primera edición de 1929.
48   José Amado Ruiz de Nervo (1870-1919), poeta mexicano del Modernismo.

—Que no siempre, digo.. No ponga usted ese gesto de asombro, un poco desdeñoso. Usted cree que yo no sé sentir a Nervo; no, padrino, es lo contrario: lo sentiría, si me dejara a mí misma, tan completamente, que me perdería para mí y para el mundo. El optimismo espiritual, meramente espiritual, de Nervo, especula un poco con la vida. Yo tengo que vivir, ¿sabe usted? Tengo que vivir aunque Nervo no quiera, ahora, inminentemente. Sufro la necesidad de vivir, por mí, primero; por usted, después; por lo que ha de venir, en último término. Nervo es un refugio, Nervo me estorba ahora.

—Dices que tienes que vivir, primero por ti y después por mí. Explícate.

—Sí. Cuando usted oiga a alguna persona de mi edad decir, dándose aires de una prematura heroicidad que no se alcanza si no más tarde, que se sacrifica o vive por esto o por aquello: por el padre, la madre o el hermanito, el novio, en fin, por alguna de estas cosas que todavía son para esa persona un sentimiento irresponsable, lleno de puerilidad, diga usted que miente: que miente sin dejar un resquicio para que entre un poco de verdad. A esta edad nos hace vivir la razón puramente animal de vivir, la voracidad de la juventud. Se vive en la pobreza o en la riqueza, en la desgracia o la dicha, porque se tiene que vivir, y nada más.

—Ya me decía yo, que esas lecturas y escrituras te habrían de formar una bonita trastienda donde acumular desordenadamente retacitos literarios, que..., ¡vaya!, ¡vaya!, tú quieres que sean ideas originales.

—¡Padrino!

Rugió con fiereza, herida, poniéndose en pie de un salto. Le había nacido para no borrársele nunca una profunda arruga entre ceja y ceja. En las pupilas se les rasgó una abertura que se bifurcaba, allá en lo hondo, hacia el corazón y hacia el cerebro. Con amarga y dura expresión, profirió despaciosamente:

—Usted, claro está, puede pensar de mí lo que quiera.

Y continuaba en su áspera labor, con la sensación húmeda, fría, de luchar en una espantosa soledad. Don Esteban, el que estaba más capacitado en la vida para comprenderla, le había demostrado ya, de manera indeleble, la falta de fe en su talento.

Gertrudis, al oír las palabras, sintió por vez primera, el dolor de la idea: todavía nada más el dolor físico de la idea. Toda la parte superior de su rostro se frunció bajo la engañosa sensación de una sacudida craneal, de una compresión encefálica. Si don Esteban le hubiera dicho que no la amaba ya, que no creía en su cariño, se hubiera llevado las manos clásicamente al corazón. El trastorno lo hubiera sentido allí; pero don Esteban dudaba de su pensamiento, de la validez de su inteligencia; y Gertrudis sintió la primera experiencia del dolor intelectual, afirmarse en la región frontal, precipitar sus hondas, hendiendo su inalterable placidez mental, hacia el cerebelo y estancarse allí en el sedimento amargo que había de concurrir a la elaboración y definición de sus actos en el mañana.

En la creciente soledad de sí misma, continuó, pues labrándose sus días. Logró reunir, con economías, una pequeña cantidad, que depositó en el banco.

Su negocio se fue ampliando. Después de Fonseca, otro novelista le trajo su manuscrito, encargándole en definitiva toda la labor editorial de la obra. La corrección de pruebas, la parte ingrata de luchar con el impresor, la no menos dificultosa y expuesta de colocar luego los volúmenes en la librería. Todo lo que fuera lanzar la novela, presentarla, y hasta hacerle la propaganda una vez puesta en circulación.

Gertrudis, un poco cansada y temiendo siempre a pesar de todo el *surmenage*[49], pidió dos meses de licencia en la secretaría; cuando tornó a la oficina, la seguridad de contar ya con algo considerable en el banco, la hizo sentirse más desligada de su puesto, menos supeditada al jefe, cumpliendo de un modo mecánico y preciso, como en una subalterna ejecución de su voluntad, sus labores de oficinista del Gobierno.

Meses después, conoció en la universidad a Antonio Bustillo, que iba a examinarse de derecho romano.

Antonio Bustillo, aunque era del sexo masculino, no era un hombre. Es verdad que tenía pocos años; pero los años no hacen hombre más que a aquel que lo va a ser de veras. Unas veces maduran un organismo, otras hacen momias: muy pocas caracteres.

Antonio Bustillo no era más que un joven simple. Un joven simple es algo fofo, blando, con la blandura de la gelatina, que no admite huellas. No sabe uno por dónde cogerle. A un hombre bueno se le coge por el corazón. A un hombre malo por el gaznate. A una persona decente por la mano. A un joven simple no se le puede agarrar por

---

49   Surmenage (francés), agotamiento

ningún lado.

Antonio, sin imaginación, sin ambiciones, sin vicios, llevaba una vida vegetativa. El que hubiera cursado una carrera y tuviera en su expediente universitario alguno que otro sobresaliente, no dice nada en su favor. La memoria hace milagros. La paciencia y la honradez de los hombres —y los catedráticos lo son— tienen su límite. El corazón humano es débil. Todo esto, aunque va en detrimento de la verdad, redunda en beneficio de los jóvenes simples.

El que, además, Antonio se hubiera enamorado como un curiel de Gertrudis, tampoco indica nada que merezca tenerse en cuenta. Nadie se enorgullece de que a cierta edad, le salgan barros en la cara.

En cuanto a Gertrudis, sintió protestar su corazón, más alto que nunca de la impiadosa soledad de su vida. Toda su feminidad se impacientaba por querer. Años hacia, además, que Gertrudis sentía en sus entrañas la sed de un beso de amor, y fue Antonio el que se le acercó en ese momento crítico. Como si se le hubiera acercado otro.

De improviso, como resultan siempre las cosas más esperadas, Antonio, terminada su carrera, le anuncia su marcha para Santiago de Cuba, y Gertrudis descubre, con tristeza, que la noticia no la hace sufrir; que una voz muy tímida quiere dar dentro de ella un hurra de libertad.

* * *

En el trayecto del Vedado a La Habana, decidió ir primero a casa de su tía Justina; era muy temprano aún para presentarse en casa de Federico Guzmán.

Gertrudis, en medio del profundo desencanto de sí misma, que le había producido la escena de la noche anterior con Antonio, sintió una imperiosa necesidad de sufrir. Era la suya una sed de dolor, un ansia de tortura que la enervaba; padecía ya, de anhelar un pesar con una fuerza íntima.

Estuvo por apearse del tranvía y andar a la deriva por las calles, en espera de un encuentro con alguien, de algo sensacional que redimiera a sus ojos su vulgar existencia.

La mañana era lluviosa. Tres días seguidos que ya aquel lagrimeo persistía. En las esquinas, muchachas pobremente vestidas, esperaban el tranvía, soportando con molestia la lluvia, esa lluvia, que actuando de manera diversa en el temperamento nervioso de Gertrudis, ejercía sobre ella una atracción maléfica. Gertrudis hubiera querido tenderse en el suelo y que el agua la azotara a plomo todo el cuerpo. Aclaró el cielo por completo. Había llovido tanto, que aún habiendo escampado, goteaba todavía debajo de los árboles.

Gertrudis se apeó en una calle cualquiera, y anduvo largo rato hasta dar con la casa de la tía, bien distante de la línea tranviaria.

Las habitaciones –las dos únicas– ofrecían a la vista del recién llegado un aspecto complicado de muebles inservibles, ropas revueltas, personas apiñadas. Era inverosímil que aquella gente fuera de la familia de Gertrudis. Rama desgajada, apenas sujeta al viejo tronco de los Solís por el hilillo de voz de Justina: la hermanastra de don Carlos, el maestro, como todos le decían.

Allí iba Gertrudis a diario a beber, desde tan temprano, la hiel de una experiencia que le dolía no poco en la fe suprema de sus ideales.

En esta mañana, toda turbia y llorosa, se asomó al tugurio, con un secreto afán de acabar de una vez con todos y con ella misma.

La tía, toda la carne estropajosa, toda el alma roída de miseria, apenas silbaba su nombre con aquella voz tibia que repugnaba a Gertrudis, que le hacía el efecto de un hilo de agua babeante, hediondo, escurriéndose por la mugre de una roca.

—Gertrudis, entra, hija; aquí, batallando como siempre.

—¿Y tío Manuel?

—Detrás de alguna perra, seguramente

—Tía, ¡que la oyen los chicos!

—Que me oigan; han de vivir como yo, no como tú esperas para ti –añadió con rencor.

—¡Vaya, no se enfade usted, Irene!

En el otro cuarto, la mayor de los primos, mientras hacía la cama, amonestaba al segundo. Gertrudis se detuvo en la puerta. Había allí una humedad penetrante, que parecía filtrarse en los huesos. Apenas entraba, por una claraboya, un poco de la luz en aquella mañana gris.

Irene levantó los ojos hacia su prima. Gertrudis esperó la mirada, que le llegó extática, asombrada; los ojos de su prima parecían ojos que se hubieran parado en el comienzo de un camino inesperado.

—Tan temprano, ¿chica?

—Me desperté apenas apuntó el día, con más deseos que nunca de salir pronto a la calle. Tengo que llevar este trabajo a Guzmán, pero antes quise venir a verles. ¿Sermoneabas a Juan?

—Inútilmente, como todos los días.

—¿Pues, ¿qué hace?

—Defender a papá.

—Mujer, ¿le va a acusar?

Juan intervino:

—Irene es un erizo, Gertrudis. Porque ando siempre con papá, me regaña, y ha llegado hasta golpearme.

—¡Irene!

—No quiero que sea un golfo[50]. *sinvergüenza*

Juan gruñó:

—Seré lo que me dé la gana.

Irene se volvió toda encendida de una cólera consciente, a voluntad, y abofeteó a su hermano. Hubo un tumulto en los cuartos. Se levantó una algarabía de llanto, palabrotas y risas. A Juan le sangraban levemente los labios; a Justina le salivaban; a Irene le temblaban; a Gertrudis se le contraían, y a Félix, el enfermo olvidado en el rincón, le espumarajeaban incipientemente: todas las bocas vivieron una emoción distinta, todas se sintieron enemigas abriéndose como brechas por las que lanzaban su aliento, aquellos pobres seres envilecidos.

Gertrudis sintió llegar hasta ella todo el dolor que su ansia buscara en la mañana sola y gris. Se fue al rincón, con el deseo de aplacar a Félix. El muchacho la esperó desde el fondo de la habitación, con una congoja apagada en sus ojos.

—¿Cómo te sientes?

—¿Cómo quieres que me sienta viendo estas cosas? Y menos mal que no está papá.

Gertrudis cogió entre las suyas las manos blancas y trémulas del enfermo. Félix iba a cumplir diez y seis años: diez y seis padeciendo aquel raquitismo que heredara de la escrófula del padre.

—¿Quieres que te distraiga de esto?

—No, mujer; quiero hablar. Esto no es vida. Papá bebe y pega: vive de mujeres. Esto es lo que oigo. Yo odio a papá, y; sin embargo, le tengo lástima.

—¿Por qué le odias, Félix?

—Verás —y Félix tiritaba, como si en sus pobres miembros cayera la lluvia de la calle—, mamá lo dijo un día..., una noche. ¡Horrible! Yo no podía dormir... En la cama, mamá y papá discutían...

---

50   Golfo, deshonesto, pillo, sinvergüenza, holgazán según la RAE.

—Calla, primo, calla.

—¡Ah! ¡Tampoco, tú me quieres! Hace tiempo deseo decírtelo. Creo que si te lo digo me vas a querer más, a tener más lástima...

—¿Lástima?

—Sí; tu lástima me consolaría un poco. Sería distinta a la de los demás... Todo en ti es distinto.

—Vaya, Félix, estás febril.

—Tengo que decírtelo; si no, me ahogo. Oye: ¿sabes lo que decían ellos en la cama? —Papá: «vamos, mujer, no te niegues»; —y mamá: «no para que me hagas otro hijo como Félix; estás podrido, te come la roña. ¡Apestas! Vete».

Y Félix rió, con una risa que hizo temblar todo su cuerpo, produciendo en su garganta un ronquido que le hizo toser.

Acudió Justina.

—¿Qué haces ahí hablando? ¿No sabes que el hablar no se hizo para ti, enclenque?

Gertrudis se levantó. El trastorno de su pensamiento le produjo unas punzadas en las sienes. No pudo más. Huyó sintiendo clavarse en su espalda la mirada extraña de Félix, que parecía besarla y herirla, mientras el hipo sacudía grotescamente la carne precoz y enferma de su primo.

—Esto es lo que hay en el fondo de todo! —se decía—, horror, vicio, hambre. Sufría hasta la extenuación. ¡No poder lavarles el alma y los sentidos a todos! Y ese Félix, ¡quién lo creyera de Juan! Juan es libidinoso, como el padre; aunque es algo distinto, algo raro, no sé... Pero Félix ha despertado demasiado temprano. ¿Quién no con esa vida? ¡Irene! ¡Tanto como yo podía quererla! Irene es fría, hermética: su pensamiento es blanco, íntegro y puro como el mármol. Ha nacido para ser virgen, y quizá es lo que parece. ¿Por qué Félix me miraría así? ¿Por qué me diría que todo, en mí es distinto? No he de volver más, no; ¡no volveré!

Gertrudis subió a otro tranvía. Iría a casa de Guzmán: eran las once de la mañana. Buena hora. Entonces pensó que iba a cobrar una regular cantidad: 100 pesos. Llegó con su trabajo listo. La hicieron esperar en una sala desnuda de cuadros y cortinas, y casi sin muebles. Al fin Guzmán salió.

—Buenos días, señorita. Usted no se duerme sobre sus laureles. Verdaderamente no creí que eso estuviera tan pronto...

—Pues ya ve usted que he cumplido.

—¿Quiere usted pasar al saloncillo?

—Se lo agradezco, pero tengo que retirarme en seguida.

—Un momento, nada más, mientras yo le extiendo el cheque[51]. Hay aquí un señor y una señorita que podrían agradarles. Quizá usted los conozca: Delia Miranda y Pedro Cruz:

—Ah, sí! Ella poetisa y el escritor.

—Ya sabía yo que usted había de conocerles. Pase.

—Bueno, un instante. No puedo demorarme.

Delia la examinó de arriba a abajo, detallándole la modesta indumentaria, a Gertrudis. Cruz se le acercó obsequioso. Se enteró de la copia que Guzmán tenía en la mano.

—La obra de Sudermann?[52] Le habrá resultado muy aburrida la labor, ¿verdad, señorita?

Gertrudis sonrió imperceptiblemente, y, con gran calma, atajó la intención burlona de su interlocutor.

—¿Lo dice usted por la obra o por la copista?

De todos modos, sale usted perdiendo: si lo dice por la obra, porque demuestra no haberla comprendido: si por la copista, porque es un juicio –si eso es un juicio– aventurado.

Delia rió, con risa fuerte y seca. Sus ojos brillaron. Gertrudis creyó leer en ese relampaguear, como sucede en los anuncios lumínicos intermitentes, una frase que se encendió y se apagó en seguida. «Es lista, la chica».

Cruz no cedió. Empeñose en desconcertar a Gertrudis: le ofreció un cigarrillo.

—¿Fuma usted?

—Por costumbre, no; por condescendencia, sí.

Entró Guzmán. Gertrudis se puso vivamente de pie.

—¿Tan pronto se retira? –interrogó con sinceridad Delia.

—Señorita, yo no venía más que a entregar mi trabajo. El señor Guzmán me ha obligado a todo lo demás.

Delia sonrió con equívoca ironía.

—Y a soportar las impertinencias de Cruz, ¿también?

—No han sido impertinencias, han sido equivocaciones, señorita. Él no me conocía. Además, yo me he referido a la liquidación del trabajo. El señor Guzmán ha querido apurarse demasiado.

---

51   check en la edición de 1929.

52   Hermann Sudermann (1857-1928) novelista y dramaturgo alemán.

Señorita, es lo justo. Siento que no nos pueda usted acompañar más rato.

—Otro día será.

—Esperamos.

—Buenos días.

—Buenos días, señorita.

* * *

Por la noche, en la mesa, contó a su padrino y a su novio la jornada rendida. Antonio se iba a la mañana siguiente: era noche, pues, de despedida. Gertrudis estuvo más cariñosa, con algo de melancolía y de irreprimible silencio. Antonio, transido de dolorosos presentimientos. Los dos, con una secreta e inconfesable seguridad de que aquella separación distanciaba definitivamente sus rutas. Ninguno de los dos; sin embargo lo confesaba.

Afuera, la atmósfera se recrudecía en un frío todo cuajado de humedad.

Antonio se fue. Profundamente consternado, vagó toda la noche por las calles desiertas, por los parques solitarios, amortajados de neblina. Sintió la humedad de la hora prenderle a las pestañas los jirones de su gasa. En torno suyo, todo se iba perdiendo, borrándose en la nebulosa creciente. Los focos de luz ponían en la blancura láctea, manchones amarillos circundados de una leve claridad opalina, al rielar sobre lo blanco. Ni una línea, ni un contorno, ni una silueta.

Era lo inesperado, lo asombrosamente inesperado, pues allá, junto al mar, la atmósfera era transparente, con la transparencia líquida de los cristales limpios. Y aquí, la ciudad, no parecía la misma.

Surgía de pronto de la nube blanca un automóvil o un transeúnte, y se alejaba sin rastro, sin un espejismo en el inalterable vaho que, como bocanada de aliento, empañó el espacio todo.

Antonio, aterido, más que de frío, de soledad y de tristeza, se subió el cuello de la levita, y sumergió sus manos nerviosas[53] en los bolsillos. De vez en cuando, al cruzar junto a unos de aquellos kioscos del parque, una gota fría, una gota larga, espesa, perezosa, casi condensada, fluida, sin embargo, como una lágrima, caía sobre sus hombros, resbalando luego precipitadamente.

---

53   Esta palabra fue cambiada por temblorosas en la versión del 2008.

Algunos pordioseros hurgaban en los cajones de basura, la mano esquelética, temblona; los labios colgantes ásperos.

Y siempre la misma humedad, fría, la misma humedad infiltrándose por las aletillas de la nariz, traspasando las suelas de los zapatos, entrándose por los poros, y tendiéndose por los huesos felinamente, palpándolos, pegando a ellos sus cien bocas blandas que le va soplando a la médula algo que es ya como un airecillo friolento, que se acurruca entre molécula y molécula.

Dadas las cinco de la mañana, decidiose Antonio a ir a su casa. Le escribió una carta a Gertrudis, que luego rompió. Impaciente, incapaz de estarse quieto en una posición ni en una idea, se fue antes de la hora a la Estación Terminal.

Poco después, el tren resoplaba en la mañana trabajosamente.

II

Don Esteban terminaba su frugal desayuno. Entraba el sol; un sol prófugo de tres días, hasta la mesa, levantando una arista de chispeante luz en el reborde plateado de la azucarera.

—Ya Antonio nos queda bastante lejos.

—Bastante, sí.

Y Gertrudis envolvió a don Esteban en una mirada dulce y cariñosa, que no nacía, ciertamente, del tema de la conversación.

Había llegado a perdonar al gran viejo sus injustas palabras de otros tiempos, pero comprendía que había entre los dos una distancia enorme, que no podría nunca ser franqueada. Había prescindido en su interior del apoyo intelectual de su padrino. Sabía que él no era así por maldad hacia ella. Si su padrino no había sabido ver bien en lo profundo de su ser, era porque la conocía demasiado domésticamente. Le faltaba la perspectiva, y le sobraban influencias de ambiente.

Gertrudis tenía la convicción que la inevitable intimidad que existía entre sus vidas, la hacía paradójicamente una desconocida para él. Don Esteban no la consideraba: eso era todo. No podría llegar nunca a la valorización puramente estimativa de ella: estaban tan unidos desde el principio de su vida, que su padrino no había podido llegar a medir su estatura. La había sentido ir creciendo junto a él, ir estirándose a lo largo de su tronco familiar sin darse cuenta de que, al par, se iba independizando en esencia y en materia.

Gertrudis, que lo comprendía así, había llegado a quererle con cierta humildad y protección en su afecto, que la llenaba de ternura y cristiana piedad para con él.

Atravesando el chorro de sol que caía sobre la mesa, mellando sus filos en el contorno de su figura, se llegó a don Esteban.

—¿Sabe usted, padrino, que le quiero mucho?

—Vamos, chiquilla. En zalamería no hay quien te gane. ¿A qué viene, eso ahora?

—Padrino: ¡A que me lo grita el corazón! Y ya que usted es el interesado, debe enterarse.

—Es la influencia del día. Me pone alegre este sol: es una ricura de luz. ¡Naturaleza humana! Somos ingratos hasta cuando no queremos serlo, o mejor: porque no queremos serlo, es que lo somos. Casi ni nos acordamos ahora del pobre Antonio, que estará bien triste.

—¡Deje eso, por favor!

Y, disimulando su enojo, casi físico, salió de la casa.

Era temprano aún y comenzó a caminar buscando, como tantas veces, el lugar más distante donde tomar el tranvía. ¿Por qué ese afán de andar, andar? No se cansaba nunca; tenía bien probada su resistencia. Caminando se le aplacaban un poco los nervios y le parecía que las ideas se le encauzaban en la mente, como por reflejo de la visión de la ruta que se abría a su deseo de caminar: caminar sin término, hacia adelante, sin hora de parada ni día de regreso.

Pero aquella mañana todo su pensamiento se escapaba al ritmo de su paso. Algo raro surgía en su alma y parecía manotear y escandalizar allá adentro. Aquel alboroto interior creció después hasta aturdirla en un impulso de exterminio, de destrucción.

Gertrudis deseaba furiosamente golpear, hacer daño, hacer sufrir. Se sintió, se supo, se reconoció mala. ¡Mala! Sí; y parecía que todos sus sentimientos se le empapaban de aquella oscura malignidad del alma. Hubiera querido gritar, reír: maldecir a voces.

Después, algo como un inexplicable y espontáneo enternecimiento, le subió a los ojos, que pugnaron por no llorar. ¡Exceso de vida!, se dijo. De vida fisiológica, sentimental, intelectual. Un momento se detuvo en la acera, esperando el inminente estallido de toda ella. Amar, trabajar. Gozar. Morir. Su juventud acometía todos los minaretes de la naturaleza: asaltaba todos los reductos de su voluntad.

Era una fiebre genésica de creación. La vida pugnaba por saltar de ella. Desbordábasele del corazón el anhelo de querer. Le parecía que de pronto se le agolpaba en el cerebro una fuerza impetuosa, lúcida: creyó experimentar vagamente la sensación palpitante, visual y táctil de su inteligencia, que parecía querer forzar el hemisferio de su cráneo, clamando por un espacio infinito donde expandirse y tal vez morir.

Todo el cuerpo sufría un estremecimiento punzante. Los senos, rígidos, le dolían en los vórtices. En las entrañas, algo caliente le mordía. ¡Exceso de vida! –se repetía–, queriendo dominar aquel fenómeno. ¡Exceso de vida! Esta vida estúpida que llevo de freno, de trabajo, de privaciones en todos los órdenes, ¿para qué? Para que «la otra», la fuerte, la hermosa, la imperativa, me asalte de pronto, no importa día, hora ni lugar, de esta manera terrible, cruel.

Gertrudis fue estremecida y raída de lágrimas, en un gran sollozo que se ahogaba.

Reaccionó: «Al tranvía, lo más pronto» –se dijo–, y cambió de paso. Dobló una esquina, cruzó una acera y fue ganando boca-calles, hasta divisar la línea del tranvía.

Un feliz encuentro la ayudó con su oportunidad a poner orden dentro de sí misma. En la esquina esperaba también el tranvía, el doctor Enrique José Varona[54].

Gertrudis, al encontrarse de pronto con la serenidad hecha años del viejo sabio, sintió esparcirse por toda ella un aire de bonanza. Con los lentes calados enhiestamente sobre la gruesa nariz, ya caduca; los ojos remansados y alerta; las canas agrupadas sobre la boca, de verbo crecido en la sabiduría; sólo, a su edad y en su voluntad, el maestro de tres generaciones de cubanos esperaba, como un individuo cualquiera pudiera hacerlo, el tranvía que le llevara hacia La Habana.

Gertrudis lo miró con serenidad pensativa. Y aquel hombre modesto, un transeúnte más en la vía, era el hombre de pluma y escalpelo que hendió a maravilla las obras de los más grandes filósofos. Y aquel hombre de gabinete, de sapiencia, se había erguido en el pretil de la hora nacional, para hablar a las multitudes desorientadas por la política de los tiempos: política que era en los grandes sin grandeza, disfrute, y en el pueblo sin heroísmo, dolor y escarnio.

Salió de su retiro, y fue escudo, balanza y palio. Palio para la juventud estudiantil, removida y airada en el caos de la vida nacional cubana. Fue, en una palabra, ejemplo de acción.

Un hombre, viejo y sabio, que sabía esgrimir aún las ideas y exponer la vida en el trabajo, en el periódico, en la calle (tan complicadas las modernas calles para sus piernas firmes, pero no tan ágiles ya), en su propia casa, cuyos umbrales fueron hollados –en ocasión de

---

54 Enrique José Varona y Pera (1849-1933); ensayista, catedrático, filósofo y político cubano, principal representante del Positivismo.

la revuelta estudiantil– por la pata del bruto que cabalgaban hombres uniformados.

Subió el maestro a su tranvía, con cierta precaución, en medio de sus manos ocupadas con un libro y un periódico doblado, y Gertrudis se halló de nuevo sola en la esquina. Miró vagamente en torno, y sintió que le subía hasta los labios un beso limpio, ancho, inútil.

En la oficina trabajó con desgana, a tropezones; casi a punto de claudicar. Varias veces había pensado abandonar el puesto y probar fortuna afuera, pero siempre la detenía su misma ambición. Ambición enorme, toda llena de previsión, discreta y audaz a un tiempo: ambición masculina, fuerte y áspera, que la impulsaba a esperar de sus esfuerzos ganancias bien positivas y reales, que la permitieran manumitirse de toda pequeñez.

Fonseca, como la otra vez, se llegó a su escritorio, a darle un poco de conversación.

—Vaya, amiga mía, ¿no ha sorprendido usted la sonrisita maliciosa de nuestra compañera del fondo?

—¿De Julia? No; no me he fijado. ¿Por qué?

—Ha sonreído como pensando atrocidades de nosotros. En realidad, esta Julia le ha puesto usted la proa desde que usted entró aquí.

—¡Bah! ¿Le preocupa?

—¿Por mí? ¡Claro que no! Por usted, sí, algo nada más, porque yo sé que a usted no le hace mella. ¿No sabe usted que aquí todos le tienen mucha envidia y enemistad? Julia, además, le tiene sus celillos.

—Sí, sí... Había creído adivinar... Julia está enamorada de usted, ¿no?

—Dicen... Y dicen que usted es muy orgullosa. Que tiene más pretensiones que lo que le alcanza el sueldo.

—En fin, que como no les doy pie, ni tengo por qué andar con chismes y hablillas con nadie, le resulto intolerable. Y ahora dirán que usted y yo sabremos a qué atenernos sobre conceptos de amor.

—Y usted quiere saber algo, ¿no?

—Francamente, sí.

—Pues sepa que pienso en el amor a diario.

—Y no saben que usted, ni piensa en eso.

—¿Como? Yo creía que era abstemia hasta de pensamiento

—Usted, amigo Fonseca, no creía semejante cosa. Usted quiere saber lo que yo pienso del amor, ¿verdad? Pues sí, lo espero, lo aguardo. Estoy esperando la vida entera.

—¿Espera usted sin impaciencia?

—Quizá.

—Por lo pronto, no se la ve siquiera mirar para ningún hombre. ¿Qué cree usted de nosotros?

—¡Oh! No puedo juzgar aún. Ninguno me ha despertado interés hasta hoy. Por de pronto, creo que el hombre es de un egoísmo insufrible.

—¿Y su novio?

Gertrudis pareció recordar algo muy distante y lejano. Frunció el ceño; en toda la mañana había pensado en Antonio. Lo tenía ya por un desterrado de su vida.

—Mi novio ha embarcado esta mañana para Santiago de Cuba, a ver a su familia.

—¿Se han disgustado ustedes?

—¿No cree usted, Fonseca, que está preguntando de más?

—Perdóneme, Gertrudis. Usted me trata con un poco de dureza, pero yo le tengo un buen aprecio, y nada que le diga es con mala intención.

—Bien, Fonseca, entendido. Pero mis cosas son mías. Usted no tiene derecho a hacerme ciertas preguntas. No es dureza de mi parte, es lealtad.

—¿Amigos? Hasta luego. Tal vez nos veamos a la salida.

Gertrudis se quedó abstraída. Los codos apoyados sobre el reborde de la máquina de escribir, mirando delante de sí, sin saber a dónde. Su fino perfil, que la hondura de las mejillas parecía afilar más, tenía una suave declinación nariz abajo, que contrastaba con la frente, un poco dura y terca.

Algo que se movía delante de ella, y en lo cual parecía tener apoyada la mirada inconscientemente, la hizo parpadear. Entonces se dio cuenta de que, a unos pasos de ella, un señor discutía un asunto con Fonseca. Se fijó en ese hombre detalladamente, con cierta calma grave y fría. Iba vestido con modestia, pero con un traje de buen corte. Era ancho, limpio, de gesto seguro y resuelto. La cara, completamente rasurada, tenía una expresión enérgica de vivacidad sensual, que empalidecía sus labios delgados, cruelmente hundidos.

Pasó delante de ella, y en unión de Fonseca entró en el departamento contiguo.

Gertrudis, conservando su actitud displicente, se quedó así, sin pensar en nada, en una absoluta vaguedad espiritual, sumida en una de esa detenciones mentales en las que nos parece que nada es, que nada existe, y en las que se producen los movimientos del organismo mecánicamente. Su razón vegetaba en ese momento, sin noción de tiempo, hora ni lugar. Era, el suyo, un instante de verdadera calma, en el cual se había hecho incolora, y, bajo el alelamiento de su conciencia, había adquirido una expresión estúpida.

Perezosos y anodinos transcurrieron los postreros minutos de la tarde laborable.

Al salir de la oficina, coincidió Gertrudis con Fonseca y el señor desconocido.

—Si no vamos a molestarle demasiado, le acompañamos, ¿quiere? El señor Damián Varona.

—Tanto gusto, señorita.

—Pueden acompañarme, ¿por qué no?

—¿De veras no le resulta molesto nuestro deseo, señorita? Seguramente la hemos comprometido a usted.

—De ningún modo.

Haciendo comentarios baladíes a los transeúntes, a la mañana, a los compañeros de oficina; cediendo unas veces el paso, adelantándose el uno a otro, alcanzándose, riendo y callando sin saber por qué, caminaron unas cuadras.

Al llegar a una esquina, Gertrudis se detuvo.

Un pordiosero sin piernas, acurrucado contra las vallas anunciadoras de una fábrica, le tendía el sombrero.

Era un anciano encorvado, patilludo, la boca desdentada y los ojos inertes. Gertrudis le dejó una limosna, a la que se sumaron las de los dos hombres.

—¿Le da usted todos los días? –preguntó Fonseca, como hubiera preguntado cualquier otra cosa.

—Sí; pero no hay virtud en ello. A veces he tenido que hacer un esfuerzo para no seguir de largo sin dejarle nada.

—¿Por qué? –Y Fonseca tuvo un asombro cómico.

—Vaya, amigo mío. Mi respuesta le ha desencantado. Usted creía estar asistiendo a una escena enternecedora, ¿verdad? Un pasaje de novela romántica: la joven piadosa y caritativa; el pobre que la mira con gratitud, como a un hada bienhechora. Pues no hay nada de eso. La mejor limosna que he dado a ese viejo, fue la primera; las otras han sido hijas del hábito, y alguna de mezquindad espiritual.

—¿Cómo se entiende, Gertrudis?

—Verán ustedes; después de llevar una semanas dándole unos centavos al pobre hombre, un día se me ocurrió preguntarle, al ver que me sonreía desde lejos: «¿Me conoce usted?» «Sí, señora». «Pues ahí tiene, amigo». Después, dejé de pasar por aquí como un mes. Cuando volví la primera vez, me dio alegría ver al viejo, y me acerqué con verdadera caridad en el alma. Su gesto servicial, pero vago, me detuvo. «¿No me recuerda usted?» «No, señora, no». Ahí sí fue desilusión la mía. ¡Señor, que ni en los pordioseros puede sembrar uno con fruto! Descubrí la ingratitud humana, que con la misma indiferencia hace el bien y el mal que lo recibe. Y descubrí algo más terrible aún...

—Siga usted.

—Que yo le daba ya la limosna por el recuerdo suyo, que yo me creía con derecho a comprarle, el mero hecho que era un pobre infeliz, sus sentimientos. Saber que aquel hombre me esperaba, necesitaba un poco de mí, me alegraba, sin ver que le humillaba mi limosna impura.

Damián Varona se volvió francamente hacia ella, por la primera vez. La miró, nada más. No puso nada en aquella mirada Sólo quiso eso, ver con detenimiento, a quien sólo había mirado con indiferencia tal, que ni siquiera sabia cómo eran sus facciones.

Los hombres, saludaron. Gertrudis, triste, replegada en sí, sinceramente impertérrita, se despidió de los dos.

* * *

Quince días hacía que Antonio se había marchado, y a sus seis cartas, Gertrudis había contestado con dos, que en vano trató de hacer efusivas.

Su interés, puesto totalmente en Damián Varona, no podía concederle al novio ausente; más que una rudimentaria expresión.

Damián, con su encuentro diario con la joven, habíale despertado una ardiente pasión.

Fueron paseos lentos, retardados. Y luego, el acompañamiento en el tranvía: los dos muy unidos en el último asiento, mirando tras los cristales echados la tarde invernal que invadía la calle. Delicioso. Empezaban a encenderse las luces, que rompían la sequedad del ambiente con un dejo de tristeza. Damián fumaba, y a Gertrudis el aroma del cigarro y la tibieza del humo que le rozaba el rostro le daba la sensación de un beso desconocido: más varonil que los de Antonio.

La gente entraba, y se iba hacia adelante, ocupando los otros asientos, y ellos dos, en el último, veían todo el tranvía cerrado, con las cristalerías laterales un poco turbias, detenerse y arrancar con cierta calma, en la que se oía el chirriar de todo su armatoste. Estos detalles se les entraban en el alma, empujándoles el uno al otro, en un acercamiento físico, caricioso y silente, que parecía ser la sanción a un tácito acuerdo de elección.

Damián estaba todo hecho de gestos persuasivos, que parecían filtrarse como deshechos en ondas invisibles, por toda la carne trémula y presentidora de Gertrudis. No se habían dicho nada. No se habían hablado de amor. No se habían tuteado. Sin embargo, parecía que de todo habían tratado ya, coincidiendo ambas voluntades en un mismo punto de partida.

Ella se abandonaba en su brazo, cuando por la acera estrechísima, despaciosamente, caminaban hacia la esquina donde tomaban el tranvía. Él la atraía con ademán protector y suave, que era como un suplantar de abrazo que no acabara de darle nunca. Y se miraban al hablar con un invencible entusiasmo en las pupilas hurgadoras. Era algo plácido, confiado, que los saturaba de ternura y congoja.

—La mañana aquella en que usted refirió lo del pordiosero, yo puse mi vida al paso de la suya.

—Marcha militar hacia el futuro –reía ella.

—¿A compás siempre?

—¡Quién puede saberlo!

Silencio. Divagar de un pensamiento solitario que busca en la conversación otro con el cual hermanarse.

—¿Tiene usted frío? ¿Por qué no sube el cuello de su abrigo?

—Es delicioso recibir este aire en la cara, ¿no le parece ?

—Sería muy triste... Sería horrible que... ¡Oh! ¿Cómo sería, Damián?

—Calle usted, Gertrudis, no vayamos a atraerle con nuestra conversación.

Otro día:

—¿No le extraña a usted que no le pregunte de su familia, de su casa? ¿Quién es, qué hace, cuál es su vida? ¿Si tiene novio?

—Sí, francamente, si extraño ciertas cosas en su manera de proceder. Aunque no veo la prisa por cambiar esto. Mi alma goza de un bienestar inmenso en esta situación. ¿Y la suya?

—¡Oh, la mía! –apretó cariñosamente su brazo y sonrió con dulzura–. Bien, Gertrudis, amiga mía; si yo no le he preguntado nada de su vida, es porque me encanta considerarla y verla así, sola, aislada: como desligada del tiempo, y de la vida misma. Sin conexión con nada; sin que usted esté relacionada para nada con las pequeñas vulgaridades de la realidad circundante. Gertrudis: yo no quisiera saber nunca quién es usted.

—¡Oh! ¡Todo es diáfano en mi..., menos yo, quizá!

—¡Qué paradójica es usted! Tiene expresiones muy raras algunas veces.

Ella sonrió veladamente. Pasó sus ojos por toda la cara cercana de Damián, que sintió llamearle en la piel la mirada candente de Gertrudis. Aquellos ojos, de un negror fatídico, inmensos ojos de criolla nativa, febriles de inquietud, trastornaron a Damián.

—Me abruma el ardor de sus ojazos, me enloquece, me excita... Gertrudis, ¿mira usted siempre así? ¿Mira usted a todos así? ¿Me buscan alguna vez sus ojos? Yo los siento como saetas que me atravesaran. Dígame, ¿piensa usted en mí de noche?

—Sí, pienso.

—¿Mucho?

—Demasiado, creo.

—¿Por qué demasiado?

—Me asusta un poco la fuerza de mi pensamiento.

—¿Cómo piensa usted en mí de noche?

—¿Cómo? Como hombre. ¿Me oye usted bien?

—Divinamente, querida –y rió con risa golosa, sensual, un poco aspirada–. ¿Ha pensado usted en el día que yo la llegara a besar, ¿verdad?

—¡Damián! ¡Damián!

—¡Si nos amamos, Gertrudis! Tengo una alegría frenética; ganas de gritar, de robarte.

Y los dos se devoraban con los ojos, con una alegría violenta, dolorosa, que los exacerbaba. Una inquietud juvenil, pasional, les sacudía los nervios. Lo pensaron todo. Se hicieron un delicioso embrollo en el corazón. Pusieron a bailar el cielo en la cuerda floja de sus voluntades. Desconceptuaron la felicidad de todos los seres humanos. Borrachos de deseo pujante, instintivo, natural, se hablaban peregrinamente de amor.

—Gertrudis, ¿no quieres vivir?

—¿Sin saber? ¿Eres leal, al menos?

—Ahora estoy con mi amor único ante ti. Soy libre. Todo para ti. Dispuesto a quererte. Dispuesto a entregarte mi vida solitaria en un solo y dulce compromiso: el de hacerte feliz. ¿Quieres seguir soñando con mis besos?

—No.

—Entonces, ¿es que quieres probarlos?

—¡Damián! Pues sí. Pero ¿cuándo?, ¿dónde

—Mañana. En mi casita, ¿quieres? Sí, eh, sí, y ¿no te arrepentirás en estas horas?

—No; he esperado demasiado la vida. Lo más decisivo no es que yo te amo, es que quiero amarte, que necesito amarte. Creo en tus palabras, Damián. Confío en que sean leales.

—Y lo son, lo son.

El lírico mañana prendió en el alma, fatalmente emotiva de Gertrudis, una luminaria maravillosa.

* * *

Se estrechó fuertemente contra su pecho, amplio y duro. El abrazo de Damián era algo nuevo y tentador. Parecía que toda ella cabía allí, entre los brazos que la cruzaban por la espalda hasta la cintura. No se besaban todavía. Querían mirarse. Gertrudis entregó toda el alma a aquellos ojos dorados, en los cuales la sombra de las pestañas largas, espesas, soñolientas como pestañas de mujer, corría de vez en cuando una rejita negra.

Luego, el beso. El beso que se le entró, absorbente, en toda la boca, que le dejó los labios sumidos entre los del amante esperado, ya con un poco de febrilidad, en la vida.

Apartáronse. Ella radiante, con una expresión triunfal en el rostro, y en la boca la euforia de aquel beso, de aquella pagana sabiduría de sus labios, que era en todas sus venas una gran revelación.

—Todavía no te he visto más que a ti.

—Has de perdonar un poco, la pobreza.

—Eres pobre, pues.

—Sí

—¿Mujer de por medio?

—No. Soltero y sin amarras de ninguna clase.

—Vaya, lo encuentro bien todo.

Y corrió por las piezas, como en una resurrección de su fracasado infantilismo.

El había traído unas flores, y allí en el aparador, cubierto por una servilleta, había algo, algo que hizo palmotear a Gertrudis.

—¿Qué es? ¿Qué es?

—Nada. ¡Cuidadito! Ahora no.

—Ahora no, muy bien. ¿Pues cuándo?

—Después, después. Unos caramelillos, sí.

—¿Y aquello es un pastel? Déjame, probarlo nada más; creo que es inofensivo.

El rió, echando hacia atrás la cabeza, y ella vio toda la garganta varonil, sombreada, surgir del cuello bajo y vuelto, de la camisa. Más alto, la hilera de dientes, tan blanca, tan aguda, tan provocativa, que se acrecentó en ella un deseo vivaz que la torturaba un poco dulcemente.

—¡Damián! No te rías así, por favor.

—¡Pues qué, criatura! Si es día de gloria. ¡Y cómo vienes hoy! Pero quítate el sombrero.

A tropezones, chocando las manos, lograron dejar libre su cabeza trágica: despeinada ahora, con un elocuente vibrar en todo el cabello negro, lustroso, con rizamientos[55] truncos, indeliberados: con tonalidades suaves y bruscas, como irradiadas del pensamiento soberano de Gertrudis.

Los dedos, la boca, las miradas de Damián se perdieron todas allí, recorriendo unos y otros, impacientemente, desde las sienes hasta la nuca, toda la selva presagiadora.

Gertrudis, sofocada, huyó. Los párpados le caían pesados, febriles. Un minuto estuvo sin ver con claridad. En ese minuto le pareció hundirse en la nada y volver después a la superficie.

—¿Quieres tomar algo? ¿Licor o refresco?

—¡Refresco! –medio gritó, riendo con picardía.

—Espera, voy por mi copa, que desde hoy será para ti también.

Le vio irse por el corredor e internarse en unas habitaciones des-

---

55   En la edición cubana del 2008 cambiaron la palabra original rizamientos por rozamientos. Aunque la palabra originalmente usada resulta un neologismo parece más adecuada dentro del significado de la frase.

conocidas: las habitaciones de un extraño, pensó apenas, sin concederle importancia al pensamiento. Se estremeció, miró en torno y sintió un indefinible pavor de verse allí sola. Lo llamó.

—¡Damián! ¡Damián!

—Voy, nena, voy. Aquí me tienes. Pero, ¿qué te pasa?

—No me dejes más sola.

—Pero muñequita, ¿cómo sola? Si me tienes ahí, a dos pasos.

—Pues no te vayas, ea, no quiero. No te me muevas de mi lado.

Se abrazó a él, tiritándole un poco los dientes.

—Es que no quiero, ¿sabes? Me da un miedo pueril. Como si fuera a llegar alguien, como si nos fueran a sorprender.

La estrechó, besándola de nuevo en la boca con un beso impaciente, delirante. Ambos cerraron los ojos y se sentían la sangre como agolpada una contra otra, en el abrazo tembloroso de sus cuerpos. Un gemido de gozo presentidor rompió en la garganta de Damián. Entonces, Gertrudis cedió por completo.

Damián sintió como[56] la mujer se contraía, rechazándole levemente, y la vio morder en los labios un dolor nuevo, cuyo grito de queja ahogó con valentía.

Gertrudis abrió los ojos, donde dos lágrimas puramente físicas se cuajaron. Le amagó en los labios una expresión de fugaz desencanto. La bruma de la nostalgia le enturbió el alma. Dulce y desgarradora, le invadió la tristeza de las tristezas: la melancolía.

* * *

Gertrudis[57] caminaba despacio, indolentemente, por el medio de la calle. Era ya anochecido. Todo el barrio bajo descansaba. Le pareció que aquella gente humilde, plebeya, la defendía, la protegía. Nadie podía conocerla por allí, y ella se sentía mirada sin temores; más bien confiando de un modo tácito, su secreto a aquella parte del pueblo destacada en lugar tan distante y apartado del centro de la ciudad.

Hombres descamisados, con chancletas, iban a las fondas, a los cafés, con jarros de hoja de lata en la mano. En las puertas, las mulatas, fumando, le seguían curiosamente con la vista. Cruzaba un carretón, un automóvil, y bajaba de la noche un gran reposo que placía a su espíritu.

---

56   En las versiones de *La vida manda* de 1929 y 2008, la palabra como aparece escrita cómo.

57   El nombre de Gertrudis no se encuentra en la versión del 2008.

Llevaba, apretadas contra sus labios, las flores de su iniciación. Las besaba, dilatando las aletillas de la nariz voluptuosamente, y sintiendo barrerse en toda su carne una honda muy leve y muy sosegada: superficial y cariciosa como el rozamiento[58] de un agua clara.

Caminar así, con aquel paso tranquilo y doliente, hacia un horizonte imposible. Gertrudis sonrió, gratamente feliz. Le nació una viva simpatía por aquella gente, que parecía ampararla con su ignorancia. Pensó en Damián: en su cara pálida y risueña asomada al borde de la escalera, diciéndole adiós y recomendándole:

—No te pares a mirar a nadie. Camina sin preocuparte de nada, para que no llames la atención. No vuelvas la cara.

De pronto, por la magia de aquellas horas, la vida cobró otro sentido a sus ojos: como si la vida hubiera estado también cubierta de un velo virginal, que le hubiera impedido hasta entonces mostrarse en toda su verdad.

Miró a las parejas asomadas a las ventanas, con indulgente comprensión. ¡Ah! Ya sabía todo lo que había de antemano descubierto en aquel brazo descansado en el hombro de una mulata; en aquella confianza inimitable con que el hombre pobre y trabajador hablaba a su mujer. Su mujer, es decir: la que compartía su lecho. Y penetró, como nunca, en aquellas miradas que conocían el gozo del amor... y su miseria.

¡Su miseria! Gertrudis se defendió optimistamente. Cierto que había una parte prosaica en el acto material; pero Damián la había salvado tan bien, con tanta delicadeza y ternura, que ella apenas la había sospechado. Era ahora, ahora, cuando al contacto con los demás, había querido ver en cada pareja de la calle el mismo sentimentalismo de Damián y ella; comprendiendo que en el interior de aquellos casos, como en los de sus primos, el amor era una necesidad animal que se cumplía con la misma regularidad y suciedad que otras necesidades menos tratadas por la moral.

¡Sus primos! Como si al conjuro de la evocación surgieran, sintió seguirla y alcanzarla unos pasos nerviosos, con intermitentes carreritas. Era Félix. Suerte que ya Gertrudis se había adentrado francamente en la ciudad y su presencia en aquellas calles no podía

---

58   Palabra cambiada según la edición de la obra del 2008. La palabra original es rizamientos, neologismo ya usado por la autora. Cualquiera de las dos opciones tiene un empleo metafórico por lo que hemos seguido la opción de la edición del 2008.

levantar sospechas. De todos modos, el profundo disgusto de aquel encuentro le hizo tener un gesto de impaciencia.

—¿Qué quieres? ¿A qué esos gritos por la calle?

—No te enfades. Es que desesperaba ya de alcanzarte, y si doblabas una esquina no te iba a poder hablar.

Gertrudis depuso su actitud airada, sintiéndose desarmada por la humildad de Félix.

—Bueno, ¿tenías algo que decirme?

—¿Por qué...? ¿Por qué... no has vuelto por casa, prima?

Ella contestó con cierto imperio, deseando cortar la conversación, y sofocada por un poco de rubor que se calentaba en las mejillas.

—Por nada... He tenido mucho trabajo...Volveré uno de estos días...

—Tú te fuiste contrariada la última vez. ¿Por qué? ¿Por aquel disgusto? Otros has visto y; sin embargo... Ya sabes que es cosa de todos los días. ¿Por lo que te dije ?... Fui un tonto. Yo creía que no te lastimaría nada de aquello... Pero es verdad: son suciedades que ni te interesan, ni deben alcanzar tu vida.

Gertrudis tuvo compasión, y apoyó ligeramente la mano en el hombro de Félix.

—No; no ha sido nada de eso. Es que he trabajado en estos días como no puedes imaginar.

—¿Por qué tanto? Vas a enfermarte y eso sí que sería terrible para... todos...

Ella tuvo la percepción física, independiente de la modalidad de su pensamiento, de la estatura del muchacho, al ponerle la mano en el hombro.

—¡Qué alto estás, Félix! Ya me has pasado. ¿Qué edad tienes? .

—Ya cumplí los diez y seis. Ya soy un hombre, ¿verdad? –preguntó con amargura.

—Pues sí. Pero no abuses, puede hacerte mal.

Se sonrojó de su consejo, tan franco y tan humano y tan sin hipocresía.

—No vale la pena, primita: nací ripio.

—Félix, tú eres inteligente, eres el único inteligente de ustedes. Juan es listo, lo que llamamos aquí en Cuba listo o listeza es como la nébulosa de la inteligencia misma. O algo vago que chisporrotea de vez en cuando, pero que no se acaba de prender en llama. Pero, vamos, estoy aquí hablándote de cosas...

—Que yo no entiendo. No las entiendo precisamente, hasta que tú no me las explicas. Ahora, mismo, no sabría repetir tus palabras, pero, ¡qué importa! Ya sé por qué Juan es listo y yo te parezco inteligente.

—¿Me pareces?

—Si... Pero mira, Gertrudis, no es inteligencia..., es tristeza, es algo malo que va por dentro, que quiere llegar a donde mis fuerzas no me dejan... Es el constante ver miserias por un lado y por otro, el constante pensar en ti: el subir y bajar de mi pensamiento. Lo que te asombra es que esto ocurra a mi edad; pero cuando tenga treinta años sabré y pensaré lo mismo, sólo que con más amargura, como tío Esteban; con más cinismo, como Juan, o más imbecilidad, como papá.

—¡Félix! Dices que no eres inteligente. ¿Y esa reflexión?

—¡Bah! ¡Qué importancia le dan ustedes, los que saben de libros, a las cosas que no las tienen! ¿Guardan secretos para mí mis hermanos y mis padres? ¿Y la chusma de la calle? Luego te oigo hablar a ti y a tío Esteban... Cuando tenga la edad de ustedes no hablaré nada. ¿Sabes? No tendré más que decir. No habré progresado, porque no soy inteligente ni sabré nada. Haber frecuentado un poco más los prostíbulos, que ya conozco; tener quizá unos hijos; haber visto morir a las bestias de mi casa...

—¡Félix !

—Y haberte perdido a ti...

—Félix, ¿quieres que te ayude a hacer de ti un hombre? ¿Quieres leer, estudiar, trabajar?

—¿Para qué, primita? No te quieres convencer: soy un bruto. Tengo el alcohol y la basura de la sangre paterna en la carne. Yo nací para el prostíbulo. Para arrimarme con una mulata o blanca que no pique alto. ¿Tú crees, que no he intentado leer? Pero no me gustan más que las novelas que tratan de la vida en la cual nací y tendré que morir como una piltrafa. ¡Y tú..., tú! ¿Cuándo vas por casa?

Gertrudis sintió un impulso generoso y quiso gritar:

—¡Ahora! ¡Ahora mismo! Vamos.

Pero su felicidad la hacía prudentemente egoísta. Quería estar sola para paladear, aquellas horas de alegría y placer. Derramar un poca de su ventura en aquellos infelices, un poco de su luz en aquella sombra, un poco de cordialidad en aquel antro de fierezas era una acción digna, noble: era algo dulce que le ayudaría a soportar sin temores, el peso de su dicha. Pero Gertrudis quería aislarse, librar su amor de aquella contaminación de la realidad: ¡Soñar!

Fue egoísta, bravamente egoísta.

—Iré dentro de unos días, Félix. Dentro de unos días, adiós. Cojo un automóvil; voy a llegar muy tarde a casa, y padrino estará preocupado. Adiós... Un beso a Irene... Hasta pronto... Félix..., hasta...

El viento se llevó las últimas palabras, en la carrera, cada vez más rápida, del automóvil. Y Félix se quedó solo, desamparado, en la acera: desolada el alma, estremecida la ahilada figura, cuya doble sombra llegaba hasta el tobillo, en el largo prematuro de sus pantalones de hombre, que todavía bien pudieran ser pantalones de niño.

III

Pudo resistir, sin la menor demostración que la delatara, la mirada de don Esteban. En la mesa, la costumbre de su tío de leer el periódico, doblado meticulosamente y apoyado en la copa delante de los platos, le sirvió para disimular su silencio, y a alguna que otra pregunta o comentario sobre las noticias del día, que contestaba con un laconismo dulce que no podía alarmar a don Esteban.

Gertrudis pensaba en su nuevo estado. El tener un secreto tan grave y sencillo a un tiempo, le daba cierta sensación de independencia, de crecimiento de su responsabilidad, que la estremecía de voluptuosidad: era como un quererse a sí misma, y esperar y creer de sí misma todo lo posible de la vida. Estarse así, callada, quieta, como si nada hubiera sucedido, como si nada hubiera cambiado, y estar tan profundamente alterada su mentalidad: tan amplificada su visión del mundo, que al mismo don Esteban lo veía ahora desde un punto de vista distinto por completo. Ella tenía un hombre: su amante. Tenía ya quien le[59] hiciera más leve la brega con la compensación de su cariño. ¡Ah! Era como una ventanita por donde asomase a respirar un aire mejor.

Era una sensación de alivio donde flotaba la mansedumbre de una ligera molestia física, tan apagada y extraña, que era cual un dulce misterio de emoción, que dejara a su paso la experiencia carnal sufrida.

Ni por un momento se arrepintió de lo hecho. Creía haber obrado con la libertad y la independencia que sus años y su independencia económica le daban. Disponiendo de sí, había ejercido un derecho propio que ni el mismo don Esteban podría discutirle. Sólo Antonio...

---

59   Se corrige el laísmo en que muchas veces incurre la autora.

Tampoco sintió arrepentimiento al pensar en su novio: ¿él no había de pasarse sus horas con otras mujeres? No era lo mismo. ¡Claro está! No era lo mismo darse por amor a un solo hombre al cabo de sus veinticinco años, que andar de alcoba en alcoba con una sola mira carnal.

Además, Antonio y ella habían sido cobardes, pues, tanto al uno como al otro les constaba que desde hacía tiempo ellos no significaban nada en sus mutuas vidas. No habían tenido el valor de confesárselo así, y ahora necesariamente habían de afrontar el problema que les tenía separados en lo más hondo de sus corazones: el problema del desamor y la desilusión de ella.

De imaginar, nada más, que alguna voluntad podría atreverse a levantarse en su camino, ya el verbo se le encendía en rebeldías y protestas, ya el ceño se le marcaba con un coraje soberbio, echando doblez sobre doblez, todos los años de lucha, de dolor, de deseos sexuales y de experiencias intelectuales, completamente agotadoras.

—Mira; ahí tienes para leer. Ahora, con eso de reformar la Constitución, se trata de concederles el voto a las mujeres.

Apoyándose en aquel hermoso secreto, que le hacía ver ahora en don Esteban la calidad de su hombría, le espetó sin mirar al periódico:

—¿Y qué cree usted? ¿Nos lo darán o no?

—No sé, hijita: parece que sí, pero mucho se me sospecha que después les van a dar gato por liebre.

—¿Y usted qué opina? ¿Debemos votar?

—Sí y no.

—¿Por qué si, y por qué no?

—En principio se lo merecen.

—¡Ah!, nos conceden que nos lo merecemos. ¡Qué magnanimidad!

—Como quiera que lo mires, no puedes por menos que confesar que es una otorgación de nosotros. Son los hombres los que han de legislar en eso.

—Ya lo sabemos, como en otras tantas cosas también: sólo que entonces no se llamaban concesiones, sino imposiciones. Pero vamos, por lo menos, usted cree que en principio nos lo merecemos.

—Sí, pero llevarlo ahora a la práctica sería perjudicial.

—¿Puede decirme por qué? Si va a decir algo original, ¿eh? Porque eso de que no estamos preparadas, ya está retirado de la circulación por «moneda falsa».

—¿Tú crees?

—¿Qué preparación tenían los hombres que asumieron el mando en 1902? [60] ¿Tenían la educación, la cultura, el duro aprendizaje que han tenido que librar las mujeres?

—Claro que no. Hoy las mujeres están pasadas por la universidad.

—No confunda, padrino; es la universidad la que ha pasado por ellas. No me aturda usted con el malabarismo de sus frases. Pero veo que en la parte favorable de su opinión hay sus restricciones; ¿qué será en la opuesta?

—Quizás esas restricciones de que hablas en la parte favorable, no son más que reflejos, espejismos de esta otra contraria.

—¿A ver?

—Has de contestarme con franqueza a una pregunta. ¿Vas a ir tú a votar a un colegio, mezclándote con todo ese populacho femenino, que —créeme— es peor que el masculino?

—Eso se someterá a una reglamentación.

—Linda «palanca»;[61] pero yo te creo incapaz de permanecer en una mesa electoral si te insulta y te llena de improperios y malas palabras una de esas que ha vendido el voto o quiere meter un «forro».[62]

—¿Y el voto plural? Se elegirá entonces un colegio para cada sector.

—¿Un colegio?

—Sí; genéricamente hablando, claro está. Se elegirán los que impusieran los barrios. Pues sí, habría cada puesto destinado a la categoría facultativa del votante.

—¡Pero criatura, si eso es una separación de clases! Te van a apedrear.

—¿Por qué? Sería una medida igual para los hombres, y así votan ustedes en muchas partes del mundo.

—En muchas partes en que en ninguna de ellas se halla incluida Cuba. ¿Tú no sabes cómo se hace aquí la política?

—Sí; robando urnas y sustituyendo votos. Impidiendo votar a los vivos y haciendo resucitar a los muertos.

—Pero, ¿y el período electoral? A tiros limpios en el campo y codeándose con lo peor; explotando la candidez del guajiro... que sea

---

60   La proclamación de la República Independiente de Cuba fue el 20 de Mayo de 1902.

61   *Palanca* significa apoyo. Lenguaje coloquial cubano.

62   En la edición del 2008 se lee «orro» lo cual debe ser un error tipográfico, *forro* es una palabra coloquial cubana que significa fraude o engaño.

cándido, la necesidad del pobre, el vicio del borracho, la vanidad del infatuado, la ambición del estúpido, o la estupidez de la ambición de alguna inteligencia...

—¡Padrino! Y esos son los que han votado, dirigido y gobernado. No somos nosotras las que no estamos preparadas para votar; son ustedes los que no lo están para recibir nuestro voto. Si ustedes no hubieran denigrado así la política, no había que temer de la falta de conciencia y de educación cívica de las mujeres que integran el país.

Y de pronto perdió todo interés por la conversación. Un pensamiento descabellado le cruzó por la mente. ¿Cómo habría sido don Esteban, amando? ¿La primera vez? ¿La última? Trató de imaginárselo joven, según un antiguo retrato que había en la sala, doblado sobre un seno de mujer, y le fue imposible reconstruir la escena. En su lugar vio a Damián. Damián que se inclinaba sobre ella, la boca peligrosamente complicada de besos. De súbito, perdió el apetito. Una doliente laxitud le invadía. Al echarse hacia adelante, le subía del escote un interno olor nuevo; olor de carne de hombre, con un vago perfume de cigarro. Cerró los ojos y se embriagó aspirando y olfateando en sus ropas, el recuerdo de aquellas horas tan inmediatas y tan lejanas ya.

Un cruel sufrimiento la asaltó luego, en su cama de soltera. Volvió a sentir el deseo, con tan suave e imperiosa llamada, que ante la imposibilidad de satisfacerlo se le saltaron las lágrimas, que llegaban hasta sus ojos después de un largo proceso en la concatenación de su sistema nervioso. Se dominó. Su cama estrecha, recatada, saliente hasta el medio del cuarto, le pareció de pronto una caja mortuoria.

Inconscientemente, obedeciendo sus miembros a un reflejo muscular, adoptó la actitud de una muerta: las manos adheridas a los muslos, tiesa toda ella, los ojos clavados en el vacío.

La necesidad de una sensación fuerte, poníala cada vez en mayor tensión. ¡Morir! Anheló voluptuosamente la muerte; la sensación rara, la sensación máxima que la transportaría definitivamente.

Pero la sonrisa pálida de Damián se abrió sobre sus labios, y toda palpitante, quieta, casi rígida, volvió a ser de Damián en pensamiento: pensamientos enlazados y confundidos como besos, en su carne ardiente y juvenil.

* * *

—Hay una sorpresa para usted, Gertrudis –y Fonseca reía con su boca grande, de una frescura y una voracidad escandalosas.

—¿Una sorpresa? Dígame, dígame usted, pronto, por favor.

—¿A que no lo averigua?

—¿Qué podrá ser? ¿Otra novela suya?

—¡Quite allá, hija, por Dios! Sin haber vendido de la otra ni cincuenta ejemplares.

—¿Es posible? ¿Tan poco? Pero, vamos: venga esa sorpresa.

—Pues sí.... es que... bueno: hay que felicitarla.

—¡Acabe usted, Fonseca! ¿No ve usted que me derrito de impaciencia?

—Bueno, prepárese, ahí va: su ascenso.

—¿Mi ascenso? Pero si yo no he pedido nada... Si, al contrario, yo pensaba...

—¡Psh! ¡Cállese usted, y no sea tonta, que la van a oír! Sería gracioso que no aceptara usted. ¡Demonio! Usted no lo ha pedido, parece que ni le agrada la noticia, siquiera,; pero el nombramiento está ahí firmado ya por el secretario. ¡*Rara avis*![63] No común

—¡Cuénteme, cuénteme, amigo Fonseca! ¿Cómo ha sido?

—Pues nada, que la nombran a usted jefe del departamento.

—¡Jefe del departamento! No se burle usted, Fonseca. ¿A qué viene eso? ¿Quién intervino? ¿Qué se propone el secretario?

—¡Eh, eh, no tan aprisa, amiga mía! Nadie se propone otra cosa que sacar el mejor producto posible a su competencia, honradez y seriedad en beneficio del cargo.

—¡Doscientos pesos! ¡Pero si eso es un sueño! Quíteseme del paso, que corro al teléfono a darle la noticia al padrino..

—¿Al padrino nada más?

—Nada más. A los primos se la diré al salir de aquí.

—Vaya, deme sus manos, amiga mía. Nadie se alegra aquí tanto como yo. La felicito, Gertrudis, la felicito. Usted es una brava y talentosa mujer que merece más que eso.

Se dieron las mano, así, a pares: con una franca cordialidad y un contento sano, limpio de malas intenciones.

El ascenso le hizo a Gertrudis muy poca impresión. «Lo que gane de más irá al banco», se dijo, y no volvió a pensar en ello. Otros tiempos corrían. Antes, toda ella estaba puesta en aquella ambición,

---

63   Frase latina que significa persona o cosa inusual o no común.

casi sórdida, de tener dinero, de hacer fortuna. Contaba ya con un par de miles de pesos, que para ella valían mucho más. Producto de su esfuerzo, de sus trabajos y ahorros, parecíale ahora una irrisión, algo ridículo, insignificante, que no podía sacarla de la pobreza.

Tres años en aquella lucha. Pensaba en los otros tres próximos duplicar la cantidad economizada hasta entonces. Y ¿qué hacer con esos pocos miles de pesos, amontonados sobre seis años de su juventud retraída y opaca?

Su pensamiento se hacía ahora más ligero, más femenil. Empezaba a sacudir los hombros de vez en cuando, despreocupadamente. Mecánicamente, sin placer y sin enojo, todos los meses iba a depositar el sobrante de su presupuesto en el banco. Por indolencia, a veces, lo guardaba en el escaparate, antojándosele cansados y aburridos aquellos viajecitos que eran, meses atrás, motivo de nuevos regocijos y esperanzas y ambiciones nuevas. Habíale perdido todo aprecio al dinero. Abandonaba su propósito, con una inconsciencia de acción que le enajenaba por completo la facultad de razonar sobre ello.

Absorbíala Damián: su amor, su vida actual; al punto que llevaba seis o siete semanas sin escribirle a Antonio. Vivía al borde de un conflicto, sin importarle la exposición de su vida. Impávida, fuerte, dichosa, acudía a la hora de amor junto a Damián, que cada día se enseñoreaba más de su alma y de sus sentidos.

Llegaba, rompiéndole la locura de la risa contra los dientes, anchos y amenazadores, como dientes de hombres. El abrazo era en sí solo toda una orgía de placer. Se incrustaba en el duro cuerpo de Damián, plegándose a él con una flexibilidad untuosa y resbaladiza, que embelesaba el deseo mismo del amante.

Damián le mordisqueaba el lóbulo[64] de las orejas. En la presión, en el chasquido, en la humedad de aquel beso, Gertrudis sumía hasta el infinito su alma ciega.

—¡Ricura! Me enciende la vida tu amor.

—¡Calla, calla! Déjame recorrerte toda.

---

64   Tanto en la edición del 29 como en la del 30 aparece la palabra «glóbulo» cuando es obvio que se trata de una errata o un error. La edición de 2008 la remplaza por «lóbulo», igual que la presente..

Y para él no había escondrijo en él cuerpo de la mujer que no hubiera osculado[65] su boca, bajo la cual Gertrudis gemía, consumiéndose en un deseo insaciable, implacable, lleno de la neurosis de la forzada virginidad de sus años mozos.

—Abre los ojos, quiero verte en ellos la felicidad que te doy.

Ella abría los ojos, rasgadas las pupilas por la creciente palpitación de sus entrañas invadidas. Abría la boca, suspirante, reseca. Abría los brazos, cuyas manos quemantes bajaban y subían por la espalda de Damián, comprimiéndole contra sí.

Abría el corazón, repleto ya del cariño que le había ido cobrando naturalmente, sin obligarle nunca a ello, en la espontaneidad de aquella comunión carnal, de aquella fundición «quintaesenciada»[66] de sus espíritus.

Damián la sentía activar bajo de sí la función del amor.

—¡Mujer! ¡Mujer! —repetía entrecortadamente, en un ímpetu viril.

Y eran muchas las veces que, al borde de la entrega, Damián tenía que repetir, arrebatado por los besos de su amante: ¡Mujer! ¡Mujer!

* * *

Gertrudis se detuvo un momento en la verja del jardín. La tarde se tendía, sosegada y dulce, sobre la aristocrática barriada del Vedado. Don Esteban, apoyado en el hombro de su sobrina, sonreía a los niños que corrían por la acera, montados en sus velocípedos.

Gertrudis lo abarcó todo con la vista. Suspiró. Una penetrante melancolía invadía la tarde, que goteaba mieles sobre los rosales. Por la calle transversal cruzaban los automóviles veloces, silbantes, como enormes balas que rasgaban el espacio a manera de largas cuchilladas dadas en papel de china.

La joven miró a lo alto, y vio[67] cómo el sol, apasionado, mordía el seno del infinito, haciéndole sangrar. Le pareció entonces que todo el cielo, surcado de venas que se vaciaban, se iba por aquella mortal caricia.

Las casas, los árboles, los jardines, se teñían de rojo. Desmayábase la luz, y un dolor de siglos atravesó la tarde de lado a lado.

---

65   Neologismo
66   *Quintaesenciada* - coloquialismo
67   *Vió* Se ha suprimido el acento siguiendo a la RAE.

—Hasta luego, padrino. Voy a casa de Guzmán y al paso echaré al correo la carta de Antonio.

Don Esteban no contestó. La paz crepuscular lo sumía en íntima beatitud. Lleno de temores vagos, esperaba el resultado de todas aquellas tramas en la vida de su ahijada. No tuvo un gesto, ni una palabra. Sin embargo, su corazón se sentía perezoso para sufrir en aquella hora de bonanza. Siguió a Gertrudis con la vista. A la mitad de la otra cuadra, ella se volvió y le dijo adiós con un lánguido movimiento de la mano. Después continuó caminando despacio, abatidamente.

La gente cruzaba junto a ella y se le quedaba mirando. En los soportales, mujeres jóvenes le clavaban los curiosos ojos. Gertrudis seguía su camino, atravesando las esquinas por entre el atropellado cruzar de los automóviles, sin precipitarse. Un momento, don Esteban miró hacia otro lado, y cuando volvió la cabeza, creyendo poder alcanzarla todavía con la vista, ya Gertrudis había desaparecido del confín de la calle. Don Esteban sintió pavor. Le pareció que la perdía para siempre. Le conmovió el dolor de Gertrudis. Doblando su frente sobre el pecho, se entró en la casa, arrastrando los pies detrás de sus hombros, que avanzaban grávidamente de toda su vieja figura.

La carta que Gertrudis había escrito a Antonio era la última, la decisiva. Pocas palabras necesitó para decir su verdad: «Doy por terminadas las relaciones. Amo a un hombre y soy suya». Sin circunloquios, sin ambages. Crueles, como son todas las palabras desnudas. Terribles, a fuer de sinceras.

Luego que hubo echado la carta al correo, fue a casa de Guzmán, donde se reunían esa tarde los habituales concurrentes a los *thés* [68] de su *dilettanti* [69] amigo.

Aquel grupo heterogéneo, un tanto burgués, le distraía en ocasiones de sus problemas. Le hablaban y era preciso oír, atender, dar una respuesta. La ayudaban un poco a matar el tiempo. Solución ficticia. A la postre tenía que enfrentarse consigo misma, con su propio dilema moral. A veces le era necesaria; sin embargo, aquella conversación mundana, despreocupada, en la que se hablaba de arte y se planteaban problemas culturales de más o menos transcendencia,

---

68   *Thés* (en francés en el original), té

69   *Dilettante:* aficionado, palabra en francés escrita incorrectamente en la edición de 1929. La edición de 2008 cambia ambas palabras al español. Preferimos mantener los galicismos que dan idea del ambiente cosmopolita que quiere reproducir en esta escena la obra.

Gertrudis salía, de la solitaria educación de su infancia, del diarismo anulador de su oficina, de la abyección de la familia, para caer en ese maremágnum de voluntades flacas, de inteligencias adiestradas, de envenenados corazones.

La casa de Guzmán era como el entresuelo de un gran edificio. Por allí pasaban los que venían del subterráneo social, y hasta su *bureau*[70] de información llegaban las grandes noticias que en salones y academias se tenían como de la actualidad política y social del país.

Era, en el fondo, un ambiente imposible. En cuanto se le quería ennoblecer un poco, reaccionaba ofensivamente para el novato. La discordia más sonriente, la envidia más amable, la maledicencia más halagadora, cogían traicioneramente al espíritu flamante, como en una, tembladera. Con brutal irresponsabilidad descuartizaban la honra ajena, aupaban vanidades, sacrificaban corazones. En público se elogiaba la obra de un artista, y a sus espaldas se le escarnecía vilmente. Se entraba a descuaje en la vida privada de las personas, y la intimidad de cada uno era la publicidad de todos. Para hacerse lugar entre ellos bastaba tener dinero y desparpajo. No se conocía el respeto

Una vida recatada era tildada de libertina. Aquella que hedía era proclamada como el gran espectáculo del siglo. El hombre que no se vendía era porque compraba. A la mujer que no se entregaba fácilmente a cada uno se la calumniaba de liviana. El que tenía un amigo era porque vivía con su esposa.

Y así, en ese medio hostil y repugnante, era preciso vivir. La vida, con semejante abono, daba más pujante sus flores y más agudas sus espinas.

El antiguo deseo de don Esteban de criar a Gertrudis como una loba tenían su por qué en la experiencia de su vejez; pero don Esteban, para haberlo podido realizar hubiera tenido que echarse fuera del pecho su corazón de paloma. Ahora Gertrudis tenía que seguir en su época y en su ambiente, de los cuales era espejo fiel la casa de Guzmán.

Allí pasó la velada. Su presencia despertó el interés general. Fue el eje hacia el cual convergieron miradas y conversaciones. Delia Miranda se mostraba muy entusiasmada. En medio de la charla tuvo un gesto de asombro.

—¿Y no es usted agradecida?

---

70   En la edición de 1929 la palabra se escribe incorrectamente *boureau*, en la edición del 1930 se corrige tal y como la hemos dejado, en inglés, la edición de 2008 la traduce al español, *buró*.

—Más que cuando yo crea que debo serlo

Pedro Cruz acució con su indolente atención.

—Explíquesenos, amiga mía: usted es siempre para nosotros un motivo de infinitas revelaciones.

Gertrudis sonrió, con una sonrisa clara, firme, que se apoyaba y que se erguía sobre el labio superior.

—La gratitud, amigos míos, no es un producto del corazón, ni un sentimiento: es un producto mental, esto es: una reflexión.

Guzmán aventuró una frase:

—Según su teoría, las personas sencillas tienen muy poca capacidad de agradecimiento.

—Muy poca o ninguna. Las personas sencillas a las que usted se refiere, tienen una naturaleza exigua para todo. Las personas más inteligentes son por lo regular las menos agradecidas.

—¿No sitúa usted demasiado su propio concepto?

—No, Delia ; mi consideración, ahora, es unilateral; no me refiero al aspecto espiritual, que es completamente independiente. Cuando se tiene un alma propicia al cultivo de la inteligencia, se manifiestan entonces las ideas en forma de virtudes, o, si usted quiere, contaminadas de sentimiento. Se da entonces la perfección en el genio.

Pedro Cruz, tal vez sin saber él mismo por qué lo decía, afirmó:

—Es usted una mujer peligrosa.

—Que no cree en la amistad.

—¿Tampoco?

—Creo en determinadas personas: esas son capaces de todo; sacrificios, amor, amistad. No hay alturas inaccesibles[71] para ellas. Pero la amistad, sentimiento en abstracto, no existe.

Delia clavó sus ojos raros, hechos a las miradas más inescrutables, en la interlocutora de todos. Gertrudis se volvió a ella, con lento movimiento de cabeza, y recorrió con las suyas tranquilas la palidez momentánea en que parecían sumergirse los ojos de Delia.

—¿Qué opina usted, Guzmán ? –preguntó para aligerar la conversación.

—Cruz tiene razón, en parte. Es usted peligrosa para su personalidad.

—Sin galanteos; acabe.

—Como tipo, pero no como mujer.

Cruz saltó:

---

71   Esta palabra fue reemplaza por inalcanzables en la versión del 2008.

—¡Eh! Yo no quise decir eso.

—Porque, usted no lo sabría decir —aseveró con sonrisa amable Guzmán.

Gertrudis se interesó.

—A ver; hay momentos que me da curiosidad lo que se puede opinar de mí, así, en el seno de mis relaciones, y éste es uno de esos.

—Le falta a usted temperamento, amiga mía.

Gertrudis miró de soslayo, escurriéndose con su pensamiento por entre todos; y dijo con tristeza:.

—¿Conoce usted mi temperamento?

—Creo conocerlo. Es usted varonil, dinámica, precisa, como un reloj de arena. Ecuánime...

Delia atajó con voz trémula, con una inexplicable e insólita emoción:

—Calle usted, Guzmán. Gertrudis tiene una imaginación, un entusiasmo capaz de cualquier genialidad. Será por ello desgraciada. Sólo los cerebros de gran imaginación, de portentosa inventiva, aciertan y yerran en grande. Y esta alternativa es la fuente principal de su dolor.

Pedro Cruz pellizcó en el aire un cigarro y tuvo un gesto dubitativo.

—¿Esa es una defensa, mi amiga?

—Es la justificación de un mérito desconocido, pero existente.

Gertrudis rió con franca y prolongada risa.

—¿En qué me ha conocido usted, Delia?,

—En sus silencios. Sus silencios son de una elocuencia irrebatible, a veces, desconcertante.

Ponerles atención, es verla a usted llorar, añorar, pensar descarnadamente: amar...

—¿Amar? —y la voz de Gertrudis fue honda, grave, pendiente.

—Amar lo qué está por llegar: amar vaga e irresponsablemente en torno suyo. Para acabar usted de ser peligrosa, no le falta más que una cosa.

Los tres preguntaron a un tiempo:[72]

—¿Cuál?

—Su tragedia.

Federico Guzmán se levantó, caminó dos pasos, se volvió y musitó:

---

[72] La versión del 2008 emite esta frase que se encuentra en la edición de 1930 lo que hace más complejo el diálogo.

—Tiene usted razón.

Pedro Cruz trató de salvar su altivez.

—No conocíamos a Gertrudis: usted nos la ha descubierto.

—Amigos míos..., no se preocupen más de mí. Delia tiene una admirable intuición, que ha vencido la inteligencia de ustedes. Por hoy, basta, ¿no? Me retiro a continuar mi vida, la que hasta el momento parece que no pasa del melodrama.

—Drama, drama, y bien declarado... Ésa ha sido mi pista, precisamente. ¿Cuándo la volveremos a ver por aquí?

—No sé, no me gusta prever algunas cosas. Quizá pronto.

La acompañaron hasta la puerta.

—Vuelva, ¿eh? La esperamos.

¡Qué singular la opinión de toda aquella gente, que no sabía nada de su intimidad! Y qué acertadas, en medio de todo, aún las más opuestas. Sólo la de penetración femenina había podido llegar cercanamente a la verdad; pero las otras tenían una razón de principio, que se basaba en todo su yo «de antes de conocer el amor». Tal como aún la continuaba viendo Guzmán había sido ella, llena de caracteres masculinos, toda su potencia concentrada en su voluntad: toda su vida, desenvuelta y fría, propuesta a la matemática del tiempo, que no le había resuelto hasta. entonces más que la operación de sumar.

Aligeró el paso. Quería llegar temprano, para reunirse más pronto con Damián. Iba cobrándole ya una afición irrefrenable a pasar las noches con él. Recordaba la primera. Fue para don Esteban una excusa. Pero otras vinieron, y el pobre viejo, temeroso de perderla de una vez, la veía marchar sin decirle nada, en una comprensión y aceptación silenciosa que conmovía profundamente a Gertrudis.

—Ya usted sabe, si te pasa algo, que la criada me llame por teléfono y en seguida estoy aquí.

—Gertrudis, pero... ¿Cómo es posible? Bueno, pero, en fin... Quiera Dios no te suceda nada malo.

Y por la mañana, cuando la veía llegar, alegre, cariñosa, siempre un poco humilde, se decía con resignación cristiana: «¡Es feliz, es feliz! ¿Qué importa lo demás?» Y cuando no iba, cuando se quedaba a dormir allí, «como en otros tiempos», lloraba en silencio, metiendo la cabeza en la almohada, contento y pesaroso, más lleno de presentimientos tristes «que en las otras noches».

Nunca hablaban directa ni indirectamente del asunto. Ella obraba con un aplomo, con una autonomía imperturbables. No aludía al cambio de su vida doméstica, no hacía ostentación alguna, y cuando estaba en la casa era con él extremadamente solícita y cariñosa.

Pero ahora era distinto. Ahora estaba allí Antonio, como una amenaza en la ya precaria tranquilidad de sus días. Le había telefoneado, y por primera vez don Esteban se sintió con valor para hablar: para exponer el derecho que creía tener y que en realidad tan débilmente había anulado en sí mismo.

No hizo Gertrudis más que mirarle, y ya adivinó que algo grave había sucedido o iba a suceder.

—¿Qué le sucede, padrino? Le noto algo anormal.

—Me notas otra anormalidad más... querrás decir.

Bajó la frente con tal melancolía y respeto, que provocó las lágrimas de don Esteban.

—Gertrudis: Antonio ha venido. Ha estado aquí.

—Lo esperaba.

—Siéntate. Es necesario que me oigas.

—Todo lo que usted quiera decirme, padrino.

—No voy a censurar tu conducta. Eres completamente libre. Mayor de edad ya hace unos pocos años, y te ganas la vida con más trabajos y sudores que muchos hombres.

—Padrino, eso no hace al caso... Es natural que usted se preocupe por mí. ¿Quién, si no? Yo se lo agradezco.

—No me interrumpas. De tus ideas sabes que no me convence casi ninguna. Pero hay en ti tal sereno dominio, tal gesto de porque sí en todo lo que haces, que no he podido por menos de admirarte. Sí..., sí, admirarte. [73] ¡Eres tan valiente arrostrando el fracaso mismo! Yo no hubiera sido capaz. Siempre pensaba que no me tenías más que a mí, y que te iba a durar poco... Espera. Escúchame hasta el final, aunque te cueste violencia.

—Siga usted. No es violencia, se lo aseguro.

—Mejor será así, para los dos. Todo, todo lo dejé pasar... Gertrudis, hasta lo que nunca creí. ¡Te veía seguir tu vida, cada día más distante de mí...! No voy a imponerte mi vejez. No voy a amargarte en lo que yo sé no haces sin sufrir, sin preocuparte por mí...

Ella le cogió una mano, que inundó de besos y de lágrimas. Él la rechazó con suavidad y se rehízo.

---

73   La versión del 2008 omite esta frase.

—No se trata de mí, Gertrudis: se trata de Antonio. Tú tenías un compromiso con él.

—Yo nunca supe donde empezaba ni donde acababa mi compromiso con Antonio.

—Y en su consecuencia has procedido como si no lo tuvieras. Debiste romper con él en cuanto...

—¡Debí! ¡Debí! ... Yo siempre le he sido sincera, honrada hasta la desnudez moral. Usted mismo sabe que él siempre se quejaba de mi frialdad y sequedad para con él.

—Sí, lo sé. Y me extrañaba profundamente, hasta preocuparme. Tú, tan tierna; tú, tan maternal... no eras cariñosa con tu novio. ¿No le amabas? Con el amor que hoy amas a otro... no, ya se veía que no. Pero, en fin, con ese amor hecho de piedad y de afecto..., porque tú eres delicadamente afectuosa..., con ese amor que dispensabas a todos, un poco genérico, digamos, podías haberlo querido.

—Y ni así...

—Y ni así... ¿Por qué seguías entonces las relaciones?

—Padrino, por algo horrible, escandaloso, si usted quiere: porque yo necesitaba un novio. Yo necesitaba sentirme querida, besada, acariciada. Tenía veintitrés años, y como no podía procurarme libremente el marido que me convenía, hice lo que hacen todas las mujeres: reuní mis ansias, las desfiguré, las adulteré, las adorné con las galas de una necesidad espiritual, afectiva... Usted lo ha dicho, yo soy afectuosa, yo soy, en el fondo, romántica... Antonio no sabía ver estas cosas. No tiene alcance para tanto. Creía, como creen todos, que era pudor. El pudor no era ése: era el otro, el que me impedía decirle la verdad... más descarnadamente de lo que, con tanta espontaneidad de mi instinto, le dejaba entrever.

—Tal como dices, se van explicando un poco las cosas, pero no hasta absolverte de tu infidelidad para con él...

—La única fidelidad que hubiera podido guardarle era la sentimental, y esa nunca la tuve empeñada con él...

—Bueno, pero eso no lo sabías más que tú, ¡vaya! Tú obrabas como si existiera ese estado de cosas, que tú dices no existía. Porque, en fin, tú no serías tan hosca con él, cuando él seguía contigo. Además, yo mismo te he visto tierna con él muchas veces...

—Malversación de ternura, padrino. Esa ternura nacía de una profunda lástima de mí misma, del aprecio que le tenía a él, independiente de todo eso que le digo, de mi afán por quererlo, de mi feminidad, de nostalgia de anhelos... ¡De todo y de nada! A veces una mirada de él, apasionado, joven y saludable, un beso, mi solo nombre dicho cerca del oído, me doblegaban de dulzura. Todo mi sensualismo se trasmutaba en eso: en dulzura;[74] al extremo de que sentía la morbosidad de ese estado, y cuando me sentía enfriar...

—Sigue, hija, sigue.

—Cuando me venían aquellas ráfagas de misticismo en que toda yo era como una roca para los

efectos humanos, hasta para usted..., sí, padrino... Me entraba pánico... ¡oh, no sabe usted lo que sufría!, ¡un pánico horrible de que yo fuera a dejar de amar! ¿Sabe usted? De que cayera como en una catalepsia del corazón, en una insensibilidad absoluta. Sufría, y por la causa y naturaleza de mi sufrimiento, me sobrevenía lo que yo llamaba la exacerbación del sentimiento, su *delirium tremens*,[75] todo un proceso triste, que sólo con frases inverosímiles puedo expresar, porque es algo que se sucedía sin dar lugar a la reflexión... Además, reflexionar me cansaba. No tenía, no había más solución que la que vino más tarde: el verdadero amor.

—Y aquí me detengo yo. Está bien... para nosotros, no para él, que tiene que sufrirlo todo esto. Pero en cuanto la solución te llegó de ese modo casi subrepticio, ¿por qué no le escribiste terminando?

—En un principio no lo hice, es cierto. Dudé. Luché. Lo hubiera tenido aquí a los tres días. No hubiera sido evitar, sino precipitar. Él no se iba a quedar conforme con lo que yo le dijera, como usted comprenderá. Mi lealtad no hubiera servido más que para exasperarle y adelantar los acontecimientos. Además, insisto en esto, padrino: mis cartas no le engañaban, no le fingían. Mis cartas no decían la verdad, pero eran en sí mismas la verdad. Yo no podía escribirlas de otro modo.

—No haberlas escrito; hubiera sido lo mejor.

—Pero ¿es que usted no sabe, padrino, que eran a la vez mi defensa, lo que le retenía allá,

lo que resguardaba mi amor?

— ¡Gertrudis! ¿Y tu conciencia?

—No la tengo.

---

74   Esta oración no se encuentra en la edición del 2008.
75   Delirium tremens (latín), delirio tembloroso.

¡Gertrudis! ¡Gertrudis! ¿Tú sabes lo que dices?

—Absolutamente. La conciencia es un producto de las religiones. Yo tengo mi religión para mi uso particular. La conciencia prejuzga: yo vivo del instinto, de la intuición. La conciencia es la noción del Bien y del Mal. Yo no he adquirido aún esa noción, y no era el amor, el que la destruye, la vulnera, la barre, el que me la iba a enseñar. Eso es un imposible psicológico. Pero hoy, ¿a qué censurarme? ¿No he ido al frente de mi propia acción? ¿No he procedido honradamente con él? Mi moral, esa moral que usted no comprende ni acepta, venció. Asumí toda mi responsabilidad y le escribí la verdad. Ya usted ve qué pronto le tenemos aquí. No le temo. Bien, padrino, creo que hemos hablado hoy más que en todos los años que llevamos juntos de vida. Hoy ha comprendido usted que abriga bajo su techo y tiene metido en el corazón a un monstruo; échelo usted si quiere, al dolor de la vida, para que se domestique. Piénselo. Volveremos a hablar mañana. Ahora tengo que irme...

—¡No! ¡Tú no te irás, Gertrudis! ¡No te irás de ningún modo esta noche, Gertrudis!

—¡Pero por qué! ¡Hoy tengo que irme, debo, necesito irme!

—¡No! ¡Por el cielo! ¡Quédate! Te lo suplico. Antonio quería verte, hablarte. Tengo miedo. Estaba fuera de sí. ¡Quédate, hijita!, ¡Hazlo por mí!

—No tema, padrino. No me va a pasar nada. ¿Qué puede hacerme? Lo conozco. No corro peligro.

—Por tu mismo amor, presente. Espera el día...

—Lo que fuera a hacer, lo mismo lo haría. Vamos, padrino, cálmese. ¿No comprende? Se fue desesperado, pero han pasado algunas horas y se habrán modificado sus ideas...

—En la premeditación, acaso.

—Si fuera así, ni usted ni yo podríamos evitar nada. Tengo que irme, hoy más que nunca..., tengo que irme... Le llamaré por teléfono cuando llegue, para que duerma tranquilo. Hasta mañana.

—Gertrudis, oye, oye...

Y huyó, hosca, al encuentro de su destino. ¿Qué más y qué menos? ¡Morir! Ella sabía que no. Su instinto la guiaba. La audacia fría, intrépida, que la sostenía, era toda una garantía. ¿Matar Antonio? ¡No! Ni de impulso. Le faltaba coraje y pasión. Y afirmó el paso, alzó la cabeza en pos de un ensueño, que minutos más tarde iba a ser realidad.

IV

Antonio la alcanzó. Con el sombrero en la mano, despeinado, frenético, la asió por un brazo.

—¡Ya era hora de que te encontrara!

—Bien, ¿qué quieres?

—Arrojarte a la cara todo mi desprecio y mi asco.

Un oleaje sordo y turbio le subía de lo más oculto, de lo más innoble de su ser. Un pliegue maligno, atrozmente maligno, se dibujaba en la comisura de sus labios. Algo siniestro, con un fondo de sarcástica perversidad, le acudía a los ojos.

Gertrudis le contestó con impaciente altivez:

—Ea, ya lo has hecho; déjame ahora en paz..

No pudo soportar esa flema. Exasperóse.

—Pero es que a más de infame, eres una desvergonzada... Y ese hombre un canalla...

Síntomas extraños se advertían en la calma de Gertrudis. De su rostro había huido toda la sangre. Una palidez transparente, fina como una tela de hostia, se extendía por sus mejillas y sus labios, mordidos en una franca contracción de dolor. Profundo decaimiento afligía su cuerpo, mientras en sus ojos de hondo mirar, que se ensanchaban hacia dentro dando la impresión de lo inabarcable, reflejábase todo el templado e intrínseco valor de su alma. Librábase en ella una lucha atroz. Sentía temblarle las piernas, y eso la indignaba.

Mientras en su alma todo era resolución y acometividad, en su cuerpo todo era flaqueza. Comprendía que su cuerpo débil de mujer temía instintivamente la fuerza hombruna de Antonio. Previa, con ese poder imaginativo que vive el suceso, antes de que el suceso llegue;

sintió el hundimiento sacrílego, escalofriante, en su piel morena y nítida, del brutal puño de Antonio al golpearla. Por eso sufría tanto, por eso la exasperaba en toda la braveza de su indómito espíritu, el temblor femenil de su yo físico. En vano una energía viril inflamaba su pupila, y su inteligencia forcejeaba por vencer a su humanidad.

Antonio se cegó, perdiendo por completo el control de sí mismo.

—¡Villana! ¡Villana! –Vociferó, golpeándola furiosamente, dos, tres veces, en la cara y en el hombro.

Luego huyó por la calle, desierta al principio, en la que luego fue aglomerándose la gente.

Gertrudis, arrojada contra la pared por la fuerza impulsiva del brazo de Antonio, perdió el equilibrio y fue a dar en el suelo. Caída, golpeada, con un sedimento bilioso que le amargaba el paladar, miró en torno suyo con una mirada débil, que flaqueó bajo sus párpados, y pensó por un momento que era absurda toda su vida.

Una mano se le había enfangado en el borde de la acera. Sentía escurrírsele, por los dedos, aquella humedad espesa. Sola y abatida, sin la prestancia de su actitud vertical sobre la tierra, era a lo largo de ella como un miserable despojo sin voluntad, sin talento, sin energías. Súbitamente, se irguió. De pie, miró con ojos severos a todos los que la humillaban con su impertinente curiosidad. Crujieron sus rótulas dolorosamente. Una pena honda, un sentimiento de humillación, se le extendió como una mancha por toda el alma. Con un pañuelo limpió la mano mancillada de lodo, y echó a andar ante el estúpido asombro de la gente.

* * *

Llegó, tras un marcha sonambúlica[76], a la guarida de su pasión.

—¿Qué te ha pasado, nena? ¿Te has caído? ¿Te ha arrollado algún automóvil? Pero, ven, siéntate, estás desfallecida.

Damián cogía sus dos manos pequeñas y las besaba, se las apretaba entre las suyas, se las llevaba al pecho para darles calor.

—Ya te diré. Ahora, alcánzame un poco de agua.

—En seguida, lo que tú quieras.

---

[76] Neologismo

Después, en silencio, en un silencio que era toda la concentración del verbo mudo, se fue desnudando.[77]

—Quiero acostarme, estoy rendida.

—Pero Gertrudis, por favor, dime, ¿qué te ha pasado? ¡Oh, qué tortura! No saber nada de tu vida! ¡No saber de dónde te viene este estado!

Ella sonreía tristemente, repitiendo con patético acento: ¡No saber nada de mi vida! ¡Como yo apenas de la tuya! Hablaremos, es llegado el momento. Pero espera aún un poco. Ven, acuéstate a mi lado y déjame acurrucarme entre tus brazos como en una cuna.

Abrazados debajo de las sábanas, a oscuras, se besaron con besos salobres y castos.

—Protégeme, Damián. Quiero descansar siempre en ti, con esta confianza tan grande que me inspiras.

—Siempre será así. No debes temer nada de mí. Te quiero, Gertrudis, niñita mía, ¿lo sabes? Nada me es más caro que tú en la vida. Te he amado a ti, sólo a ti. Te he puesto por encima de todo, como una imagen. Tú, limpia, sin adherencias de realidades. Te tomé sin saber si eras buena o mala; deliberadamente, sin querer saber de ti más de lo que fueras tú misma. Estate así, callada, no hables, que te fatigas. Pon tu cabecita más, cerca, aquí, sobre el hombro... ¡Así, nena mía! Pues bien; hemos sido unos ilusos. No se puede vivir así en la tierra. Tenemos que saber el uno del otro las cosas en torno nuestro. ¡Qué lástima! ¿Va a destruir esa otra verdad, la verdad de nuestro amor? Hay cosas muy tristes, ¿sabes? Vivíamos un absurdo. No tiembles, cariño. Pero nada más absurdo que nuestro amor. Ya verás.. Estamos dentro del mundo, dentro de la vida, sometidos a su imperio, empujados por su fuerza. Creíamos escapar... ¡Y quién sabe el mal que nuestro sueño[78] nos ha hecho! ¡Quién sabe a dónde nos llevarán nuestras quimeras!

Ella alcanzó sus labios, le dio un beso puro, cálido, de mujer: muy íntimo.

—Me gusta tu voz: me arrulla, me alivia, Damián; pero me da pavor...

—Gertrudis, dime, ¿qué te ha pasado?

---

77   Estas dos frases se omiten en la edición del 2008.
78   Esta palabra fue reemplazada por ensueño en la versión del 2008 y es la que aparece en 1929. Sin embargo, en 1930 se introduce la palabra sueño que hemos preferido.

—Ha sido el que era mi novio cuanto te conocí.

A todo lo largo de su cuerpo sintió estremecerse a Damián. Un brazo bajo su espalda, el otro sobre el seno, alcanzándole el hombro derecho, le apretaron con tanto vigor, que parecían olvidar su feminidad. Era la soberbia de Damián, que se retorcía y se erguía varonilmente en su pecho:

—¡Y te ha golpeado! ¡Cobarde!

—Tenía que ser. Estaba lejos: en Santiago de Cuba. Terminada su carrera, fue a pasar unos meses con su familia. La naturaleza de mis cartas le alarmó al principio. Después..., yo misma le escribí la verdad. Llegó. Me buscó. Le fue fácil dar conmigo.

Las frases salían secas, rápidas: consecutivas. Sonaban tristes en la estancia callada y a oscuras. En el alma del hombre que las oía, eran como detonaciones mortales.

—Pero no hay que temer más consecuencias. Le conozco. Se volverá a Santiago y me olvidará.

El bajó sus labios hasta su frente y la besó. Conminadoramente, la estrechó contra sí.

—Sigue..

—No es esto ya lo que me preocupa.

—¿Pues qué?

—Mi padrino, mi pobre tío don Esteban: mi único pariente.

—¡Pobrecita! ¿Tan sola estás en el mundo? ¿No tienes padres, hermanos?

— ¡A nadie! Primos, de los que te hablaré después. Pero de verdad, él, y ahora tú: mi Todo.

—Bien, ¿qué más? ¿Cómo dejas a tu padrino?

—Con una criada.

—Pero sin ti, le compadezco; yo no sé qué sería vivir sin ti, mi nena.

—Damián, ¿no podríamos vivir los tres juntos?.

Silencio profundo, donde hubo por un momento el eco de sus palabras, que era áspero, perdido, en descenso, como si fuera una onda cayendo en un pozo. Luego, dentro de ese silencio, otro definitivo, fuerte, resistente: silencio de interior de muralla.

Gertrudis sacó su brazo de entre la sábana que les envolvía, y pasó su mano fría, estremecida, por la cara de Damián. Y fue, al tacto, sacando su expresión. La frente contraída; el ceño, un pliegue hondo y duro; los párpados, cerrados, secos, sin un temblor de emoción; la boca, inesperadamente serena, extática.

Gertrudis sintió calofríos. Sus cejas se elevaron dos, tres veces, en su frente. Una emoción contenida se anudaba angustiosamente en su garganta. Echó su otro brazo fuera de la sábana, sobre el hombro de él y lo apretó contra ella; en ese momento le quiso de golpe, todo lo más que era posible querer a un hombre.

—Habla, habla, habla.

—No es posible.

—¿No es posible?

—Soy casado.

La sintió aflojarse en todos sus miembros. Cayeron los brazos, la cabeza, las piernas. Quedó boca arriba. Inerte. Clavada. Espantosamente muda.

—¡Gertrudis! ¡Vida! Ya nos hemos dicho bastante. Seguiremos mañana, otro día. En un principio no podía explicarte. Duda de todo, menos de mi amor. Nuestro amor antes que nada. Nuestro amor lo único.

La besó en los ojos, que parpadearon al calor de sus labios. En las mejillas, que perdieron un poco de su frío. En las sienes; en la cabeza, atormentada de pensamientos terribles; en los oídos, dulcemente; en la garganta, que no acababa de lanzar su gemido; en los senos, que oprimió contra sus labios; en la boca, con finalidad egoísta, con impaciente ligereza.

Gertrudis vibró. Volvió de su letargo. De su síncope espiritual. Paralizada por un profundo estupor miró a Damián como a un extraño. Un cambio repentino, súbito, le hizo girar el alma en un loco espiral dentro de sí misma. Todavía sentía, en esa misma alma sacudida, el vértigo del torbellino, que la levantó como una tromba marina arrojada desde su corazón hacia la altura de su juicio.

Una voz interior le repetía con sorna, zumbadoramente, estas palabras: «Soy libre... Todo para ti... Soltero y sin amarras de ninguna clase...».

Damián, todo sediento, todo deseoso, se acercó a ella, llenándole la boca de besos.

A la madrugada, despertaron a Damián los temblores de Gertrudis.

—Nena, ¿qué tienes? ¿Te sientes mal?

—Sí, un poco; enciende la luz.

Damián se asustó.

—¿Quieres tomar algo? ¿Te sientes débil?

—No, no quiero tomar nada. No me explico lo que tengo. Me corre un hormigueo por todo el cuerpo.

—El se tiró de la cama, seriamente alarmado. Empezaron a castañetearle los dientes a Gertrudis.

—No debimos... Fue una imprudencia... Muchas emociones en un solo día para tu naturaleza tan sensible... ¿Quieres un poco de bromuro?

—Sí, sí. Pero prepáralo en seguida. No sé, me siento algo muy extraño en las piernas y en los brazos.

Damián la tocó: estaba fría. Apretó en algunas partes.

—¿Te duele?

—No; es que no te siento.

—¡Nena mía! Llamaré a un médico.

—No es necesario; tráeme el bromuro, y procuraré dominarme.

Damián se fue al comedor.

Gertrudis, sola, lejos de tratar de dominarse, se dejó llevar desenfrenadamente por la imaginación. A medida de su autosugestión, se excitaba cada vez más; sus miembros se iban poniendo rígidos, con la misma sensación cosquilleante por todo el cuerpo.

Cuando volvió Damián, ya tenía los dedos de las manos completamente agarrotados.

—¡Gertrudis! ¿Qué tienes? Toma. Haz un esfuerzo, por favor.

La incorporó. Respiraba con dificultad.

—Abre... las... puertas.

—Toma, toma primero el bromuro, traga..., así...

Abrió toda la casa, y volvió, cada vez más alarmado, junto a ella. La piel toda de la cara se le fruncía intermitentemente, y la boca tenía un tic nervioso, en medio de la angustia de la respiración entrecortada. Un frío seco, aspirante, que le recorría la piel, estirándosela, le hacía girar los ojos aterrada. Era la misma sensación congeladora del éter. Un dolor punzante parecía roerle las articulaciones. Las manos, hechas ya puños, tenían una dureza estratificada.

Damián corrió al teléfono y llamó al médico. Volvió junto a ella, aturdido, desorientado, sin saber qué hacer. Cogió un cepillo y empezó a friccionarle los brazos y las piernas, interrumpiéndose para echarle fresco con un abanico.

Gertrudis, abandonada ya a sus nervios, cada vez más desordenados, empezó a sufrir toda clase de fenómenos propios de su ataque.

Un círculo rojo giraba tenaz y vertiginosamente, rasgando una nube negra y espesísima. Oía el zumbido de unas abejas de luz, lanzando chispas de sus alas chamuscadas. Y, luego, un punto verde contra otro punto verde, haciéndole un diábolo fantástico. Y, por último, la sensación de un carrete al que se le acababa el hilo; de una botella que se vacía; de una bombilla que se funde, chasqueando; de un corazón que para el colapso. Y, por sobre todo, la asfixia, la oscuridad, el silencio; todo un caos allá abajo, junto a la peña rajada, donde falló el pie del sonámbulo; un caos inevitable, catastrófico, con un continuo ruido, indefinible, en el silencio, un ruido de tragante que devora, de cordales que trituran, y por los que parece que va fluyendo, pasando toda su sangre y toda su carne.

Después, la calma. La gran bonanza que apaciguó todos sus nervios, atemperó sus furias, ordenó su organismo. Y como se produjo el trastorno, sin causa aparente, desapareció. Cuando llegó el médico, la naturaleza, que se había creado el problema, lo había resuelto en esa ocasión, por sí misma.

A las diez de la mañana, Gertrudis se disponía a salir.

—¿Por qué no te quedas aquí todo el día, descansando?

— ¡No puede ser, Damián! Tengo que ir a ver al padrino. Las dos veces que lo he llamado por teléfono, no han servido más que para alarmarle. No seamos excesivamente egoístas. Debo ir. Además, después del almuerzo, la oficina. No podemos vivir un romance de amor, con todo el tiempo disponible para ello. La vida moderna es tan mecánica, que hasta debemos sentir mecánicamente. Este mes he faltado al trabajo algunas mañanas, y no debo dar lugar a que me llamen la atención. Y tú, también, a tu vida, a tus deberes...

Fueron estas frases como los maderos flotantes de aquella pesadilla de las revelaciones recientes; los maderos sobre los cuales inseguramente se habían de afirmar en lo futuro.

* * *

—Ya me tiene usted aquí, sana y salva.

— ¡A Dios gracias! ¡He pasado una noche horrible!

—Me lo imagino. Pero ya todo pasó. He visto a Antonio...

—¿Le has visto?

—Sí. ¿Se convence usted cómo yo tenía razón?

—¿Razón de qué? No me dirás nunca lo que sucedió, ¡tienes un carácter tan entero! Pero, ¿crees que no te he notado un como estropeo en todo el cuerpo? Estropeo físico y cansancio moral...

—Bueno, padrino, bueno; ya sabemos que es usted un gran observador. Ahora a almorzar, que me espera el trabajo.

Lo besó detenidamente, sin poder evitar que tras el beso se le fuera una lágrima de cariño.

Luego, en la mesa, le anunció que regresaría tarde, pero dormiría esa noche allí, con él. Don Esteban se levantó, fuese a ella, y tal como estaba sentada, le estrechó la cabeza contra su pecho, en una explosión de ternura, conmovido hasta las raíces de su vida. Como si le diera un abrazo que ya se iba haciendo viejo y tardo en su alma. Le besó ciegamente la cabeza, con besos naturales, sin estética, con besos que le rodaron por la nariz y por las sienes; luego, se internó en la casa, dejando el plato de comida casi sin haber sido tocado.

Gertrudis apoyó sus brazos en el borde de la mesa, y lloró largamente, bajo una conmoción profunda, bajo la tortura de un pensamiento fatal: «¿Por qué tendré que hacerle mal a este pobre querido viejo?»

Pasó el día y la noche abstraída, atontada. No quería pensar. Su primer movimiento fue cobarde: de huída. Creyó que negándose a discutir los hechos, no le iba a alcanzar su verdad. Como sentía que no podía renunciar a Damián, quiso olvidar: convencerse a sí misma de que no había sucedido nada, que todo seguía igual. La sola idea de que fuera a cambiar aquel estado de cosas, la asía de terror, la sobrecogía en una desesperada sensación de desgracia, de abandono, de infelicidad tal, que el ánimo le flaqueaba en humanas debilidades.

Despertó al otro día con una fuerte opresión en el pecho. Sabía que tenía un dolor en el alma, pero sentía pánico de acercarse a él. Trató de hacerse la que lo ignoraba; sin embargo, una tristeza sutil, humilde, la abatía. Se vistió, pensando con amargura en cuán distinta situación espiritual lo había hecho la mañana anterior. Le pareció que habían transcurrido muchos años de golpe, y se asombró de verse allí, vistiéndose como todos los días para ir a la oficina, en la vulgar continuidad de todas las horas.

Al doblar una esquina se encontró de pronto con Delia, y, aunque deseaba más que nunca estar sola, como le inspiraba curiosidad esta mujer, aceptó su ofrecimiento de llevarla en automóvil hasta La Habana.

—¿Qué le pasa hoy, Gertrudis? Hay una demacración muy triste en su rostro.

El interés de las palabras y la sinceridad de su acento la enternecieron.

—¡Cosas que pasan, Delia! ¿Le parece poca tristeza el tener que vivir queriendo superar a la vida?

—No sea usted tan analítica, porque lo único que saca en consecuencia es volverse escéptica. Le advierto que mis mejores palabras las tengo y las guardo siempre para usted..

—¿Debo agradecérselo?

—No, de ninguna manera. Un agradecimiento de usted sería casi un insulto. Yo la respeto profundamente. Siempre me conmueve y me deja pensativa un encuentro con usted.

—Es usted muy amable para conmigo: Delia. ¡Qué difícil es lograr ser amable sin que nuestra amabilidad corra riesgo de caer en el enojo ajeno!

—No, para mí, no. ¿Y para usted? ¿La enoja mi entusiasmo?

—En modo alguno; es demasiado gentil.

—Gracias, gracias. Usted no me evita...

—Pero no la busco... ¿Por qué voy a evitarla?

—¿Y por qué no va a buscarme?

—Eso es; lo uno y lo otro, ¿por qué?

—Usted es terriblemente sincera.

—Cuando la veo, me interesa usted, Delia. Me agrada su conversación, por muchas cosas, una de ellas porque halaga un poco mi vanidad... Vamos, porque me permite ser vanidosa, sin que ello llegue a constituir un delito.

—Me alegra cuanto me dice. ¿Quiere usted ser mi amiga?

—No; yo no quiero tener amigas.

—¿Por qué ese aislamiento? ¿Quiere usted amortajarse en vida? ¡Es tan dulce la amistad!

—Profésela usted, si quiere. Hoy por hoy, yo me basto sin ella...

—¿Está usted segura de lo que dice? Eso es una soberbia...

—Que nace del dolor, Delia. Yo puedo tratarla a usted cuantas veces la vea. Me siento un poco comprendida por usted; pero si fuéramos amigas, quizá se echara todo a perder. Usted sabe que yo sé quién es usted.

—¿Y me censura?

—No.

—¿Me compadece?

—Tampoco.

—Soy así de un modo inevitable.

—Sea usted como usted quiera y por lo que quiera. Lo único que a mí me interesa de usted es su corazón.

—¿Lo cree usted capaz de amar?

—En un sentido, pagano, humano y divino.

—¿Hay otro sentido?

—Para mí, sí.

—Explíquelos todos. Pagano, ¿por qué?

—Por que es usted amante del placer, en todas sus variaciones.

—Bien. ¿Humano?

—Porque es usted generosa para todos los seres. Comprensiva y compasiva. Porque a usted le inquieta el sentido de la muerte.

—¿Y el cuarto?

—El que usted no tiene, o mejor: su corazón. El del sacrificio, el del afecto directo, personal, íntimo. El que nace del centro, del núcleo mismo del corazón; del que no es sólo pagano, porque no busca, el placer principalmente; ni abstractamente humano, porque va derecho al hombre en su individualidad; ni divino, porque no es homogéneo ni místico; el que lleva todos estos espejismos, sufre todas estas influencias, pero triunfa de todas ellas; el amor absoluto, sin principio ni fin.

—¿Ama usted?

—Tengo esa gloria.

—Quiera Dios no la pierda; me dolería demasiado.

—¿A usted?

—Amiga mía —déjeme llamarla así por un momento— quizá esté usted despertando el cuarto sentido de mi corazón,

***

Trabajó hasta rendirse, hasta agotarse, mientras el pensamiento se vengaba en su interior del olvido, del abandono en que quería sumirlo, batallando más que nunca, allá por sus dominios, en estado de guerra.

¡Qué bien se hubiera tendido ella a pensar, en un lecho, en un camastro cualquiera, hasta que se le fuera en efluvios la congoja del alma! Pero, ¡dura realidad!, su vida ordinaria tenía un curso inapelable que seguir. Había dejado ya lo de las copias. Era agobiador. Además tenía ahora una visión más amplia de su destino y del género humano: tan amplia, que limitaba su voluntad. ¡Ah, los tiempos aquellos en que su objetivo era como un punto que rebasara su energía! Luchar. Trabajar. Dinero.

Su independencia económica era algo más difícil de lo que ella creyó al principio.

Tenía que someterse, que sujetarse, mientras. no viniera algo de mayor efectividad a su puesto de empleada: a su máquina de escribir, zurcidora de expedientes y cartas comerciales. Y su ensueño, y su amor, y sus ideales excelsos tenían que ser pasados diariamente por el rollo de la máquina como una trituradora que le iba sacando el jugo, con su mecanismo isócrono y vulgar.

Y por la tarde, ya de lleno en el dolor –la crónica enfermedad de su vida– quiso ir a casa de sus primos.

La lobreguez de aquellos cuartos la sobrecogía siempre, como si fueran una cárcel de la cual no pudiera, una vez dentro, salir nunca más.

En la puerta, estúpido, callado, pordiosero, Manuel se hacía un ovillo sobre un taburete. Entró Gertrudis. Justina la recibió con enconada frialdad.

—¿Qué dice la señorona? Porque ya sabemos hija, que todos paramos en lo mismo.

—¿Por qué quiere usted entristecerme aún más de lo que pudiera estar?

—Por tus ínfulas, sí, señor. Aquí nos tienes pasando trabajos, y como si nada. Como si don Carlos, el Maestro, que en buen punto esté, no hubiera sido medio hermano de la que es tu tía.

—Bien está, Justina. Pero se pasan por allá sus apuros también.

— ¡Quiá! Mi cuñado don Esteban, siempre disgustado conmigo, porque así está él mejor y más ancho, y yo sé que tiene su buena salud y su buena pensión.

—Usted sabe, tía, que padrino ha querido criarle y educarle a Félix, lo mismo que yo, sino que él no ha querido.

—Y ha hecho bien; «zapatero a tus zapatos».

Y le viró soezmente la espalda.

Gertrudis se quedó sola un momento, en el medio del cuarto, de pie. Paredes llenas de telas de araña y birriones[79] de polvo renegrido. Camas, baúles, sillas y una mesa; todo desvencijado, lleno de ropas, limpias y sucias Una ventanilla alta, con la cortina impalpable de un pedazo de cielo. Al fondo, su tía, doblada sobre la tabla, planchando. Contra una puerta, un anafre enrojecido. Ni luz, ni aire, ni amor.

Sufrió por la falta de higiene y por la falta de alma de todo aquello. De pronto, sintió una angustia insoportable de verse allí sola: ajena, extraña, como algo intruso clavado en el piso. Se preguntó quién era, de dónde venía, qué hacía en semejante sitio, y tropezó a modo de respuesta, con un enorme dolor dentro de ella misma.

Se fue al otro cuarto. Irene, tirada en la cama, estaba sin hacer nada. Sus magníficos ojos, serenos y amplios, esplendían extrañamente.

—¡Hola! Hacía días que no venías.

—¿Y te preocupaba?

—No, hija. Ni lo echara de menos, si no fuera por Félix.

—¿Y tu padre y Juan?

—Por ahí

—¿Te sientes mal?

—Algo, sí; pero es natural.

—Estás un poco anémica.

—¡Bah! Es cosa del momento.

Quiso tener una caricia con ella. Se sentó al borde de la cama y alisó sus cabellos.

—Te convendría enamorarte de un buen hombre que te sacara de aquí.

—Tres imposibles.

—¿Cómo?

—Lo de enamorarme, lo del buen hombre y lo de salir de aquí.

—Cuéntame ¿por qué?

—No me puedo enamorar, porque no me gustan los hombres. No te asombres; no creas que en mi género soy como ese repugnante de Juan, que está siempre olisqueando a los que precisamente tanto asco me dan a mí. Por eso; por asco, es por lo que no me puedo enamorar.

—¡Pobre Irene!

—Conocí algunas cosas muy pronto...

—Y muy mal.

—Da lo mismo Yo no hago esa diferencia. Sobre un bastidor, todo

---

79   *Birrión*: coloquialismo cubano que significa mancha.

es lo mismo. De niña, durmiendo todos en un mismo cuarto, vi y oí muchas veces todo lo que pasaba entre mis padres.

—¡Ah, Irene, pobrecita mía!

—Muchas veces, muchas, nos sorprendíamos los muchachos y yo, espiando. Otras, yo sentía llegar hasta mí, subir hasta mí, la mano de Juan...

—¡Calla, por favor! ¡Qué vergüenza!

—Vergüenza: eso mismo me daba a mí. De entonces data mi repugnancia, o quizá no. Quizás yo nací con ella. En cuanto al hombre bueno, hay que buscarlo con una vela, para no llegarlo a encontrar nunca. Son bestias, puras bestias.

—¡No, no, Irene!

—Claro, tú crees en el tuyo.

—En el...

—Ya sabemos; y no nos espanta eso, como a los de arriba. Comer, trabajar y tener lo que se necesita y por el tiempo que se quiere, es lo que hacemos nosotros.

—Dime, y ¿tú nunca has sentido la necesidad de hacer como los tuyos, según dices?

—Nunca.

—¡Irene! ¿Ni un deseo, alguna vez?

—Ni pizca. Los de hombre se los llevó en la familia Félix, y los de mujer, Juan.

—Me da frío, oírte.

—Tú eres muy impresionable, por eso estás siempre tan llorosa. Mejor es ser como yo. Yo me encuentro muy bien así.

—Bueno, deja eso y dime: ¿no saldrías de aquí?

—No. No me hallaría en otro lado. Yo quiero a esta gente imbécil de mi familia. Mal que bien, siempre he estado con ellos. Ellos me necesitan; les soy útil: nos entendemos. Yo no me desprendería nunca de ellos.

Y en los ojos de Irene, ajenos a su conversación, se hacía el silencio y se hacía la luz.

Caía la noche, pesada, agobiando la tierra con su negrura sin fin. Gertrudis, consternada, no veía ya a Irene. Su silueta blanca emergía de las sombras del lecho, de la alcoba, de la noche, como el vago envoltorio de un cuerpo en el fondo de un refrigerador. Todo su contorno era un deslizamiento hacia la nada. En la penumbra, la cara de Irene, tenía la extraña actitud de una muerta. Su voz misma, como si fuera capaz de tonalidad colorista, parecía empalidecer[80] en el apagamiento sonoro que la destacaba, como un rastro de vida, en la naturaleza inanimada de las cosas.

Gertrudis la acarició tenuemente[81], toda temblorosa, aprensiva, como si palpara un cadáver. Le besó la frente fría, sin arrebatos, ni vuelos, ni quimeras, y, suspirando, salió de la casa sin desplegar los labios.

Su vida era, pues, un hilo de aquella madeja humana de seres, que envolvían el mundo, pululando en su superficie. Todo relacionado, todo afectado por la nada. Unas raíces que se tienden por debajo de las capas sociales y se nutren de su propio contacto y succión, sintonizado en el seno de la tierra. Y ella, aunque no quisiera, estaba ligada a todos y a ninguno. Su realidad era suya, en tanto no mordía un saliente de la realidad ajena. La realidad total, *substractum*[82] de las individualidades conglomeradas. Allí no había adornos de la civilización. Las palabras HOGAR, DEBERES, MORAL, tenían un sentido estoico. Era la verdad en bruto, primitiva, con el suficiente poder razonador para sentir más su desgracia, sin poder mejorar su índole.

Descendiendo a aquella cisterna, del modo periódico que lo hacía, comprendía más y mejor las miserias y los crímenes y los horrores de la humanidad, levantada sobre la frente sudorosa, tozuda, sufrida, de los pueblos nacidos a la manera vengativa, en medio de la floricultura de las civilizaciones.

80　La palabra utilizada en la versión del 2008, es palidecer.
81　Esta palabra fue remplazada por lentamente en la versión del 2008.
82　Palabra utilizada en el Derecho Romano, substractum es la esencia o el principio de una cosa. La palabra utilizada en la versión del 2008 fue sustrato.

Segunda Parte

I

Después de aquella noticia conturbadora de Damián, Gertrudis había impuesto un voluntario silencio a todas las que, como aves fatídicas, venían detrás de ella, abalanzándose sobre su felicidad. La vida era tan larga, se la veía extenderse hasta tan lejos desde el mirador de su juventud, que bien merecía un poco de tregua la hora presente. ¿Llegar? ¿Para qué? De igual modo, al rodar de los días, todo se iría cumpliendo. Supiera ella todo o no supiera nada, los años iban a pasar del mismo modo preciso y avasallador.

Una emoción nueva la embargaba. Emoción compleja, con elementos de esperanzas, de temores. Algo sobrenatural, cuya razón de ser estaba en la vida, pero cuya belleza estaba en ella misma.

Todo su pasado tirado a cordel frente a su futuro. Toda su personalidad, ante una posible metamorfosis más. Los trastornos celulares, y las alteraciones morales presentes de nuevo, específica y funcionalmente, a una desconocida y próxima experiencia.

Detenerse. Esperar. Olvidar un poco, y darse a aquella felicidad que era un estímulo y una insatisfacción.

Damián y ella, merendaban en la más escondida mesilla de un restaurante. El secreto de sus relaciones, la misteriosa soledad y la ignorancia en que su amor iba descifrando imperturbablemente los signos del Zodíaco, les alegraba puerilmente: con un contento reposado, ingenuo, saludable.

—Me da no sé qué impotente inconformidad, el ver tu vida de luchas, ese diario ir a la oficina, tengas o no tengas ganas; te sientas bien o te sientas mal; estés alegre o estés triste.

—Algunas veces, en efecto, me aburren los días soportados de este modo. Me dan deseos de libertarme. De no volver a ver más a aquella gente insulsa de la oficina, que están siempre pendientes de lo que uno hace. Pero otras... ¡Damiancito, otras...! Mira: cuando regreso a casa, a veces anochecido –sobre todo antes, cuando no te conocía–, cansada, con un paso lento que se parece un poco a la fatiga del animal que rinde su tarea diaria; con una ligera sensación de pesadez en el cerebro, con un dolor, un poco diluido, pena vaga que me punza, en la cabeza, me siento contenta... No, contenta... No. ¿Cómo te diré ?... Satisfecha.., eso es; una gran satisfacción me invade el alma como un calorcillo de hogar. Me gusta, Damiancito, me gusta esta sensación. Me gusta trabajar; el trabajo es para mí, salvación y redención.

—¡Nena! Sin embargo, ¡qué pesar me da cada vez que evoco tu figura doliente, cuando sales de la oficina! ¡Qué realismo, qué humana verdad la de tu cansancio! Nada más elocuente, que más melancolía levante en mi alma. Y no es de ahora. Ahora, en tu figura, veo, en virtud de tu personalidad y de nuestro amor, una poesía en todo ello; poesía desde luego, robusta, amplia, armónica como una oda. Pero antes, cuando no te conocía, cuando no era a ti a quien veía sino a otras..., la impresión era para mi patética. Por lo que tiene de heroísmo callado, de resignación forzosa, de consumada inutilidad para el bienestar de nadie. Nosotros, en verdad, hemos sido una vez más injustos con ustedes. Nos sulfuramos, cuando las vemos luchar por una igualdad y un reconocimiento para ustedes, de los derechos controlados por nosotros. Vemos las ventajas que, restándonoslas, se reparten con ello, pero no vemos qué valientemente se echan a los hombros la mitad de la carga: el trabajo, el dolor, los nuevos deberes.

—Es la rivalidad.

—¡Cuán triste es tener que confesarlo! Y lo más terrible no es eso, sino cuando las vemos así, cumplir con igual agobio que nosotros la labor, en vez de respeto y comprensión, nos provocan el despecho, soberbia, rencor: «Déjalas que prueben a lo que sabe», decimos, imperdonablemente. Sin embargo, Gertrudis, de todas estas consideraciones feministas, déjame que te diga que tu caso es extraordinario.

—¿Por... ?

—Porque a veces me parece que tú estás orgánicamente capacitada para trabajar. ¿Cómo te diré? No quiero abusar de la palabra en detrimento de los conceptos. De este abuso nacen los disparates. «Vaya, chica» que tú estás hecha para el trabajo, porque lo desempeñas tan bien como cualquier hombre.

—Quizás no te falte razón. Yo miro al trabajo como una medida emancipadora, y desde un punto de partida meramente feminista; yo lo miro, a veces, y así lo ejecuto, como una misión social, como una función humana, como un imperativo fisiológico. Me lo pide el cuerpo.

—Tal vez no tanto fisiológico, como patológico... *patological*

—Son rarezas, Damián. Me inquieta y me hace sufrir mi mismo enigma, en cuanto me tomo como un experimento de la naturaleza. Desde que te amo, ¡he cambiado tanto, siendo, sin embargo, la misma!

Y la misma era, en efecto, pero ¡cuán distinta! Más acoplada cada vez a Damián. Cuando se abandonaban al abrazo, había en ellos un absoluto, inalterable acuerdo en todo el ser. Se entrelazaban sus piernas, con un enclavijamiento[83] preciso. Toda la piel de Damián transpiraba, poro con poro con la de Gertrudis. El tórax del amante, abarcaba, sin oprimirlo, el seno de la amada. Sus caderas, en el rítmico movimiento de su canción de amor, se besaban voluptuosamente en el contacto ardoroso y complicado. Sus bocas, buscadas y halladas, en la rojez fulgurante del beso, mantenían la nota del amor en su más aguda expresión, mientras sus carnes, sus carnes que aún separadas estaban como penetradas la una de la otra, deshacían gozosamente toda la larga sinfonía del placer.

Y fue en uno de esos desmayos, confidenciales y tiernos, cuando impremeditadamente le refirió la conversación con su prima. Acudieron las explicaciones con esa naturalidad, tan de la vida, con que se van cumpliendo los acontecimientos más terribles.

—... Y, aquí tienes mi drama –continuó él– con un hogar, donde no hay amor ni comprensión. Con unos hijos que son todo mi delirio y sin poder hacer nada contra una mujer enferma, que me tiene un cariño servil y egoísta.

—Pero, óyeme, Damián, óyeme. ¿Cómo no me dijiste todo esto antes? ¿Por qué engañarme?...

—¿Engañarte? ¡Puede ser! Yo no lo creo así. Defender mi más cara felicidad; eso es lo que he hecho.

—¿Cómo dices? –y había en su voz una dulzura doliente–. ¿Soy tu más grande amor? ¿La pasión de tu vida?

—Sí, lo eres. ¡Lo eres!

—¡Oh, –si mintieras también ahora, Damián! Mira; no me hagas caso. No sé lo que me digo. Sin duda tú eres el que tiene razón. Por lo demás, yo no quiero tu nombre; no busco una posición social, bien lo sabes. No es por esto, no; me basta la legitimidad de nuestro amor, la única válida para mí, la única a que aspiro. ¡Es que... esa mujer! ¡Sólo pensarlo me mata! ¡Ah, si hubieras hablado antes!

—¿Qué?

Damián la asió por los brazos, apretujándola contra su pecho. Su boca mordió faunescamente la boca rebelde de Gertrudis, que se rindió vencida por la fuerza torturante del placer.

—Te amo, no sé más que te amo. Nada me importa sino tú.

—Así, tontina. ¿No ves que te quería a toda costa? Yo sabía que tú habrías de proceder así, de generosa y noble.

— ¡Pero si no hay generosidad y nobleza! ¡Si lo que hay es amor, y nada más! ¿No tengo tu corazón?

—¡Oh, eso sí! Te lo juro: hasta su menor partícula. Es lo único que puedo, ofrecerte..., y no te lo regateo, créeme.

De pronto, Gertrudis se abismó en un silencio.

Como el contacto de un cuerpo frío que le hubiera rozado el alma, se estremeció. Un pensamiento embozado con la capota tétrica de la mala sombra, cruzó por su lado, mirándola de soslayo con una mirada de irritante ironía. ¡Con qué naturalidad aceptaba Damián su sacrificio! ¡Qué discretos reparos a todo lo que fuera dádiva por su parte!

—¿En qué piensas?

—¿Cómo es tu mujer?

—¡Hija! ¡Qué pregunta! Así... Nada de extraordinario

—¿Es bonita?

—¿Por qué quieres torturarte inútilmente?

—¡Ah! ¿Piensas que no he de sufrir?

—Yo no quiero tu dolor; odio lo que te haga sufrir. Si he de ser yo, me apartaré de tu lado.

—No, Damián, no; por favor. No eres tú, es ella...

—Pero si es una infeliz.

—Que puede más que yo.

—No discutamos, Gertrudis, te lo suplico. Disgustos entre nosotros, no. Al primero, haré que me dejes. No puedo verte llorar, ni hablar en tono agrio.

—¡Sea! ¡Vivamos..., no importa cómo..., vivamos! Te amo sobradamente como para ello.

Y Gertrudis tuvo la impresión, vaga aún; irresoluta, de que Damián no la amaba con la intensidad que ella; que no se daba con el fogoso arrebato con que ella se entregaba. Pero, cerró los ojos..., y confió en sí misma;

Iban transcurriendo los meses sin la intervención de algo definitivo. Gertrudis, con absoluta inteligencia, hacía una vida estúpida. Las relaciones maritales la obsesionaban, la embargaban. Cada nuevo día le llegaba, de un nuevo rincón de la hora de su amor, una sensación nueva. Su voluptuosidad iba cobrando visos de un dramático sensualismo. Ya Gertrudis no podía amar, sino en la infinita tortura. Todas las pasiones fueron desfilando por ella con un gesto marcado de autoridad.

Y Damián, ardoroso, enamorado, seguro, libaba en ella con interminable complacencia.

Fue una tarde roja, en la que el amor rompió todas sus flores de delirio y de franca lujuria: lujuria civilizada, sin el brote verbal que la delatara manifiestamente a sus oídos, pero asomada a sus pupilas con hermosa e inapelable elocuencia.

Mordida por los celos, Gertrudis, en un furor pasivo, acosó a preguntas a Damián.

—¿Como es posible que puedas estar con esa mujer?... ¿Cómo puede despertar en ti un deseo? ¿Cómo puedes llegarte a su boca?

—¡Nena! ¡Inocente! ¿No ves que yo no soy, no he sido, no puedo ser así más que contigo?

—En cualquier forma que sea. ¿La actitud, el gesto, el ataque, cómo puedes realizarlo?

—Nena, no te angusties. Por algo es uno hombre..., sin contar con que yo respondo en seguida a cualquier sugerencia...

—¡Ah!...

Y por dos horas, en vano, trató Damián de sacarla de su marasmo espiritual, para lograr la conjunción de sus cuerpos. Inconsciente de su crueldad y cobardía, se creyó con derecho a alcanzar eso más de ella. Y se perdió en minucias, en detalles, para explicar la diferente modalidad del acto con una y con otra. Luego suplicó con persuasivas caricias, que conminaban su carne.

Gertrudis le miró largo rato, ganándole terreno en el alma, con sus ojos acumulados de pensamientos. Algo dulce, cálido y maternal, deshizo sus ímpetus. Junto a ella, Damián, tierno, obsequioso, humilde, esperaba el don supremo de sus ansias.

—¡Te necesito..., siempre..., siempre..., siempre!...

Nada hay que conmueva la feminidad de una mujer enamorada como este: te necesito, del hombre que quiere.

Con una suavidad exquisita, Gertrudis, sonrió olvidada ya de sí misma, y acogió en su regazo, como a un niño desamparado, al amante egoísta, cuyo engaño pesaba sobre ellos, próximo a desencadenarse.

II

En el cuartucho del «solar[84]», Justina terminaba la tarea de su planchado. En aquel ambiente sórdido, donde se movía la mujeruca, angulosa, fea, no brotaba nunca una palabra de amor. Todos eran a mirarse atravesadamente con recelo, a tratarse a coces, como bestias; a injuriarse, como si fueran enemigos irreconciliables.

La magra figura de Manuel, siempre silencioso, cansino, fantasmal, era dentro de la casa como un espantapájaros, como un ave de mal agüero. Con su ropa, excesivamente larga y ancha; sus ojos turbios, irritados; su bigote desgreñado, con las puntas siempre dentro de la boca, y su calva mugrienta, iba de un lado a otro recibiendo impasible los denuestos y los golpes de su mujer.

A sus negros y sucios faldones iba siempre cosido, olisqueando, su hijo Juan; apéndice grotesco, índice que parecía empujar delante de sí al consuetudinario beodo de su padre. Juan, remilgado como una celestina, ondulante, untoso, era la puntilla al aire que todos claveteaban con sus brutales arranques.

Félix le despreciaba profundamente. Jamás le dirigía la palabra. Dándole empujones cuando le estorbaba el paso, negándole como hermano entre el grupo de sus amigotes, deseándole a cada minuto la muerte, intentando, cada vez que podía echarle de la casa, le hacía una guerra sin cuartel en todas partes y a todas horas.

Sólo Irene, compasiva, le trataba con más suavidad. En ocasiones se había propuesto regenerarlo, y le soltaba regaños y sermones cuyo final no oía nunca Juan.

---

84 La RAE nos informa que en Cuba y República Dominicana esta palabra significa «casa de vecindad», la descripción del solar en la novela marca su estilo naturalista.

Entre la maleante gente de su familia, Irene era como una estrella sin cielo que rodara, dándose esquinazos, entre las sombras agobiadoras de su cuartucho.

Irene no tenía, sin embargo, más que una pena, una preocupación, un pensamiento: su honestidad perseguida. En el solar, los ojos inertes, luminosos, de la joven, que pasaban sobre las cosas sin alterarse, habían hecho estragos.

Al fondo, en la cocina desmantelada, abierta al patio sin persianas [85], había una «barbacoa» especie de plataforma sostenida en alto de pared a pared, que en las primitivas construcciones servía en la casa para el «desahogo».

El lugar de «desahogo» en una vivenda, era antes de una importancia capital. Era lo de preferente consideración en toda la casa a la hora de decidir una mudada. Allí iban a parar los baúles, los antiguos catres de tijeras, que eran para las familias «el por si acaso de los huéspedes»; lámparas y muebles viejos de parientes difuntos y vivos; los utensilios de la limpieza, y hasta los criados se metían en él.

La «barbacoa» era entonces —muchas casas viejas la conservan aún— la que cumplía con todos estos requisitos y necesidades. Del techo de la cocina —que era donde se levantaba siempre este tablado en forma de balsa— que le servía de cobija también a la «barbacoa», pendían alambres y cordeles, de los que se sujetaban trozos de bacalao y jamones. A veces se amarraban sillas y armas oxidadas, arreos de caballos y veinte mil cosas más, pues aquello era casi como la cloaca de la casa, a donde afluía, como *detritus*[86] todo lo inservible.

En la «barbacoa» de la antigua gran vivienda convertida ahora en «solar», donde moraba Irene, dormía, entre telarañas, alpargatas y barriles, sin aire y sin luz, un motorista, hombre cuarentón, «cascarrabias», cicatero, que se había enamorado de Irene.

---

85   Esta palabra fue cambiada en la edición cubana del 2008, por la palabra *persianas*. Incluimos el cambio.

86   En ambas ediciones, 1929 y 1930, ORA escribe el latinismo de forma incorrecta, detrictus, y conjuga el verbo anterior, *afluir*, en plural. La edición de 2008 introduce una corrección a estos errores que aquí seguimos. Según la RAE esta palabra proviene del latín *detritus*, desgastado.

Este hombre era la pesadilla de la joven. Sus insistentes miradas lascivas, que le arrancaban las ropas a pedazos cada vez que se clavaban en ella, daban terror a Irene. Su boca húmeda, belfa, de una repugnante insolencia carnal, que le hacía siempre insinuaciones[87] obscenas, tenía azorada a Irene.

Acosábala el hombre día y noche, con furia. Escribíala papelitos haciéndole ofertas, y una vez se atrevió hasta regalarle[88] una sortija barata. La vergüenza que todos estos manejos daba a Irene, la hacían callar; pero forjaban en el alma timorata, en el temperamento frío y en el entendimiento ignorante de la joven, una tragedia atroz, encadenada, encapotada, que hacía infernal su mísera existencia.

Aquella tarde, Justina, terminada su tarea, se fue a la calle, Manuel y Juan, a esa hora, se perdían en burdeles o «barras», y Félix, de albañil en una fábrica en el reparto «de la Sierra», Irene, sola, hacía el baldeo del cuarto. Estaba tranquila, pues había visto salir «al hombre» desde temprano.

Era ya anochecido. En aquel mes de noviembre la oscuridad tenía siempre prisa por acampar en la tierra.

El vertedero del agua quedaba en el fondo de la cocina desalquilada. Los vecinos, recluidos en sus cuartos y accesorias, preparaban su comida, acostaban sus muchachos; trajinaban privadamente.

Irene fue a buscar un cubo de agua. Con la escasa luz que despedía la bombilla colocada en el centro del patio, tenía que valerse para ir hasta la cocina. Era una de las imposiciones del «encargado».

Doblada sobre el vertedero, Irene restregaba la frazada del piso, cuando de pronto se sintió atacada y amordazada por una mano enorme, velluda, sudorosa, que se crispaba con fuerza increíble en sus trémulos labios. Dos brazos fuertes, cerrados sobre ella como tenazas, como garras que se hundían en su carne, le cortaban la respiración al oprimirle el pecho.

El chorro de agua de la pila, era en el silencio trajinesco de aquel ataque, como el encubridor vigía de sus ruidos.

Arrastrada al rincón más oscuro de la cocina, desfallecida de terror, pataleando débil e inútilmente, Irene se sintió poseída brutalmente, a mansalva. Un salvaje resoplido le calentaba y mordisqueaba la nuca.

---

87 Esta palabra fue cambiada en la edición del 2008, por *situaciones*. Conservamos la palabra original que aparece en las ediciones de 1929 y 1930.

88 *Entregarle* es la palabra que aparece en la edición del 2008. Conservamos la palabra original que aparece en las ediciones de 1929 y 1930 pero corrigiendo el laísmo de la autora.

Las campanas del Angelus desgranaban poco a poco, funeralmente, su ritual oración, sobre la ciudad, toda encendida como un fanal de artificio.

Félix llegó inopinadamente a casa de Gertrudis. Traía el rostro serio y la mirada, toda llena de un sarcasmo doloroso que parecía emergerle de lo más hondo y tenebroso de sí mismo.

—Buenas tardes, tío, ¿cómo está?

—Regular. ¿Y ese milagro a qué se debe? ¿Pasa algo malo por allá?

—Algo o mucho. Deseo hablar con Gertrudis.

—Vendrá en seguida. Espera. Siéntate, hombre. ¡Gertrudis! ¡Gertrudis! Aquí está Félix, que quiere hablarte...

Gertrudis no se hizo esperar.

—¡Hola, primo! ¿Pero... qué te pasa? ¡Tienes mala cara!

—En dos palabras, porque no me gusta discursear. A Irene le ha pasado algo gordo...

—¡Qué!

—Digo, que a la pobre Irene parece que le ha sucedido algo por ahí... Y está como loca. Haces falta allá, Gertrudis.

—Aguarda; vamos en seguida.

—Por el camino le refirió todo.

—¡Imagínate! Está que arde. Amenazando con matar al cochino y matarse ella.

—¡Qué horror!

Irene la vio entrar y se abalanzó furiosa contra Félix.

—Ya le fuiste con el chisme, so imbécil. ¿Pues es tan bonito para irlo publicando?

—Cálmate, Irene. ¿Es que yo soy una extraña? Félix ha hecho bien en avisarme. Yo soy de la familia y tú sabes que te quiero.

—Todos son iguales, Gertrudis. Unos asquerosos. ¡Los detesto! ¡Son puros animales!

—No, Irene, tranquilízate. Vamos a tratar de ver claro en este asunto.

—No hay nada que ver, sino que una bestia de esas se me ha echado encima y se ha saciado en mí... Pero que yo no quiero vivir..., ni quiero tener un hijo... ¡Basura!.. Un parto... ¡No quiero, no! ¡Qué sucios, qué puercos son los hombres, Gertrudis! Si vieras..., pero no, no... No van a poder más que yo.

—Mira, Irene: si no quieres tener un hijo, no lo tendrás, ¡ea! Pero no hay que llevar las cosas a ese extremo.

Llegó Justina de la calle, desafiadora, como siempre, con la atrofia de su sensibilidad, de su pudor, de su inteligencia; de todo lo que en ella pudiera dar una nota de luz o un hilo de ternura.

No quedaba en ella nada de la mujer. Era sólo una hembra para el pasto, para la procreación animal. Trabajaba, con sus brazos musculosos como los de un hombre, sin cansarse nunca, con una resistencia que se iba endureciendo en el tiempo y en la pobreza.

Con tres hijos, y no había sabido lo que era la maternidad. Con cinco o seis amantes, no había sabido lo que era amor. Con cuarenta y tantos años, no había sabido lo que era feminidad.

No comprendía aquel escándalo de su hija, cuya anestesia sexual congénita, era acreedora a la compasión más reacia.

—Ya estás otra vez con tus trece de matarte. ¿Qué te ha pasado a ti que no le haya pasado a otras mujeres? En vez de estarte ahí armando tanta bulla por tan poca cosa, mejor harías con atrapar al hombre..., y santas pascuas. Te traes el marido para acá y a seguir viviendo... Quién sabe si será para mejorar esta perra vida que lleva uno.

—Madre, no me diga usted esas barbaridades que me ciego.

Félix sujetó a su hermana por los brazos, y, con un esfuerzo casi sobrehumano, logró sentarla.

—Vaya, mamá, déjela usted. Gertrudis arreglará esto. Déjenos hablar a los tres.

—Eso es, Gertrudis...; y tus padres aquí no son nada. Vamos a ver si ella sabe más que nosotros, a ver si puede enmendar la plana...

Irene, profundamente callada, como si las palabras de su madre le hubieran caído cual mandarriazos[89] en el cerebro, estaba en una actitud estúpida.

Sus ojos de esfinge, quietos, agrandados, parecían rebosar de sus órbitas. Eran ojos ciegos, como los de una figura pictórica a los que faltaran los maravillosos toques de luz que los dotan de vista. Parecían hechos de vidrio. En las aguas azulosas de su globo no se reflejaban casi nunca las pestañas, pues los párpados, fríos, como abiertos en un inverosímil insomnio perpetuo, no tenían ni el más leve temblor emocional o nervioso.

---

89 Neologismo creado a partir de mandarria, palabra que en Cuba significa martillo pesado

Gertrudis se acercó a ella, y con un pañuelo impregnado de alcohol le frotó las sienes.

—Toma un poco de agua.

Fijó en ella sus estupendos ojos absortos, que erraron después por la estancia triste.

Se resistió a tomar el agua, y en cambio aspiró el alcohol, aventando la nariz y contrayendo los labios en una mueca.

Para distraerla del pensamiento, que parecía haberse levantado en su mente como una gigante muralla, le dijo:

—Bueno, Irene, me quedaré a almorzar con ustedes. Tú, Félix, tráete algo de la «bodega»; toma, lo que quieras. Y tú, Irene, caliéntame un poco de café, mientras tanto.

Irene se levantó y obedeció tan naturalmente, que Gertrudis cobró esperanzas de llegar a dominarla. Félix se detuvo un momento para combinar lo que había de traer para el almuerzo, y de pronto, un grito de horror de Justina, y una llamarada que teñía de rojo[90] todo el cuarto, los paralizó.

Irene acababa de vaciarse encima un litro de alcohol y de prenderse una cerilla.

Justina corría de aquí para allá, atolondrada, buscando una colcha que arrojar a su hija, sin dar con ella.

Gertrudis se abalanzó.

—Una frazada, Félix.

—Frazada..., frazada, no la hay.

—Pues nuestros cuerpos.

—¿Qué haces?

Félix la sujetó, oponiéndole la resistencia de sus brazos tendidos.

—¿Pero no ves que arde?

—No quiero que te quemes tú. Espera, deja ver cómo...

—¡Mi hija! ¡Mi hija!

Irene, hecha un ascua, corrió de un lado a otro, hasta desembocar en la puerta y lanzarse al patio Parecía una exhalación escapada del infierno. Sus gritos se iban enronqueciendo cada vez más.

Las vecinas acudieron con mantas y tapetes. Lograron envolverla y llevarla a la Casa de Socorro.[91]

---

90   De rojo, estas dos palabras no se encuentran en la versión del 2008.
91   Es uno de los centros de atención médica ambulatoria que fueron creados en el primer cuarto del siglo XIX en Cuba.

Ahora Irene barbotaba frases ininteligibles. Rugía sordamente como un animal. Seco, cavernoso, su estertor parecía las postrimerías guturales de un perro con rabia. Según el vientre se le iba carcomiendo, subía hasta sus labios, en un ronquido sordo, en un barrunto onomatopéyico, la dolora de su carne chamuscada.

La vida de Irene, la de la bíblica castidad, se apagó para siempre, en el voluntario martirologio de su cuerpo contaminado de lascivia.

—Horroroso, Damián, horroroso. Imposible salvarla, y todo en unos minutos, en unos segundos...

—¿Nena, yo podré ir contigo mañana?

—Sí, ven, y gracias.

—¿Qué es eso, cariño? No me des las gracias. ¿Qué hago yo por ti? ¡Nada! Tú eres aquí la abnegada, la dadivosa. A veces me da una vergüenza atroz el papel que estoy haciendo.

—¡Damián! ¿Por qué me lastimas? ¡Cállate y no digas más eso! ¿No nos amamos? Líbrate de prejuicio. Nuestra fidelidad es la que triunfa, y basta. Salimos temprano, me acompañas al banco, y luego vamos al entierro.

—¡No poder ayudarte siquiera con algo!...

—¿Vaya, mi hijo, estamos en un círculo vicioso? Quiero que la pobre Irene, la virgen fuerte, la gran heroína de la tragedia de su propio ser, tenga un entierro decente, y flores, muchas, muchas flores... Damiancito...

Y Gertrudis rompió a llorar, desoladamente.

Con muchas flores, así de coronada y bendecida, bajó Irene a la tumba.

Los hermanos, el padre, don Esteban y Damián la llevaron en hombros. En la casa, Damián fue recibido con una naturalidad tal, que ya era estúpida indiferencia; sólo don Esteban y Félix se fijaron en él con los sentidos y con el alma. Félix, con odio; don Esteban, con expectación. Uno pensó: «Este hombre posee a Gertrudis, toda, entera; su corazón y su cuerpo». El otro: «¿Hará feliz siempre este hombre a Gertrudis? ¿Quién es este hombre, que ella puede amar así?»

En el humilde coche que regresaban del cementerio, Damián miraba a aquellos seres en torno suyo, con los cuales había tenido que convivir de pronto aquellas horas. El padre, mohíno, plegado, fruncido todo él dentro de su pobre indumentaria, fumaba mecánicamente, arrojando fuera, a la calle fría y pública, su vaga y tenue mirada de beodo consuetudinario, ahora ligeramente triste.

Juan, muy peinado, muy gomoso, y bajo los efectos de una visible, sincera, aunque no honda emoción, repetía gemidoramente, con voz atiplada: «¡Pobrecita! ¡Pobrecita, mi hermana!», y de vez en cuando, sin motivo, descansaba su mano de mujer en el muslo de Damián.

Félix, amargado, combatido por sus pasiones, y minada su voluntad por un franco y profundo dolor, clavaba sus ojos escrutadores y desesperados en Damián.

Y Damián se removía en su asiento con intenso malestar. ¿Quiénes eran aquellas gentes? ¿Por qué estaba él allí? ¡La familia de Gertrudis!

¡Gertrudis! Aquello era inverosímil. ¿,Cuándo la volveré a ver? Se preguntaba con un espanto inexplicable y repentino, con una nerviosidad irresistible, como si aquel coche nefasto lo estuviera paseando por el infierno, guiado por Irene, envuelta en una llama renegrida.

III

Con los codos apoyados en la mesa, y la frente inclinada sobre el periódico que traía la descripción de la boda de Antonio, allá en Santiago, Gertrudis meditaba.

El retrato de la novia –una belleza de cromo, sin personalidad alguna– junto al de su ex prometido, más serio, más sereno también, como compete a quien afirma su vida en los puntales de un amor honesto –según la denominación vulgar e inexpresiva– testimoniaba la verificación del enlace.

Gertrudis meditaba por razones de cómputo. No sabía por qué, en[92] la grave hora de sus presentimientos en que su intuición parecía querer bosquejar la mancha borrosa de los sucesos por venir, su mentalidad, como queriendo recabar del pasado la seguridad del futuro, hacía el balance de los hechos pretéritos, de los triunfos ganados, de las energías perdidas; acaso fuera, porque deducía que sólo la ciencia infusa de la vida, podía mantenerla relativamente firme ante lo desconocido.

Deseó con toda la fuerza de su alma que Antonio fuera feliz. Lo esperó convencidamente. Antonio estaba capacitado para ello. Había encontrado la mujer, excelente futura ama de casa y madre de familia –una más, reproducida al *cliché* [93]mundial– que podía hacerle fácil la vida.

—¡Fácil la vida! En efecto, ¡Con qué facilidad la vivían algunos! Joven la novia –y sin saber por qué el pensamiento de Gertrudis se detenía en la consideración de la juventud de la desposada, así como en un paisaje hay un punto anónimo donde se precisa maniáticamente nuestra óptica–, era garantía suficiente para la tranquilidad de An-

---

92   Palabra añadida según la versión del 2008.
93   Anglicismo que significa palabra o actitud predecible, banal.

tonio; de aquel bueno e insignificante muchacho que al pensar en ella, lo haría con esa apreciación equívoca, mal entendida, con que los hombres casados y convenientemente instalados en la vida, denominan a la rebelde o a la desgraciada, que cortó presto la senda del altar: una mujer.

Una mujer. Sonrió con amargura. Eso era ella, ni más ni menos, en el mundo. Una figura capaz de llenar sus confines o un guarismo sustituible en las operaciones del tiempo.

La muerte de Irene, coincidiendo con la boda de Antonio, le prestaba a su vida una perspectiva que la situaba ya en el lindero del futuro. Y se encontraba, no obstante Damián, más sola y más triste que nunca. Damián, invadiendo una parte de ese pasado y proyectando en sombra en el porvenir, era para ella como la gran cruz de su camino.

Pasaron para Gertrudis las horas de la ausencia reciente de Irene, como plomadas en su corazón; no podía olvidar ningún detalle de la tragedia y sentía que una ligadura más se había partido en torno a su vida. No estando Irene ya allí, ¿para qué volver a aquella casa?

Damián era el centro, la encrucijada, ¿hasta dónde le era posible confiar en él? Gertrudis se estremecía. Desde el momento que deliberaba dentro de sí misma con semejante independencia y libertad, ¿no estaba ya como un poco desprendida de Damián? Invadiendo el terreno de las consideraciones unilaterales, ¿no colocaba tácitamente a Damián en la condición de la cosa juzgada? ¿Y no estaba pidiendo ya a gritos, la conducta de su amante, una justa crítica?

Había una parte en la vida de Damián donde le estaba vedado a ella entrar. La realidad de su situación era esa y no otra. Inútil hacerse ilusiones. Los razonamientos fríos se caldeaban, sin embargo, en su entusiasmo amoroso. Mientras mayores obstáculos se ofrecían a la completa integración de la vida de ambos, más energías ponía ella en vencerlos. Su imaginación, de una potencia y una exuberancia suicidas, le brindaba el máximum de recursos. Su talento, administrando esa imaginación, le hacía elaborar ideas sublimes de libertad, de emancipación, de triunfo moral, que le hacía volar sobre la realidad, sobre la cual permanecía, sin embargo, debajo de su vuelo, manteniendo la ley de gravedad, eje de todas las oscilaciones.

Tres días estuvo sin estrechar en un abrazo a Damián. La muerte de Irene le había hecho tal impresión que paralizaba en su organismo todo deseo. ¿Comer? ¿Dormir? No hay que pensar ni sentir para ello.

¿Amar? Irene no la dejaba. Como un fantasma agitado por la ira, se erguía en anatema delante de ella. «Son uno asquerosos, unas bestias, prima».

Y Gertrudis se refugiaba, un poco desencantada de los humanos ejercicios del tálamo, en el más alto misticismo. Tuvo alucinaciones conventuales. ¡Qué dulce la paz de aquel aislamiento! Vivir allí, no por la preocupación y ocupación teológicas, no por la práctica de los oficios divinos —más o menos divinos—, sino por la cura del espíritu resguardado en la calma de aquella soledad.

Aquí también, en este ensueño, chocó Gertrudis con la realidad. En el convento, el imperio de la vida era también un hecho.

No, mente soñadora, temperamento romántico y pasional —se dijo a sí misma—, no es eso lo que ibas a ver allí, sino al revés: la privación de todo goce espiritual, que no estuviera sometido a los cánones de la comunidad. La tiranía más cruel sobre los sentimientos, y toda la cohorte de los pecados humanos cumpliendo sus ceremonia terrenales.

El espíritu liberado de Gertrudis, su inteligencia grandiosa necesitarían, para los transportes líricos del alma, del conjuro del arte. Y el arte, bastardeado en altares ruines, en músicas de letanías y en ridículos figurines de santos, pronto la hastiaría.

Una catedral, para su pena sería demasiado grande e imponente; para su vuelo, le faltaría el infinito; y para su humildad convencional de novicia, le sobrarían estímulos de arte; de verdadero arte, que la llevarían a goces excesivamente eclécticos y profanos.[94]

Gertrudis movió la cabeza negativamente. No. Ella rompería un día, además, con la fuerza de su voluntad y el impulso de su temperamento, hecho para la lucha, para la pasión, para el dolor bárbaro de la vida, las naves de la más hermosa y monumental catedral (si se profesara, en catedrales): las murallas del convento más seguro.

Pasaron los tres días y muchos más detrás de ellos, y Gertrudis halló en el amor renovado de Damián[95] nuevas causas de pesares y alegrías, nuevos motivos de placer y llanto. Un afán más grande y torturador por amar, amar, amar, no importaba a qué precio.

El precio del amor de Gertrudis era bien alto. Ella ofrecía todo, se daba como se puede dar una flor al huracán. Ligera, espontánea, fra-

---

94   La versión del 2008 añadió y terminó este párrafo con las palabras, «y profanos» que no se encuentra en la edición del 30 pero sí en la versión de 1929, incluimos el cambio.

95   Las palabras «de Damián» no se encuentran en la versión del 2008 pero sí en la edición de 1929, las incluimos.

gante, sin cálculo ni prejuicios, dejando entre las sombras confabuladas de la vida de Damián los pétalos de su generosidad. Pero así se le iba quedando a Gertrudis la corola deshecha, y la flor de ilusiones, sintiendo el frío de la inclemencia, se halló de pronto en medio de la noche, gajo de realidad.

En casa de Guzmán, donde continuaba reuniéndose aquel grupo de intelectuales, que lo eran más o menos; de artistas, auténticos y simulados; de políticos sin partidos, o de «una partida de políticos», y de burgueses más o menos *dilettantes*, Gertrudis tenía tiempo de hablar con sus amigos Fonseca y Delia.

Salía así un poco de sí misma y de su vida; se asomaba al pequeño mundo de su Cuba; aunque lo hiciera displicentemente. Y ese mundo era, como todos los pequeños mundos distantes de Marte, grotesco y servil, oscuro y radiante, a la manera de un chisporroteo de luces de Bengala; como un bosque de fuertes nacidos espontáneamente de la tierra, y una multitud de florecillas silvestres nacidas para ser holladas; y unas enredaderas, como malos talentos que trepasen hasta más allá de las copas de los árboles y que nacieran del costado mismo de la hierba inmunda. Gigantes y enanos, todos iguales a vista de pájaro.

—No nos explicamos su silencio, Fonseca. ¿No escribe usted ya? ¿No produce?

—Sí, señores; sólo que lo hago para mi ayuda de cámara..., suponiendo que yo tuviera ayuda de cámara. Aunque quizá, ahora, si consigo esa cancillería, y de ahí...

—Bueno. Bueno. El ambiente, en verdad, no se presta. ¿Vendió usted su última novela?

—La vendí cara... a mi esperanza. Pero, señores, ¡qué gracia me hacen ustedes con sus preguntas! No, no la vendí: bien es cierto que no soy un novelista popular. Escribo novelas que le pueden hacer bien al público, que le puedan elevar y educar un poco los sentimientos; pero no escribo para el pueblo. Decirle al pueblo lo que nadie mejor que él sabe, es ofrecerle tal vez una tribuna donde el más inteligente, el más osado pueda subirse; pero no una cumbre, desde donde pueda mirar al llano, al infinito.

—¿No es usted socialista?

—Ser socialista, es casi vivir atrasado Hay que ser comunista, para estar dentro de la hora actual. Todo lleva una velocidad, que deja detrás de sí un verdadero fragor. Hasta la psicología misma, nos resulta «ahorita» un cuento de abuelas. Ya es ridículo, *demodé* [96] hablar del divorcio. El divorciado o la divorciada están hoy en evidencia. No por serlo, sino porque ello significa que han cometido el arcaísmo de haberse casado. Para la mentalidad moderna, problemas de amor, de familia, son ñoñerías. El patriotismo ya no se basa en banderas ni himnos, y menos, por supuesto, en colonizaciones, ni atracos internacionales: se basa en la agricultura, en el trabajo retribuido y en la escuela. Pero..., ¿me preguntaba usted si yo no era socialista?

—¿Lo recuerda usted todavía? A ver, ¿lo recordaba alguien en la sala?

—Ni hacía falta.

—Bien. Ya nuestro pueblo está harto de filosofías baratas: baratas, por que están al alcance de cualquier comprador de actos. El mejoramiento del pueblo le ha de venir del Arte.

—¿Se pronuncia usted contra los escritores costumbristas?

—No. De ningún modo. Arremeto contra la pléyade de escritores costumbristas. Cada época, cada generación, cada sociedad, debe producir el suyo o los suyos, si se quiere, que pueden quedarse en dos. Pero intelectualmente, no avanzará el pueblo que no pasa de la rumia de su propio estado de cosas.

—Pero –interrumpió Guzmán–, mi querido Fonseca, es que mientras para los intelectuales las claves, en moral y arte, se van pasando rápidamente y haciéndose viejas de hoy para mañana, el pueblo, por ejemplo, todavía está en los más elementales principios de la democracia. ¿Mediante qué *training* [97] puede el pueblo llegar a correr, al lado de los intelectuales? Échate a pensar.

—¿No ve usted que el pueblo no quiere entender? ¿No ve que no se interesa, que no compra, que no se penetra de un escritor? A usted mismo, ¿quién lo conoce fuera del grupo literario?

—Alguna que otra señorita de sociedad, que cuando me presentan a ella, casualmente, para iniciar con desgaire una conversación, en la cual le sea permitido tratarme de tú a tú, me dice que me conoce por mis escritos, leídos en tal o cual revista (nunca recuerda qué artículo era, ni en cuál periódico o revista lo leyó) y concluye por decirme con suficiencia: «Es muy bonito, escribe usted muy bonito».

—Amigo mío, es usted un amargado.

---

96 Demodé (francés), algo pasado de moda.
97 Anglicismo , entrenamiento

—Cuando estoy de broma, como ahora. En conjunto, soy un buen hombre que todo lo encuentra bien. Pero ahora hablaba como profesional, y como tal creo, a veces, que voy al fracaso. Esto es muy fuerte para mi vanidad, pero lo confieso. Hace un momento me decía el señor que el pueblo no comprende. En efecto, así es; pero ya comprenderá. Quizá nosotros no tenemos suficiente fuerza convincente, no somos lo suficientemente persuasivos. Es necesario un poco de espíritu de sacrificio.

—Estamos muy en desacuerdo, y el pueblo lo ve.

—Es que amamos demasiado la popularidad.

—Es que hace falta un genio. Por él avanzará más el pueblo, que por el flojo empuje de unos cuantos adocenados. Llevamos un cuarto de siglo en lo mismo. No hemos tenido otra literatura, otra novela. Estamos en peligro de estancarnos. ¿Algo local, de ambiente? ¿Algo nacional? ¿Típico? ¿Vernáculo? ¿Y quién se opone a la calidad? Es por la cantidad por lo que se protesta. Permítame la cita de Heine,[98] cuando dice: «La democracia es el fin de la literatura». Y otra más, para cerrar, de Goethe:[99] «Una buena obra de arte puede y debe tener consecuencias morales; pero exigirle al artista que se proponga fines morales, es echarle a perder el oficio». Así, pues, no arte para el pueblo, sino pueblo para el arte.

Hubo un silencio de transición. Se renovaron las aguas de la concurrencia. Con la salida de algunos invitados y la llegada de otros, surgieron del cambio de posición mental otros motivos de conversación. Se dispersaron ya en pequeños grupos, en charlas más ligeras e independientes;

Se encontraron juntos Fonseca, Delia y Gertrudis.

—¿Por qué estaba tan callada?

—Estaba oyéndole a usted. Ha dicho cosas muy interesantes, algunas que me tienen preocupada.

—¿Cuáles?

—Para la mentalidad de la juventud moderna, los problemas del amor y de la familia son ñoñerías...

---

98   Se refiere a Christian Johann Heinrich Heine (1797-1856), poeta y ensayista alemán del siglo XIX.

99   Johann Wolfgang Goethe (1749-1832), famoso escritor alemán que incursionó en la poesía, el teatro, la novela y otros géneros, una de las grandes mentes europeas de su tiempo.

—Así es; ya no hay tragedia entre la ilusión y la realidad. No hay más que una verdad práctica, escueta, biológica, si quiere.

—Eso, en arte, pero en la vida, que prueben que no existen esos problemas...

—Siempre hay casos... rezagados. Pero yo le hablo del espíritu de la época. Transformado por el arte el concepto de las cosas, se transformará también el sentir de las mismas.

Delia apuntó:

—Considerando que, realmente, primero pensamos y luego sentimos, entonces, sí. Cuando llegamos a sufrir, es porque ya ha actuado en nosotros un pensamiento hecho. Siempre pensamos y sufrimos un poco con nuestras abuelas. Pero usted quiere decir, que este nexo desaparecerá.

—Exactamente.

—Entonces, los que así no son, están fuera de época. Tras de época.

—Yo, por ejemplo...

—Usted...

—Diga, diga...

—Piense bien, Fonseca —advirtió Delia—, no puede estar fuera de época o tras de época, como dice usted, quien es un genuino representante suyo.

—Déjelo usted en libertad de hablar, Delia. No, le coarte —agregó con fina sonrisa.

—Para mí, Gertrudis, usted está en decadencia.

Una sombra pasó por los ojos de Gertrudis. Su mirada describió dos círculos, y luego se quedó fija. Su boca se sumía dolorosamente en su cara, como si hablara hacia adentro entre sollozos.

—No, no Fonseca. Ella encarna nuestro tiempo. Ella vive ahora, ¿por qué la quiere usted lanzar fuera de su claro designio?

—Yo no, es ella. ¿No la ve usted que importancia errónea da a la vida?

—Pero, en fin, una mujer que trabaja, lucha, es pobre, y al mismo tiempo sabe pensar, está, de hecho, dentro del momento histórico. Una mujer que practica la libertad de amar, una mujer que es feminista, una mujer que no está afiliada a ninguna religión, es una mujer de la época.

—Perfectamente, yo no le discuto eso. Pero, ¿y su concepto de la vida, de la moral? Es muy sentimental...

—Por favor..., el sensualismo y el sentimentalismo no pueden desaparecer.

—Pero sí esclarecerse.

Gertrudis pidió excusa, y se levantó un momento.

—Espéreme.

—La ha herido usted terriblemente.

—¡Si la hiciera reaccionar! Es fuerte, puede oír. Es una mujer moderna..., del año pasado, pero no de actualidad...

—¿Pero dónde está ese célebre tipo suyo?

—En el futuro, que dentro de veinticuatro horas será presente. Ella es el símbolo trágico de la transición, por eso es eventual su valor dentro, de la época.

—Ese es el verdadero tipo del momento, Fonseca. Cada vez me afirma usted más en mi creencia. Quizá no en el arte, pero sí en la vida. Valor eventual, dice usted. Valor de martirio, valor realista.

Se llegó un visitante a buscar a Fonseca.

—Usted dispense, le necesitamos.

Volvía Gertrudis y se sonrieron en el camino.

—Sufre la sensación molesta de quien se halla fuera de lugar.

—Quizá halla un poco de pose[100] en él.

—No la hay, es lo triste. Yo no creo a Fonseca capaz de pensar eso auténticamente. No es un hombre original. Pero lo que él dice o repite, es cierto. Voy a marcharme, me siento un poco febril.

—Yo la llevo. No se levante. Iré a buscar su pañuelo.

Gertrudis se sintió aburrida. Miró distraída en torno suyo. Hubiera querido bostezar, pero no se atrevió. Estaba triste.

Oyó, de pronto, pronunciar cerca de ella el nombre de Damián. Le latió el corazón con tanto. sobresalto, que se ofuscó. Trataban de un negocio que tenían con él, y, de súbito, las palabras tranquilas, llanas, seguras.

—Ese señor, ¿no es casado?

—No.

—Pues yo le he oído hablar de sus hijos.

—Efectivamente; pero no está casado con la madre de ellos: viven juntos desde hace años.

—¿Es joven la mujer?

---

100   *Posse* en en la edición de 1929 y en la de 1930. La versión del 2008 también la corrige por *pose*.

—Sí.

No oyó más. ¿Para qué había ido allí? ¿Es que ni en aquel lugar de todos y de nadie iba a dejar de perseguirla su vida? ¡Con qué precisión estaba dada aquella puntada en medio de aquella hora larga que venía prendiendo la tela de su tragedia a saltos de hilo y a punzadas de agujas, hoy aquí, mañana allá, como puntos perdidos en apariencia, consecuencia el uno del otro, en el fondo!

Se puso en pie junto a ella, Delia hizo ademán de sostenerla.

—¿Qué le pasa a usted? ¿Se siente mal? Domínese un poco; no se descubra ante esta gente. Venga, yo la llevaré en mi automóvil.

Y salieron. El aire fresco reanimó a Gertrudis.

¡Oh, qué dolor más fuerte el dolor del engaño! De pronto había chocado, como contra la dureza de una pared, con la cruel verdad tanto tiempo rehuída. Damián la había embaucado con sus frases llenas de un lirismo contagioso. Había explotado su candidez; esa fe gigante, toda blanca, toda luminosa, sin una sombra de recelo o de duda, con que ella se había entregado a él.

Había sido lo suficientemente incauta, a fuer de sincera y espontánea, para creer que ella era, en realidad, el amor único y la mujer máxima en la vida de aquel hombre. ¿Por qué tantas manchas sobre la honradez de Damián? ¿Por qué ocultarle tan intencionadamente?...

Y sintió una pena, una pena profunda al pensar en los labios mancillados de mentira de su Damián. Deseó lavárselos, en un bautismo sacramental de agua clara, en una indulgencia plenaria de su amor. Pero tal fue la revolución que sufrió en su proceso este sentimiento generoso, que asomó a sus pupilas algo parecido al desprecio.

Delia le tomó un mano que calentó entre las suyas, y con voz queda:

—¡Cuánto sufre usted!

—Gracias, Delia. Es usted muy bondadosa conmigo.

—Porque la quiero, Gertrudis, hasta el sacrificio.

—No lo olvide usted; recuérdelo siempre, si es que pueden flotar mis palabras en su memoria, sobre este mar de fondo de su corazón.

—¿Me quiere usted, me ha dicho?...

—Hasta el sacrificio, sí.

—No la entiendo, o quizá es que no puedo entenderla en este momento.

—Yo nunca he amado a una mujer como a usted, hasta la renuncia, hasta la pureza de los sentidos, con estar los sentidos tan pendientes de ella...

—Delia, calle usted. ¡Calle usted, por favor! Me trastornan sus palabras, porque no puedo ahora razonar. Ha hecho usted mal en elegir este momento para decírmelas: estoy indefensa. Pero, de todos modos, creo no ha debido hacerlo nunca. ¡Qué lástima! Pierdo su casi amistad. Porque, usted sabe, yo no soy mujer que soporta estas situaciones. Le ruego me deje usted en la próxima esquina.

—Como usted quiera. Usted no puede comprender cómo yo la respeto y la estimo. ¡Oh, si usted supiera! Es aburrido. Quiero hacer de este amor una pequeña obra de arte, acaso una virtud moral. ¡Oh, si lo lograra! Yo creí que no había más sensaciones nuevas, y las hay, sí. En lo erótico, lo agoté todo; en lo lírico, estoy haciendo sorprendentes descubrimientos...

—Hemos llegado...

—Al término de su carrera. ¿No me guarda usted rencor?

—Perdóneme la brusquedad, pero al lado de lo que me sucede, nada significan, para mí, ni usted, ni su vida, ni sus palabras. Adiós.

—Sin embargo, gracias, Gertrudis, y adiós.

IV

Con los brazos en alto sobre la almohada, y las manos por debajo de la nuca, Gertrudis miraba delante de sí, al techo liso.

Silencio aplastante, silencio cargado de sombras el suyo; tormenta reconcentrada en sí misma, en el propio caos de su gestación

Toda su infancia, su adolescencia, su juventud, pasaban por su recuerdo, como los diversos episodios de una misma película, enrollada dentro de ella misma hasta no se sabe qué medida.

La orfandad, como preludio al largo *miserere* de su existencia. La muerte de su hermana Charo.

¡Cuántas veces había pensado, en sus años de terrible soledad, la ternura mansa que debía ser el cariño de su Charo ausente! ¡Cuántas veces, como gustando un anticipo de la muerta personal, trataba de vivirla en la evocación de los seres desaparecidos! Querer así, a alguien que estaba ya fuera de la vida, le parecía como hallarse en plena sensación de la muerte. Era, sin duda, un pensamiento morboso, el que hacía esta transposición en su sensibilidad.

Gertrudis se abismaba en estos recuerdos de prematuros pesares, e inevitablemente sentía llegar la vejez; su corazón, demasiado sufrido para no vivir la vida en serio, parecían nacerle arrugas.

Damián, a su lado, alcanzaba con su diestra un mazo de sus cabellos, que Gertrudis no había querido cortarse en forma de melena, según la moda exigía.

Damián no quería interrumpir su silencio hosco, y mesando aquel mechón oscuro, pensaba en la primera vez que los había visto así, desmadejados, sobre los hombros de Gertrudis.

Los minutos iban pasando y el silencio sostenido era ya un agobio a la paciencia del hombre.

—¿En qué piensas?

Y Gertrudis, que estaba completamente situada en la época de diez, quince, veinte años, respondió, sin embargo, con exacta precisión al momento presente. En el poder de aquella doble visualización, descansaba todo el desarrollo de su intensa vida espiritual y reflexiva.

—Contéstame con absoluta franqueza, sin ambages, a lo que te voy a preguntar. Sin mentir una vez más, lo cual sería inútil.

—Sin mentir una vez más. ¿Qué quieres decir? Pero pregunta: te diré la verdad.

—¿Eres casado o no, con tu mujer?

—No.

Pausa. Las miradas que van cayendo al principio blandamente sobre el seno de Gertrudis, que después, según ella va levantando los párpados, se van creciendo y endureciendo hacinadamente sobre las otras, a medida que golpes de pestañas las van tirando como planchas aceradas, que le oprimen el tórax más, cada vez más.

—¿Y por qué no me lo dijiste? ¿A qué esa nueva traición?

—No tenía el deber de decírtelo. Llámale traición, si quieres: yo sé que no lo es.

—¡Cómo! ¿Qué no tenías el deber de decírmelo a mí, que me entregaba? Fíjate, Damián: la que iba a ser también tu mujer, la que —no quisiera recordártelo— fue a tus brazos doncella... La que exponía todo por ti: conciencia y vida —tú lo sabes bien—, ¿no tenía derecho a un poco más de lealtad por tu parte? ¿No fue eso lo que te pedí? ¿No fue eso lo que prometiste?

—Sí, y lo cumplí: esto no ha sido deslealtad. Era un secreto...

—Y yo podía divulgarlo. Me has tratado como a una querida vulgar, bien lo veo.

—¡No. Mil veces, no!, Gertrudis. Te juro por mis hijos, que no. Podré haber cometido un error, pero nunca una ofensa, una injuria...

—Bien; no discutamos, como dices tú, por palabras más o menos. Pero debe ser muy curioso saber la causa de tu error.

—Muy sencillo: todo el mundo, la sociedad, donde mi familia y yo nos movemos y somos, nos cree casados, cree en la legitimidad de nuestro matrimonio. Son hechos establecidos, sancionados. Yo me debo a mi pasado.

—Y yo soy un hecho alquilado, sometido a prueba. Yo soy también una amarra a la argolla de tu pasado. ¡Y qué bien encontrabas que yo fuera una mujer sin prejuicios, indómita, emancipada de preceptos y convencionalismos sociales! ¡Qué hermosa mi rebeldía! ¡Qué grande mi desinterés!

Mientras tú vivías esclavo de todo eso; mientras todo eso podía más que mi amor... y que mi ejemplo. Indudablemente resulta muy cómodo para ti. Y dime, ¿cómo puedes dormir aquí? ¿Cómo faltas de noche a tu casa?

—Pues que todo quieres saberlo, porque mi familia no está aquí. Mi suegro ha pasado una grave enfermedad, y mi mujer se fue a Matanzas. Gertrudis, dime lo que quieras. A tus ojos puedo merecerlo. Yo te aseguro que he obrado según los dictámenes de mi conciencia...

—¡Conciencia! ¡Conciencia! ¿Quién habla de eso ahora? ¿No has pensado por un momento que yo podía tener la mía también, y, sin embargo, he sido lo bastante fuerte para destruirla y entregártela en mis besos? Tu familia está en Matanzas estos meses, y claro, necesitabas mujer. ¡Ay, Damián! El mal que me has hecho es irreparable... La fe que puse en ti ha sufrido un golpe mortal. Acaso yo te hubiera querido, no obstante eso. ¡Quién sabe! Este amor es para mí como un infierno, que arrasa todo; pero has procedido villanamente y si entonces la culpa hubiera sido mía, hoy es tuya... ¡Calla! Culpa; no hay que hablar de culpa. En el amor no la hay, ni de uno ni de otro; o de los dos o de ninguno. Frases. Hay un criterio moral que todo lo nivela, lo equilibra, y tú..., tú me has engañado, Damián, y por qué causa. Por convencionalismos, por embustes e hipocresías sociales. Por... ¡Qué pena, qué pena la de llorar por esto!

Fuera de la polémica, de las filosofías, y ya de lleno en el lirismo, la emotividad de Gertrudis la perdía. Damián, con su humildad y sus miradas desesperadas, la venció.

—¡Soy, un cobarde, Gertrudis, déjame! Déjame tú, ayúdame: yo no tengo fuerza para dejarte. Yo debo suprimirme de la vida, eliminarme. Siempre queriendo hacer las cosas del mejor modo posible y no he hecho, sin embargo, más que mal a los demás.

Este grito, tan humano, tan débil, tan real, tan de hombre, conmovió a Gertrudis.

—Ha sido tu error. Hay dos caminos: el de la sociedad y el de la naturaleza. Tú has querido marchar por los dos, y en los dos te has extraviado. Si con la razón no debiste aceptarme, con el instinto no debiste compartirte, debiste dejarla a ella. Pero esta vida es muy fuerte para ti.

Damián iba a rebatirle la teoría, que consideraba falsa desde el principio hasta el fin. ¿La Naturaleza? ¿El instinto? Pero, ¿cómo se podía embrollar así? Sin embargo, cuando empezó a hablar, se sorprendió a sí mismo oyéndose.

—Perdona, Gertrudis. Terminemos ya la escena. Es muy duro oírte esto y yo no sé si podré resistir. Me parece que de pronto he perdido el honor..., y no hallo más remedio que la muerte.

—¡¡Damián!!

Y se arrojó en sus brazos, y le besó en la cara desesperadamente, con besos locos de madre, con besos de piedad, con besos de ardor y de delirio: en los que había un poco del erotismo de la amante, y un poco del misticismo de la santa.

La santidad: el vino embriagador que excitaba siempre el temperamento de Gertrudis. La noción clara, precisa, determinada, de su propia bondad, en choque con la eterna incomprensión de las gentes, con la eterna equivocación de los hombres, que porque la veían hacer cosas «raras», cosas distintas a las que ellos catalogaban como las que debían tenerse por buenas, decían que ella era mala.

Sólo ella, llorando exacerbadamente sobre el corazón de Damián, sabía que era buena.

***

A la noche siguiente, sola en su cuarto, mientras don Esteban dormía tranquilamente, Gertrudis sufrió una nueva crisis nerviosa. Los dedos de las manos, temblorosos, se le agarrotaban de nuevo. La misma sensación de asfixia la obligaba a respirar con fuerza. Empezó a sentir frío. Buscó una manta, y se sentó al borde de la cama, tiritando.

Ahora el entrecejo tenía un pliegue doble en la frente. Cruzó los brazos y empezó a mordisquearse los labios. Un trueno interior rodó por su cerebro. Aquel ruido la privó de discernimiento: «¿Qué ruido es ese?», preguntó a su propio cerebro. Su voz la volvió en sí. Se agarró la cabeza, con desesperación... «¡Me volveré loca!»

Así, inmóvil, se mantuvo un rato, al parecer tranquila: como si dormitase. Tuvo una sacudida febril. Se excitaba. Dardeaba por todas partes las locuras, tambaleóse. Crujía los dientes. Del fondo de su amor, le subía el deseo voraz de Damián resecando su paladar.

Todo tinieblas, fuera y dentro de la torturada, unas sombras mudas se eslabonaron alrededor suyo, y empezaron a hacer la rueda. Oía sus menudos pies caminando blandamente en su torno. «Bailen, bailen –les decía–, que yo las exterminaré». Ellas rieron lejanas, asordinadas, mordaces, y volvieron a hacer la rueda, dando la vuelta a la contraria. Cantaban: «Es un subterfugio deshonroso. Es un subterfugio deshonroso». Gertrudis se levantó: «Callarán», y hendió la oscuridad con los brazos extendidos como lanzas. Este esfuerzo la dejó agotada.

Un sollozo seco se quebró sordamente en su pecho. Su llanto era trágico, convulsivo y sin lágrimas; llanto de no poder llorar, y entonces rió.

Entre sus dientes rechinados pasaba una frase masticada: «¡Oh, su conciencia! El no ser enteramente mío!» Un fuerte ardor en las pupilas le punzaba los ojos, cada vez que los párpados, al cerrarse, le rozaban. Tenía la espalda fría. Las manos le quemaban tanto, que, al ponérselas en la frente, le escocían la piel como dos cáusticos.

En el silencio de la noche, se oyó golpear una puerta, y pareció que se oían pasos. Hubo un crujido indefinible: como de cosas que se despiertan al sentir la sombra de un cuerpo que pasa, al sentir el roce de un alma que cruza. Después, todo calló; y sobre las cosas que tornaban a dormir, fue cayendo el polvo invisible que el duende levantó a su paso...

La mente enfebrecida de Gertrudis lo deformaba todo; desnudaba o vestía las ideas con igual alocamiento. Los ruidos adquirieron corporeidad a sus ojos. Algunos le parecían que saltaban ante ella como ardillas. Otros le traían la imagen del gusano. Algunos, vagos, débiles, sin sonoridad, le hacían el efecto de alacranes que pasaran por debajo de las puertas.

Irene, Delia, Félix, Damián, Fonseca, don Esteban. Era una confusión de caras, desfilando dentro de ella misma, como si fuera a morir y todas pasaran ante sus ojos vidriados. «¡Esta soledad! ¡Esta espantosa soledad!»

Pensó en su padre, lo vio delante de sí como una nube blanca en su viscosidad. Claro que le tendía los brazos como al expirar, pronunciando el nombre de su madre. Cuando se va a morir, se ve a los muertos, pensó Gertrudis. Mejor. Pero no moría.

Afuera se oía el silencio arañando la noche. Al final de las calles pendientes del Vedado, el mar se removía de vez en cuando en su lecho de olas, bajo su gran sábana blanca de luna. El eterno y fijo panorama estaba todo en reposo. La orilla de los arrecifes apenas clara, se tendía como un cinturón largo y pálido.

Recordaba Gertrudis los besos del que le enseñó lo que era besar con amor del alma y de los sentidos; con amor de toda su inteligencia, de toda su persona; desde las manos personales y únicas hasta el pañuelo de sus lloros. A su evocación, estremecíase toda, como una enredadera ávida de sol y de lluvia. Su naturaleza apasionada, que revelaba una secreta voluptuosidad en el temblor de sus labios carnosos, en el ardor de su sangre joven, experimentaba un placer agrio, despierto y rendido, al sentirse besada por los vibrantes labios de Damián.

¡Perderlo! ¡Y por su propia mano! No. No lo dejaría por todas las mujeres del mundo. Estaba resuelta a todo. ¿Celos? Ahogarlos, Aferrarse a los salientes de su situación; escalar por ellos la cumbre; llegar a la meta; ganarse, por el *summum*[101] de esfuerzo inteligente, el *summum* de felicidad relativa. Ser agua de río, no agua de estanque. Fluir en medio de la corriente de la vida, pagándole su tributo.

Unas horas está Gertrudis como aletargada, divagando en su perenne ensueño. Al fin parece despertarse, se despabila. Siente de pronto la necesidad de salir de allí, del cuarto, de la casa. Sube a la azotea.

Lejos, en las aguas estriadas de sombra, hay lunares blancos, como besos de niño, como lágrimas de madre. El silencio es habla; el habla, murmullo; el murmullo, sonrisa... Halos de luz nacen y mueren; las nubes rasgan sus túnicas de plata que caen, como cendal desplegado sobre el mar; hay arenas de azucenas, de jazmines, de claveles apisonados sobre musgo húmedo. Y, también, un vago olor de incienso. Se oye la recitación de un madrigal; parece que la brisa golpea blandamente en los cristales: los azules cristales de la urna; la urna inmensa de la noche.

Ahora, Gertrudis pudo llorar. Fue un aluvión copioso que la sacudió, que la inundó, calmándola Fue un llanto sentimental, húmedo, fácil.

Gertrudis, serenada, clava su vista en el firmamento.

Manos de vírgenes han colocado en el cielo un canastillo de nardos, que tiene la forma de una luna. Por toda la tierra se ha extendido un temblor de aurora, y el canastillo ha empezado a desflorarse, hasta

---

101   *Summun* proviene del latín *el colmo*, lo sumo según la RAE.

volcar todos su pétalos de luz, uno a uno, sobre el mar. Entonces, el cielo se torna pálido, como si le hubieran aplicado una sangría de estrellas.

En su tálamo de espuma y bajo el dosel celeste, ensartado de pistilos de plata, la noche ha concebido el nuevo día...

V

Horas después, la ordinaria vida doméstica, que no espera por nuestra labor psíquica, que no le importa, en su cotidianismo[102] impasible, las catástrofes del alma.

La oficina. El trabajo. El esfuerzo. Sentir la mirada idiota de los demás pasar por sobre nuestro desgarro interior. El jefe. La carta. La máquina de escribir. El grueso mundo satisfecho, devorador paulatino de juventudes que pasan. El no tener tiempo de soñar, de pensar o de llorar.

La barahúnda de gente que entra y sale. Las preguntas. Las órdenes. La mirada matona del petimetre o del senil. Las vulgaridades de una vecina de mesa, que chismea. El timbre de un teléfono. Todo el engranaje, el mecanismo de la oficina que funciona regularmente, aunque la vida pase por sus operarios, mutilando esperanzas, cercenando ilusiones, anulando energías.

¡Qué importa! El Gobierno necesita de cada uno de sus empleados. La vida material, cara, de una carestía desequilibradora, que no permite nunca el acuerdo entre los ingresos y los engrosos[103], machacan el sueldo. ¡Cómo luce, de azul y bella, después, entre esas turbiedades, la hora del amor, aunque traiga el engaño! Por lo menos, le hace vivir a uno, le redime de su condición de tornillo en la mísera sociedad, que asiste al espectáculo, colgada de su grillo.

Gertrudis despacha su tarea, procurando sonreír de vez en cuando, para disimular sus contrariedades. La noche de tormenta, las horas que llevaba sin tomar un formal alimento, las ideas que la avasallaban, los momentos del amor físico que desgastaron aún más sus débiles

---

102   Neologismo
103   Neologismo

fuerzas, la gente, el trabajo, el polvo, la gritería en la calle, el sol insultante de la mañana terriblemente calurosa, todo, todo la agobiaba en un cansancio soñoliento y triste.

¡Cansada! Eso es: cansada de vivir. Aburrida. Desesperadamente aburrida. Un día y otro día, sus años transcurrían con mayor cúmulo de dolores cada vez.

¿Y aquel amor nefasto? ¿Aquella pasión que la asía de dulce sorpresa, de trágica perspectiva? Cada día necesitaba más de su Damián, y según le iba hastiando la vida, una sorda afición a él se le imponía, a más que como imperativo fisiológico, como represalia moral.

Su fantasía, llena de un persistente y absurdo sentido poético de las cosas, le limaba asperezas, le revelaba posibilidades, le fingía triunfos.

—Mira, Damián –le decía una noche– no hurguemos más en el mundo de nuestra mentalidad.

Matemos la realidad en nosotros mismos. Tu mujer no será más que un fantasma impotente ante nuestro fervor. Neguémosle el poder de inmiscuirse en nuestra vida. Matemos su recuerdo. No pensar ni siquiera en que existe.

Y al sentirse liberada de los celos, emancipada de prejuicios seculares, se remontaba a una atmósfera de serenidad espiritual, tanto más real para ella, cuanto mayor era la sinceridad de su estado de ánimo. Una razón humana la conducía a esto: no se desprende uno tan fácilmente de lo que ha esperado mucho, de lo que le da a uno la sensación de una victoria en la vida.

Pero pronto esta razón se pondría bajo el follaje de su imaginación.

Seguir las relaciones con Damián en esa forma, era realizar una paradoja que no estaba al alcance del vulgo.

Gertrudis, lejos de encontrarse humillada en la consideración de su dignidad por aquella distribución de Damián entre ella y la otra, se sentía engrandecida por la completa liberación del motivo carnal. Había sido un invento de su voluntad aquella fórmula conciliadora. Milagro de su inteligencia. Superioridad máxima la de no sentir celos por la carne, la de flotar por sobre esas materialidades, y colocarse como una rúbrica de luz en el mar celeste de la muerte misma. Ensueño de su fiebre de perfección. Juego peligroso de su fantasía, en el que exponía, sin advertirlo, con una inconsciencia pasmosa, su pobre corazón.

Indiscutiblemente, Gertrudis se superaba. Libre de prejuicios, se alimentaba de la fidelidad espiritual de aquel hombre. Hacía una filigrana de sutilezas, físicas en el fondo, pero con su arte se colocaba más allá de la moral.

Y había luego, en las frases de Damián, apoyos sentimentales para su voluntad de llegar a la más alta espiritualidad, a la serenidad suprema de contemplar impertérrita, sin el más mínimo desfigure en su rostro, ni alteración alguna en su sangre, como viles cosas de la tierra, aquel consorcio invulnerable de Damián con su otra mujer.

—¿Cómo es posible que no note tu frialdad en esos momentos?

—Pues así es. Te aseguro que con ella no he tenido, ni menos tengo ahora, estos arrebatos, estas fervorosidades. Así, como tú me ves, no me ha visto ella nunca. De eso sí puedes regocijarte.

Entonces, la mujer, al sentirse así deseada y gozada, ardía en placeres quintaesenciados. Rugía su fiereza en el fondo de sus entrañas, y un afán por imprimir indeleblemente su huella en la carne del hombre, hasta hacerle inapetente para todo otro cuerpo que el suyo, la espoleaba hasta la locura.

¡La esperanza! Su estrella de Belén. Siempre estaba esperando el día en que, por estar pleno de ella, Damián concluyera por rendirse. El «no puedo, Nena, no puedo ser más que tuyo», era la frase mágica que espiaba en los labios del amado. ¡Su triunfo!

Había que darle tiempo al tiempo, y con una estrategia, un poco astuta, si bien falsa en sus principios y resultados, iba procurando ganarse completamente a Damián.

* * *

Se celebraba en La Habana la fiesta patriótica del 20 de Mayo.[104] Esto no tenía en la vida civil del pueblo cubano transcendencia alguna, como no fuera la de ver pasar por la mañana a lo largo del Malecón la revista militar, la de asistir a la inauguración de algún parque y a la velada conmemorativa de tal cual Academia. Luego se guardaban las banderas y los recuerdos. Hasta el próximo 20 de Mayo, poco más o menos.

En la amplia acera levantada sobre los arrecifes, se había erigido la

---

104   Es una fecha histórica en Cuba, conocida como el Día de la República. Estados Unidos terminó la intervención militar de la isla que permitió la firma del Tratado de París después de finalizada la Guerra Hispano-Cubana –norteamericana (1895-1898) El gobierno de Cuba pasó a manos de su primer presidente Tomás Estrada Palma.

glorieta —arcenes[105] barandas, gallardetes y enseñas patrióticas— desde donde el presidente de la República y las contadas personalidades políticas y gubernamentales del país, presenciarían el pomposo desfile.

Del lado contrario, paralela al muro que bordeaba la costa, la hilera de casas resaltaban, todas blancas de sol en el fondo azulísimo del cielo. Pendían de los balcones banderas de varias naciones, destacándose entre ellas la de Cuba republicana. De lejos, de muy lejos, achicadas por la distancia, semejarían como las condecoraciones honoríficas prendidas en la casaca de un militar plantado elegantemente en la orilla del golfo.

El gentío de ocasión invadía calle, aceras, ventanas y soportales. En las azoteas, los paraguas, utilizados como resguardadores del sol, asomaban sus conchas negras sobre el nivel de la fabricación. La chiquillería se mezclaba entre las gentes, tirando cohetes a sus talones. En las sombreadas boca-calles, los automóviles hacían paradas, alzando, como en un incómodo movimiento de hombros, sus fuelles recalentados por la pertinacia aguda del sol.

Gertrudis había ido a ver la revista. Sola, indiferente al primordial acontecimiento de la mañana, atenta, por hábito de observación, a los mil incidentes y detalles del paseo, caminaba despacio, sin parar mientes en la galanteadora audacia de los hombres que la piropeaban.

Los aeroplanos zumbaban sobre la ciudad, borracha de luz y agotada de calor. Uno de ellos iba trazando con desvanecida caligrafía el nombre del presidente. Saliendo de su cola intencionada un fluido humoso, al que los movimientos del aeroplano imprimían dirección, formaba desarticuladamente las letras.

Cuando el público cuellilargo, boquiabierto, leía la última letra hecha sobre la misma farola del Morro, las primeras se desintegraban ya, esfumadamente.

El presidente miraba regocijado a lo alto, pareciendo rubricar con su sonrisa aquel «Gerardo Machado»,[106] que usurpaba por breves instantes, en el espacio, el nombre egregio de José Martí,[107] que la cola

---

105   Tanto en la edición del 29 como en la del 30 se lee *hercenes*, la edición del 2008 lo sustituye por «ercenes». La palabra correcta es *arcenes* que quiere decir margen reservado para peatones.

106   Gerardo Machado y Morales (1871-1939), militar y político cubano. Participó en la Guerra de Independencia cubana de 1895-98 y más tarde fue presidente de la República.

107   José Martí (1853-1895), escritor y político cubano. Uno de los más grandes Modernistas en América Latina. Conocido en Cuba como el apóstol de la Independencia. Fundador del Partido Revolucionario Cubano que dirigió la Guerra de 1895.

del aeroplano olvidaba trazar debidamente. Pero era una conmemoración republicana y diplomática, llamada a exaltar los veinticuatro años de independencia, simbolizados en ese momento en la figura del primer magistrado. Así, al menos, lo entendía el pueblo.

Se oyó el resoplido de una motocicleta disparada por la ancha vía sin tráfico. Era el anuncio de la llegada de la manifestación. Corrió la gente a apelotonarse hacinadamente en la orilla. En los soportales, las muchachas se subían en sillas, a fin de dominar, por sobre la aglomeración inmediata a ellas del pueblo, el paso de los militares, que eran en su nada patriótica expectación, algo así como el lujo de la fiesta.

Gertrudis adelantó unos pasos, sin curiosidad, casi parsimoniosamente. Sentíase perdida, aislada, dentro de aquel enorme gentío vocinglero y burlón. Con un movimiento que se produjo en su subconsciencia, se empinó un poco y alargó el cuello por entre dos hombres que chocaban ante su misma cara.

Divisó el pelotón alcanzando la esquina próxima, justamente a unos pasos de la glorieta presidencial. Miró hacia arriba. Nadie hacía caso ya de los aeroplanos. Entre acera y acera, el tramo limpio de la calle estaba cargado de silencio, como si dentro de los miles de espectadores se hubiera hecho mi vacío de palabras.

—¿Qué espectacular, eh?

Gertrudis se volvió. ¡La voz de Damián! ¿De dónde salía? El himno ponía, con sus bélicas notas, un pacífico ardor en los corazones. Gertrudis sintió, sin verlos, cómo en torno suyo los brazos se alzaban. Adivinó que los hombres se descubrían. Pasaba la bandera cubana. Pero Gertrudis había roto fila hacia atrás, queriendo orientarse en la búsqueda de Damián.

Allí estaba con dos amigos. Se detuvo. Le contemplo con más cariño que enamoramiento. Damián sonreía y se secaba el sudor de la frente, con naturalidad.

—¿Vienes? –le preguntó uno de los amigos, que se disponía a marcharse.

—No puedo, «chico»; tengo ahí en el «portal» a la familia.

—Entonces, hasta otra, y que te aproveche.

Gertrudis sintió como si le arañaran el corazón. Sudando como estaba del terrible calor, se estremeció de un frío más terrible todavía. Sus ávidos ojos se fueron hacia el soportal y buscaron entre las mujeres una: su rival. ¿Cuál de ellas sería? ¿Cuál?

—¿Está Isabel ahí? –preguntó el otro amigo que quedaba junto a Damián.

Gertrudis se volvió. Ansiosamente buscó la respuesta en la cara de su amante.

—Sí.

—A propósito, chico, ¿y...?

—¿Y...?

—La otra. ¿Sigue eso?

—Sigue... de mal en peor. Figúrate, se ha enterado de todo y le da por encelarse de Isabel.

—Bonita fiesta, pero yo te lo previne.

—¿Y qué quieres? Me gustaba la mujer, y fue fácil.

—»Záfate» de ella antes de que te meta en un lío.

—No creas, ya lo he pensado. Además, ese llanto, ese silencio doloroso a todas horas, ya me está cansando un poco.

—¿Isabel sabe...?

—¡Nada! ¡No faltaba otra cosa! Yo quiero a Isabel y no le doy disgustos así tontamente. Mira, oye..., ahí viene el cuerpo de enfermeras. ¡Está buena la parada, no creas!

Gertrudis, agobiada, estupefacta, lo miró todo: el público, el cielo, las banderas, Damián, su amigo, y no comprendió nada. Se fijó, allá a lo lejos, en el presidente. ¡Cosa estúpida! ¿Qué tenía que ver todo aquello conque ella amara a Damián? ¿Y conque Damián?...

—Ah!...

—-Papá, papá, mamaíta te llama.

Y Gertrudis vio como Damián, llevando a Fidelito de la mano, se acercaba a su mujer.

Isabel era la estampa de la felicidad. Indiscutiblemente bella, lucía su elegante juventud entre su marido y su hijo que la rodeaban, pendientes en ese momento de su risa. Risa sana, fuerte, con todo el espíritu en ella. Risa alegre, sin preocupaciones ni ironías, que hizo un daño atroz en el alma afligida de Gertrudis.

Isabel dejó su mano en el antebrazo de Damián, apoyándose en él con indolente abandono Damián puso sobre ella la suya, protectora y afectuosamente, y para Gertrudis no hubo en la mañana, en el minuto, en la eternidad, más que aquellas manos unidas en el reposo de mutuo y dulce derecho, que era su condenación definitiva.

Pasaron sobre ella, deteniéndose inconscientemente en el trastorno moral de su cara, los ojos verdes, puros, cariñosos de Isabel.

Gertrudis huyó atolondradamente. El terror a que la vieran, la sensación del ridículo que pesaba sobre su dignidad le ponían un gesto violento en la boca. Iba llorando, sin darse cuenta.

Ahora marchaban, ante la tribuna presidencial, con marcialidad impecable, los alumnos de las escuelas públicas. La multitud aplaudía.

* * *

Anduvo Gertrudis toda La Habana, errantemente caminando hasta agotarse. Llegaba al final de una calle y torcía por otra sin preocuparse adónde iría a parar. Pudo satisfacer toda su vieja ansia de andar sin rumbo. Parecía que en un principio había presentido todos los finales de sus derroteros.

Conforme había sentido un día, en la descalificación de don Esteban, el dolor físico de la idea, sentía ahora el moral. Naufragaba en el inmenso piélago de sus elevadas creencias, toda la armada de sus convicciones más puras. El triple engaño de Damián se multiplicaba hasta el infinito. Ahora veía que todo había sido falso en él.

Mientras guardaba fe en su amor, mientras no se había declarado manifiestamente su incredulidad en la palabra amorosa de aquel hombre, luchaba aún gozando con la intensidad de su empeño, en la extremidad de su fervor. Podía soñar, a ratos que era feliz. Ahora...

La hipocresía de Damián, sus ardides verbales, sus aseveraciones fingidas, martirizaban a la amante y ofendían a la idealista. Burlada en sus más íntimos sentimientos, sentía doblegársele el alma de humillación. ¿En qué creer ahora? ¿En qué mano abandonar la suya? ¿Sobre qué pecho dormir confiada?

Estas preguntas mordieron su corazón, sin que su corazón, decidido a callar, se quejara. Damián no sabría nunca hasta dónde le despreciaba. No vería nunca en el fondo de su herida. Para restañarla, le bastaría en lo adelante su propio silencio

VI

Y sucedió que un día Damián quedó cesante. Un hijo enfermo. Vicisitudes de familia.

Gertrudis fue sacando del banco los pocos ahorros que le quedaban. Y en la casa de su amante, se comía y se pagaba al médico con sus sueldos economizados.

Algo, como rotos hilos de agua, le escurría a todo lo largo del alma, ante su total comprensión de su razón mental. Las horas caían, dentro de sus tristes días, como en valijas vacías.

La vida de aquel hombre era otra cosa; otra cosa hecha de deberes de hogar, de hábitos de compasión, de fragante juventud de mujer, de exigencias de niños, de egoísmos de hombre. Y ella, ¡al margen! ¡Ahora más que nunca!

Damián llegaba junto a Gertrudis, agobiado de preocupaciones. Preocupaciones que vertía en ella, pero que una vez fuera de sus labios se volvían contra la amante, creando insensiblemente entre ellos un obstáculo insuperable.

—¿Cómo sigue Fidel?

—Mal; mucha fiebre.

Y a continuación las menudencias materiales.

—Yo no sé cómo se va a resolver esto. La cuenta del médico sube, y ese Bautista sin contestarme de una vez.

—No te angusties. Sabe que lo mío es tuyo. Toma. Que Fidelito no carezca de nada.

—¡Te lo debo todo, santa mía!

Un pensamiento terrible, verídico, se interpuso entre la fe y la razón de Gertrudis: «un hombre llega a llamarle a una mujer SANTA, es porque ya ha empezado a vivir de su santidad»; y malévolamente la reflexión subrayó: «Mientras más le des, más te elevas; mientras más te elevas, más te alejas».

—¿Y tu mujer?

Esta pregunta le venía siempre a los labios a cada conclusión mental que llegaba, en el esfuerzo de su análisis. Se la hacía siempre, mirándole con una súbita y patética ecuanimidad. Con los ojos francos, las pestañas quietas, la pupila dilatada de secreta emotividad.

Ahora la hacía atisbando la mentira en el rostro de Damián.

A él siempre le sorprendía, y nunca sabía qué contestar. Últimamente se encogía de hombros, y murmuraba apenas:

—¡La pobre! Ahí...

Y en la boca de Gertrudis se desdibujaba un esquineo amargo. Y le asaltaba una piedad cobarde por aquella mujer feliz. Y los hijos de Damián se le trepaban todos por el corazón flaqueante[108].

—Hoy no me puedo quedar. Tengo que velar. Perdóname. Volveré a ti.

Frenética se arrojaba de repente a sus brazos.

—¿Volverás a mí?

— ¡Pues qué creías! ¡Claro está! Sólo por lo que te dejo te dejaría.

Quedaba sola llorando su pensamiento: «Sólo por lo que te dejo te dejaría»... ¡Irresponsable!

Y se lanzaba a la calle. Cambiaba de escenario. Se encontraba indefectiblemente con Félix.

Félix la espiaba, la acosaba. La vesania de su deseo enfermo le hincaba todo el organismo, enfilado hacia la turbación de su prima. Maliciosamente iba a la consecución de su obra.

—Ven acá, vamos ahí: al parque. Tú estás mala, Gertrudis: se te ve morir.

—Te digo, que no. ¿Por qué me mortificas? No estoy mala. ¿O qué crees, que estoy embarazada?

El largaba coces y resoplidos lo mismo que un caballo lujurioso.

—Eso podría ser, claro está, pero para tu desgracia.

—¿Para mi desgracia?

—Vamos a ver, Gertrudis. ¿No te has convencido de que ese hombre no te ama?

—No seas imbécil.

—¿De que tú tampoco le amas?

—¿Te lo han dicho las cartas? ¿Algún espiritista? ¿Alguna médium? ¿Estás ahora con alguna médium? Tiene gracia el descubrimiento!

—No te vayas por la tangente. Tú tienes empeñado tu amor propio en este asunto, y quieres vencer. Quieres idealizar un maridaje de lo más vulgar y corriente.

—Supongamos que sea así. Es preferible. Tú eres una babosa...

—¡Acaba! Tú, la ola... No se necesita mucha imaginación para sacar la imagen. Pero él es el arrecife y te estrellarás. Después de todo tú no haces más que lo que cualquier mujer sin dignidad haría: aguantar. Compartir tu marido y dejar que te ponga los... Eres esclava de tus ovarios; allá tú. Entre nosotros, las hembras son más fuertes, más bravas: disputan su macho, o le plantan en el camino.

—Eres un grosero... Pero conmigo no atinas. Damián me ama y yo le quiero. Esto pasará, se arreglará...

Félix se enardeció.

—Ese hombre no será nunca tuyo. Ni lo ha sido.

—¿Pues de quién? –roncó–. Pero... ¡es verdad! Ni él lo sabe! Ni quizá tú, que lo afirmas. Es de la calle, de la familia, del trabajo. Del sol que pasa en lo alto. Del polvo que está en todos los caminos. Del peso, de la fonda, del libro. De la fiebre, del sexo, de la palabra. De lo que somos todos. El yoísmo[109] sentimental es un error.

—¡Te expresas! ¡Te expresas! Veo que sigues leyendo, y que te intoxicas.

—Nos intoxicamos. Sé franco. Rabia, es lo que tienes tú.

—Te sobra razón. Tuya es la culpa. Estoy rabioso de ti.

—¡Félix! ¡Calla, hijo! ¡Que me das risa!

—Gertrudis, no seas cruel. Mira que yo también soy macho.

—¡Ah, te vende a pesar de todo el vocabulario!

—El vocabulario me tiene encanallado. ¿Sí? Pues verás.

Y la mordió en un brazo, tras el parapeto del monumento del parque.

Ella se levantó, brincó de indignación y de dolor. Le golpeó con furia la cara. La cara de Félix toda sonreída de felicidad. Hizo un gesto de repugnancia, y lo dejó plantado en la sombra.

---

109 En las ediciones de 1929 y 1930 aparece «yeísmo», está cambiada en la versión del 2008 a *yoismo* y así lo seguimos en esta edición.

* * *

No vió más a Damián. Se sorprendió a sí misma cansada de amarle. Y sufría hasta la extenuación. Lloraba del pasado mísero de un anciano en la calle. De una nube solitaria en el cielo. De un mal pensamiento que cruzara por el piélago de su credulidad. Era lírica hasta la médula, y la médula era el vertedero de su sensualidad.

Tuvo la sensación de que se le enfriaba y ahuecaba el corazón. En vano se repetía que quería a Damián. Casi abrigaba la convicción de lo contrario.

Esto la llenaba de estupor. La hacía padecer, como si perdiera la ilusión de si misma. Quizá ella estaba un poco enamorada de sí misma. Se rodeaba de una importancia exagerada. Luego se alegraba del giro de los acontecimientos. Volvía a sentir la misma sensación de libertad que cuando se disgustó con Antonio.

Se sentía más fuerte fuera del amor. ¿Y era posible? ¡Pues, sí! Pero ¡ah! ¡más triste también! y volvía a ser una infeliz mujer, que, débil hasta la indignidad, necesitaba del amparo sentimental de un ser humano. Mejor, si era pasional.

Damián se decidió a esperarla un día a la salida de la oficina.

—Tengo que hablarte.

—Nosotros no tenemos ya nada que decirnos.

—¿Tú, crees? Yo no sé tú, pero yo sí necesito explicarte algunas cosas.

—¿Me quieres convencer de que no eres culpable? ¿Crees que vas a sanar mi mal con la restauración de tu conciencia? ¿No te aburro? ¿No te hastío?

Se mordió los labios. No quería decir lo que sabía. Era demasiado humillante.

—Quiero hablarte, y nada más, Gertrudis. Pero no así. No debe transcurrir así nuestra vida por la calle.

—Y, sin embargo, la calle es el lugar común de la vida. Mi desesperación la he paseado por ella, lo misma que mi tragedia ha tenido que seguir su proceso en mi oficina.

—Pero esto no es posible, Gertrudis. Todo nos cohíbe, todo nos aleja de nosotros mismos. ¿Ves? Nos perdemos en consideraciones de una más o menos vaga filosofía, y no tenemos, no podemos tener la sinceridad de lo que queremos decirnos.

—¿Sinceridad dices? ¿La has tenido alguna vez? Pero en fin, en ¿dónde hemos de hablar?

—Tú sabes donde...

—¡Nunca! En cualquier parte, menos allí.

—¡Tan repulsivo te es ya!

—¡Sí! Yo misma me asombro... ¡Qué dolor! Pero, mira, mejor es acabar de una vez. Ese automóvil, llámale. Que nos lleve lejos. Allá, junto al mar.

Y ahora el mar parecía una lágrima alimentada; sola, única, enorme, interrumpida por los mundos en el gran cosmos. Una lágrima desbordada, en la que sobrenadaban pedazos de tierra y en la que se anegaban multitudes de almas.

—Yo necesito justificarme a tus ojos, Gertrudis. Yo no soy malo, y creo no haberlo sido contigo. La vida nos manejó. ¡No sonrías! Sobre todo no lo hagas con ironía. Vas a decir, como en otra ocasión, que es muy cómodo buscar a quien echarle la culpa..

Ella le miró sin contestar.

—Yo no puedo abandonar a mi mujer y a mis hijos.

—¿Te lo he pedido yo alguna vez? No. Me he retirado yo. Les he dejado el terreno, Ahora comprendo que eso, no se hace a tu edad.

—Sería un locura...

—Y para ello te falta juventud o amor. Espera: o las dos cosas.

—Habla: tienes todos los derechos

—Desde luego, por concesión tuya.

—No; por propia adquisición. Pero no hablemos con nuestro amor propio.

—Perdona. Es preciso. No hay más remedio, pues que no podemos hablar con el ajeno; se derrumbaría la conversación.

—Gertrudis, yo soy un hombre honrado y tengo deberes.

—¿Cómo no lo viste antes? Cuando me conociste debiste recapacitar como lo haces ahora. Pero un hombre honrado puede destrozar una vida inocente.

—Te amaba... Te amo hoy también, desde luego. Pero hablamos de entonces. No podía decirte mi situación: decírtela, equivalía a perderte.

—Yo era joven e ignorante. Tú tenías la experiencia; pero eras un galanteador de oficio y...

—No, no es eso; mi experiencia no me valió contra tu amor. Tu amor me obsedía terriblemente.

—Pero hoy todo te vale. No supiste renunciar... ni a ellos ni a mí. ¿Para qué, si podías tener las dos cosas. Pero yo no soy aún lo suficientemente inteligente para aceptarlo así.

—Tú fuiste la gran sugestión de mi vida, y lo serás siempre. Tú creaste el más grave conflicto moral de mi existencia.

La sonrisa de Gertrudis, como hilos del alma, salieron al mar, y se fueron rodando sobre las olas, cansadamente.

Las frases relumbrones de Damián, le parecían ahora demasiado burdas. Esta apreciación estética, en unos, momentos tan desgraciados para la mujer, le demostraba bien claro la independencia amorosa de su corazón. Reconocer esto, sin embargo, le desencantó.

—¿Y el problema espiritual que me has traído? murmuró con voz sutil.

—¿No te he hecho feliz?

—Sí.

Él, estratégicamente, había creído conmoverla con el recuerdo de los mejores días. Ante su frialdad, suspiró con despecho.

—Y lo has olvidado por el mal que la vida me impuso hacerte.

—No quiero seguir en ese mal que sería mi perdición.

—¡Ah! ¿Es un acto de voluntad?

—¡Damián!

—¡Gertrudis!

—No tenemos nada que decirnos. Siempre queriendo que hablemos, para desvariar sin llegar a ninguna finalidad. Acabemos. Confiesa que tú crees que podíamos seguir como hasta ahora...

—Por lo menos, no terminar así, ni tan pronto...

Acordándose de las palabras que le había oído aquella tarde, sintió una viva, vergonzosa indignación. Pero se dominó. El saber todo su pensamiento, a espaldas de él, la colocaba en un plano de impugne superioridad. Le juzgaba certeramente, y el espectáculo de su hipocresía, de su miseria moral, de su pobreza de carácter, la abochornaba por él: por el de sus grandes prestigios atribuidos, al que con su silencio compasivo, no obstante sus frases aclarativas, desacreditaba en lo absoluta.

—¡Es claro! Pero sería mi desmoralización. No quiero seguir. No hago más que prevenirme contra el hastío.

—¡Gertrudis! ¿Y el amor?

—¡Damián! ¿Y el amor?

—¡Es verdad! Dejemos esto...

—No era derroche de palabras lo que hacía falta para ello, sino un acto de voluntad.

Fuera de ellos, la tarde también moría. El mar tenía una cadencia triste, femenina. Por el cielo había besos sanguinolentos. Brazos de nubes. Intensificación de colores. Palideces de agonía. La tarde era hermosa sobre toda ponderación, y solemne y triste y enigmática.

Al separarse Gertrudis y Damián, ella se volvió y le preguntó naturalmente, con hondo y gentil sentimiento:

—¿Cómo sigue Fidel? ¿Cómo están tus demás hijos?

—Fidel, mejor; los otros, bien.

—¿Te llevó Bautista el dinero?

—No; estoy sin un centavo.

—Toma –acababa de cobrar, y le tendía casi medio sueldo.

Damián tuvo un momento de irresolución.

—A condición de que sea prestado –murmuró, sin mirarla, guardándose los billetes.

Ella tuvo un gesto de amarga incredulidad,[110] de desprecio, y se alejó.

A la noche, en su cuarto, a donde fue a darle un beso paternal don Esteban, se sintió desfallecer. Se halló extraña a sí misma. Una angustia terrible trastornó su corazón. Dentro de ella se contorsionaba su magno dolor. De pronto, se hizo el vacío en su vida. Quedaron en blanco todos sus días. Un silencio trágico invadió su alma. Ni un eco, ni una luz, ni un movimiento. Todo quedó hueco y lóbrego: acababa de morir, para siempre, su gran amor.

---

110   Esta palabra fue cambiada a infelicidad en la versión del 2008.

Tercera Parte

I

Era aquel fonducho como una gigante cueva. En las paredes tiznadas, traspasaba la cal su peculiar sudor. Sobre las mesucas[111] de mármol renegrido y tatuado, las moscas revoloteaban pesadamente.

Del interior venía un olor fuerte, mezcla de hervores de cocina y pestilencias de ambiente. Un viejo reloj de pared marcaba de años una misma hora inverosímil.

—¡Arrastre! –gritó con sequedad uno de la mesa del rincón.

Chocaron en el fregado algunos vasos. Se oyó el bostezo de un hombre que iba arrastrando una silla. El humo de los cigarros encendidos y las colillas chamuscadas, hacía más turbia la rara atmósfera del café.

—¡Arrastre, y gané! –repitió la misma voz ronca y firme. Y el joven se levantó empujando la mesa y palmoteando la espalda de su vecino. Luego se paró en la puerta, con aire aburrido, con marcado regusto de hieles en la boca gruesa. De pronto tiró el tabaco, y echó a andar.

—¡Gertrudis! ¡Gertrudis! ¿Qué haces por estos barrios?

—Lo que ves, Félix: pasar por ellos.

—Y lo que no veo, que sabe Dios lo que sea.

—¡Qué más da! Voy viendo la vida de los demás, ya que no veo la mía.

—¡Vaya! Ya supe que terminaste «eso», mujer. Pero no hay por qué afligirse tanto, ¿Quieres tomar algo? Vamos allá abajo: a otro lugar mejor.

—Decente, dirás.

—Tienes razón: esto es un asco.

—¿Por qué vienes aquí?

—Porque es donde uno se cría, y no, hay que estirar los pies más allá de las sábanas.

—Quisiera ser como tú, Félix. Quisiera ir como tú, sin luces en el camino, para acabar pronto.

—No digas disparates. No se acaba porque no se cae; se va resbalando, y es más triste.

Ella rió exasperadamente.

— ¡Bien haces el ridículo! A ti se te puede perdonar: debes haber bebido.

—No, no he bebido. Beberé ahora contigo.

—¿Cómo dices?

—¿No has bebido nunca?

—¿A embriagarme?

—Sí

—No. Pero llevas alguna mala intención. Razón tenía Irene: todos sois malos; más, mientras más buenos queréis ser.

Y Gertrudis se echó a reír, sacudiendo los hombros violentamente.

—¿A qué traer el recuerdo de la infeliz? Carne de gusanos. Mira: esto de vivir fastidia bastante. ¿No crees tú?

Y entraron, en el reservado de un restaurante. Félix, excitado y nervioso, se esforzaba por ser cortés con su prima. Algo de solapado y astuto brillaba en sus ojos, encandilados de deseo.

Apenas comía, y bebía mucho.

—Tengo fiebre. Tócame y verás.

Mas Gertrudis no le oía. Un llanto tempestuoso se alzaba en su alma al pensar en los buenos tiempos de su candidez en los que; no obstante su enorme prevención, se dejó engañar por la vida.

Creyó que a la muerte de su amor, todo acabaría. Que todo sería soledad, pero también quietud. Y no: una intranquilidad, un desasosiego espiritual, como de quien ha perdido algo, la hincaban toda. Una abulia total cundíala de muerte.

No pensar, no querer, no hacer. Desmadejada, era pasto abundante de la melancolía. No le importaba cómo vivir: más bien meditaba el acabar de morir.

Así, entre rectificaciones[112] valientes y renunciamientos ímprobos, marchaba a compás de la vida.

—Desengáñate, primita; es mejor que acabaran esas relaciones. Tú eres demasiado romántica. Esto también lo decía Irene.

—No seas imbécil.

—¡Eh! Mira cómo me tratas. Ella y tú estáis fuera de la realidad. Negar cómo ella. ¡Vaya qué tonto! Creer como tú, estúpido. ¡Falso! ¡Falso!

—Entonces, tú tienes la verdad de las cosas, ¿eh?

—No dije tanto, no, primita. Yo soy un pobre encanallado. Pero tú podías tener un poco de piedad para mí. Tengo una mujer que me lava la ropa y me tiende la cama. A decir verdad, también me la destiende. ¡Qué caramba! Siempre es más decente a que se lo haga a uno un hombre; como le sucede a Juan.

Gertrudis se levantó.

—¡Basta! Me das asco.

—¡Asco! ¡Asco! Siempre dicen ustedes lo mismo. Y todos venimos de lo mismo ¿Qué querías tú de ese hombre? ¿Que te amara? Eso es. Quizá, como te amaba. ¿No? ¡No me cuentes nada!

Dime, ¿es vicioso, lujurioso?

—Déjame, Félix. Me marcho.

—Te advierto, que te afea la tristeza. Sin embargo, así me gustas más. Ríete, ¿Por qué no te ríes? Aunque sea desgarradamente, como antes. ¿No vives ahora con nadie? ¿Y ese mequetrefe de la oficina?

—Eres un desvergonzado. Cada día estás peor, te vas más hondo. Te vas royendo...

—El vicio, acaba. No hay derecho, qué caramba, a pedir más. Pero siempre tiene uno un rinconcito limpio, ¿sabes? Yo también lo tenía, hasta el día que te mordí... ¿Recuerdas? Desde entonces te he mordido y besado solo, a mi gusto... ¿Qué haces? ¡No te marches! ¡Eh!... Ven acá. Aguarda, Gertrudis.

Y del empellón, rodó entre sillas. Oyó la mampara mecerse violentamente y se halló solo, borracho y tirado en el suelo como un desperdicio.

Gertrudis llegó a su casa completamente abatida. Don Esteban la esperó a la puerta.

¿Te ha sucedido algo?

—Nada, tío; ¿qué iba a sucederme?

---

112   Esta palabra aparece como una errata en la edición de 1930, *ractificaciones*.

—Tantas cosas pudieran ser, hijita. Andas por ahí como un duende, según dicen. Caminas toda La Habana y a lo peor te vas muy lejos o te metes por unas calles...

—Y nada me pasa, ya ve usted que vuelvo a su lado.

—Vamos, entra; ya estás aquí, y ya estoy tranquilo. ¿Vas a comer?

—Como usted quiera.

—¿Te vas a cambiar de ropa antes?

—Da lo mismo.

—Ha estado aquí el señor Fonseca, de tu oficina.

—¿Sí?

—Creo que tiene interés en hablarte. Vendrá esta noche.

—Bien.

Y toda una amargura diluida en su sangre le envenenaba la vida. Laxos sus miembros, caían en la impotencia del esfuerzo. Estaba como soñolienta.

Fue a verla Fonseca.

—Se lo digo en serio, Gertrudis. Tiene usted que revivir. Es forzoso que usted reaccione. Va

usted a perder su puesto en la oficina, y será peor.

—¿Peor de qué? Para el caso es lo mismo.

—No, no diga así. Esto pasará. El tiempo todo lo borra. Acaso le digo frases vulgares, que no puede consolarla. Yo no pretendo consolarla a usted. Esta vulgaridad es el fondo mismo de la vida.

—Pero es irresistible. Y yo me resisto, me resisto con todas las fuerzas de mi alma. Vea usted: es repugnante y miserable todo, sí; pero no lo soporto. ¡No puedo, no quiero soportarlo!

Le brillaban siniestramente las pupilas. Empalidecida basta en el espesor de los labios, tenía el aspecto de enferma de mortal dolencia.

Don Esteban quiso calmarla. Fonseca lo evitó, y le hizo un gesto que quería decir: «Déjela usted. Es precisamente lo que necesitaba: una sacudida».

—Vaya usted y diga que no me importa que me dejen cesante. He faltado infinidad de días. ¿Y qué? Si no quieren así, que busquen otra. ¡Yo no vuelvo!

—Si usted me autoriza, yo le busco un certificado médico. No lo hago tan sólo por usted: sino por él.

«El», era don Esteban, que volvió la cara conmovido. Todas las fuente de la ternura se rompieron en el alma de Gertrudis, pero no tuvo lágrimas su llanto.

—Por él, sí, que está aquí sujeto, obligado a vivir a sus años y en su soledad. Porque vivir conmigo, es peor que vivir solo...

—No digas eso, hija.

—¡Pero no puedo, padrino! Créame, se lo juro: ¡es que materialmente no puedo!

—Bueno, hija, haz lo que dice el señor y así descansas un tiempo.

—¡Descansar, eh, descansar! ¡Qué bella palabra! ¡Si fuera verdad!...

—Puede llegar a ser. Quédese usted aquí, yo me ocuparé allá de todo. Y a otra cosa, ¿no sabe que voy teniendo éxito en mis gestiones para conseguir el puesto de canciller, del que ya le había hablado?

—¿Sí, eh? Me alegro.

Gertrudis siguió arrastrando su existencia, la voluntad entera fallida. Una amnesia, terriblemente peligrosa, inmovilizaba su razón. Sus pensamientos eran una negra procesión de cruces en un horizonte sin riberas. Negada a la ilusión y a la acción, era impotente para la creación,

Así iba y venía entre los demás; pálida, ojerosa, sin sonrisas y sin caricias: toda doliente y sumida en silencio.

II

De pie, los hermosos hombros levantados jocosamente, Fonseca parloteaba blandiendo una copa de bebidas mezcladas, cuyo contenido saltaba aquí y allá, chorreándole toda la mano

—Aquí no se anda más que entre zorros... Todos sois unos zorros.

—¡Y tú el zorro mayor!

Chilló atipladamente uno, chispeándole los ojos tras los espejuelos de carey que su poseedor aupaba maniáticamente a cada instante sobre sus narices.

—¡Eh! Maravilloso Cordero... ¿Tú qué tienes que hablar? Eres un mediocre... Embadurnador de telas... *Jockey*[113] desvergonzado de quinceañeras.

Cordero quiso sublevarse y acabó por soltar palabras soeces, a las que nadie hizo caso.

Rodando por un sofá, Gil rechupaba melosamente sus propias palabras.

—Pintorcillo, renacuajo, decídete a dejar los pinceles, en bien de tus admiradores sapientísimos...

Por todos lados herían los rebotes de la más grotesca risa. Era la casa de Guzmán, llena del estruendo de sus vulgares francachelas.

Bebían, bebían hasta anegar la vergüenza en un mar de vino.

Cordero, pequeñín, bigote irónicamente incipiente, manos airosas, con vivos de coquetería, figura lamentable que llevaban allí para divertirse a su costa. Gil, periodista de fuerte talento y endeble moral; Fonseca, que; no obstante la soltura alocada de su lengua, bebía aún a discreción, formaban el trío victorioso de aquella noche.

---

113 Anglicismo

De los tres, Cordero, el menos borracho, conservaba su lucidez, y de su rebajamiento moral no tenía culpa en esos momentos el vino: era su estado natural.

Gil dominaba el conjunto, por la positiva fuerza de su mentalidad, siempre más alta que el nivel de su copa y de su corazón. Fonseca, el más bebido, era el más enjuto y sano de carácter; pero era también el más joven y más enamorado.

Había allí dos hombres más: Guzmán, el fino *diletante* adinerado, dueño de la casa. Torralba, perfectamente incoloro, anodino, figura de ocasión.

Y cuatro mujeres: la señora Trespalacios, alta, trigueña, muy guapa y muy señora en sus modales, mujer ésta que por vivir y andar siempre sola, resultaba extraña en todas partes, no obstante conocer a todo el mundo y estar en todos los lugares. Se la temía por la rapidez hiriente, sin ser ofensiva, de sus réplicas, por lo cual obtenía fama de cívica, endilgue acomodaticio y expeditivo, que le daba cierta importancia, bien desdeñada por su parte.

Rosita, una joven que casi había perdido su apellido a fuerza de ser llamada por su nombre de pila, un poco azorada aún, en lo que las damas, exteriormente respetables de la sociedad, llamaban con escándalo «sus malos comienzos», Delia y Gertrudis. Delia, impermeable, con toda la coraza de sus defectos y bondades, fuertemente cerrada contra sí. Con la fosforescencia verdinegra de sus ojos de abismo. Con la elegancia de sus sonrisas ledas, no se sabía si irónicas, amables o despectivas. Gertrudis, inquieta, susceptible como una esponja en aquel ambiente que sacaba a su vida las fealdades oscuras de su interior, desordenado y en crisis.

Se hablaba de la última conferencia, del último concierto, de la película última.

La Habana, crecida, nerviosa, haciéndose, a todas las modas, era ya un hervidero de artistas: escritores, músicos, pintores, cantantes, escultores y arquitectos. Estos últimos, como todos los profesionales, se cultivaban ya en las artes. Jóvenes abogados y médicos, se interesaban más allá de sus carreras.

Una nueva pollada salía de las incubadoras de academias, escuelas e institutos, llenando la ciudad con sus pinitos culturales y sus carreritas sportivas.[114]

---

114   En las ediciones de 1929 y 1930 se usa el anglicismo *sportivas* que conserva también la de 2008.

Consecutivamente se anunciaban, en la vida pública del país, instituciones de arte y de ciencia, que se cubrían enseguida con cientos y hasta miles de socios.

Todo este aturdimiento, a veces hasta con actitudes guerreantes. Subían y bajaban valores, con grave desconcierto: La falta de probidad crítica: de las dos críticas, la de afuera adentro, y la de adentro afuera, negaba y concedía beligerancias a su arbitrio. Dos corrientes, la antigua y la moderna, hacían remolino en el cruce de la capital.

Como estanques parsimoniosos o como rebullidas ramazones de agua, los grupos hacían hueco en la masa común.

Un afán de llegar, a veces a cualquier parte, a lugares no encomiables, enfebrecía la juventud. El lograr ser parecía el lema de la época. Era un arrastre, en ocasiones más impulsivo que ímpetuoso, que arrancando a las cuatro esquinas de La Habana parecía empujarla a ponerse en pie frente a la civilización universal.

Un movimiento general tenía en perpetua actividad a la ciudad. Se hablaba de política —el becerro de oro que aún pontificaba, y que amenazaba hacerlo vitaliciamente sobre todos los intereses de la República—; de arte, la nueva industria rival del país, donde a veces se entraban un poco a saqueo, encendidas polémicas, el grupo conservador y el vanguardista; de ciencia, donde las nobles curiosidades cogían vuelo: de sport, la verdadera última novedad de Cuba, la en otros tiempos muelle señorona de bata de encajes. Y de feminismo, el único renglón simpático que en su triste post-data de derrumbes económicos, de desbarajuste moral, y de peripecias artísticas, nos dejó en la bandeja de la Historia, la terrible, la mil veces maldecida Guerra Europea, del novecientos catorce.

De esa guerra que nos dejó, además, sobre el globo terráqueo, un tipo peculiar, inconfundible, que se hará clásico, de individuo. Lleno de lacras, con un sentido difícil de la justicia; codicioso y pródigo del tiempo, como si no supiera qué hacer de sí mismo. Salido de una muerte y abocado a otra.

Aguzado todo él, para lo bueno como para lo malo. Revisando religiones, morales, sistemas políticos. Barajándose en la conciencia. Reyes, presidentes y dictadores.

Yéndose a los orígenes del mundo y remontándose en una transformación de conceptos del espiritismo al espiritualismo. Corroído por los vicios de la trinchera en los fundamentos de su vida sexual. Trayéndonos como revolución, o evolución efectiva, y acaso máxima, el feminismo nacido ya, pero no registrado en la vida civil de la Humanidad.

Tipo morboso, que se embellece y se degrada alternativamente y que devora literaturas y agota el placer, mirando ceñudamente a la próxima guerra por sobre las temporadas deliciosas de la paz del momento.

Y en la parte no conflagrada del mundo, la América, la América que se resiente en su juventud del mal ejemplo, que apoyó sus principios de libertad en los mejores tiempos de la vieja y experimentada Europa, se empina una juventud recia, sensual, talentosa, toda erizada de pavor, toda sonriente de malicia: intrépida, estudiosa, idealista aún, con un terrible amor al peligro, y que, un poco harta de su virtud, empieza a relajarse tempranamente con luchas intestinas, de norte a sur y de este a oeste.

El siglo de la aviación, el siglo en que se pretende llegar a Marte, el siglo de la mujer; el siglo de las sorpresas y los desencantos, en el que el hombre permanece siendo, sin mejoras, el más grande experimento y la más grave dolencia de la Tierra.

***

—¿Va usted a beber más?

—Sí ¿por qué no ? Yo resisto más de lo que usted cree.

Delia le soltó el brazo y se sentó a verla beber.

Gertrudis se llevó la copa a los labios, despaciosamente, con premeditación. Al apurar, escondió todas sus miradas allá en el fondo, en la cerrazón del cristal. Acabó, y rió a plena boca. Cogió un cigarro. Delia se lo encendió.

Pusieron un disco en la *grafonola*[115], y Fonseca la sacó a bailar. Desde su butaca, Delia la veía dar vueltas y pasos, abandonada al compañero.

Dos o tres veces rió Gertrudis con equívoca alegría. Con una risa que sonaba a olvido, a cosa que se estrena: era como una música que hubiera dormido inédita en su garganta y que de pronto hubiera roto a tocar a toda orquesta.

Se sentó, justamente frente a Delia. Los demás jugaban y gritaban

---

115   Anglicismo. En 1929 y en 1930, así como en la versión de 2008, aparece como *grafónola*, palabra no aceptada por la RAE. La hemos sustituído por la palabra correcta en inglés pues pensamos que la autora trata de usar ese anglicismo de moda.

en absoluta independencia. Gertrudis se sentía excitada, intranquila hasta el último repliegue de su carne y de su alma. Sacudía de vez en cuando la cabeza, como dando de lado a un pensamiento. A ratos, se torturaba las manos, retorciéndose los dedos, pellizcándose los nudillos. Los labios se le empurpuraban entre los dientes, y luego, empalidecían momentáneamente.

Estaba radiante con aquella expresión de dolor fiero en la cara, con el trémolo de su extraña risa entre los labios, con la vibrante onda que recorría como un arpegio todo su cuerpo; con el brillo centelleante de sus ojos negros, apasionados hasta la tortura.

Sintió clavada en ella como ponzoñoso aguijón la mirada buida de Delia. Inmóvil, se puso a mirarla ella también. Los ojos contrarios tenían una rara expresión filante[116]. Bellos, dominadores, abrían pertinazmente una larga incisión en su temperamento.

La mirada de Gertrudis, hipnotizada, bajó hasta los labios de Delia que se estremecía voluptuosamente. Alocada, halló placer en aquella sensación nueva. ¡Qué honda y dolorosa caricia la de aquellos pérfidos malévolos ojos fascinantes! También los suyos llegaron a mirar, así. Se agitó pecaminosamente en la larga, interminable, dulce mirada de la otra mujer.

Delia sonreía triunfalmente. Esa sonrisa húmeda y palpitante, despertó a Gertrudis. Volvió en sí espantada. Se turbó desesperada, en medio de su caótica desorientación. La bebida se le subía a la cabeza, cegándola.

Se levantó con brusquedad y corrió a la mesa de juego.

—¡A ver! Cartas.

Y jugó, con igual deliciosa emoción en el juego, sintiendo la atracción del vicio con íntimos temblores en el alma. Perdió, perdió todo. ¡Qué gozo el de perder de esa manera febricitante el dinero! Toda ella supeditada a las cartas. ¡Con un ansia cada vez más grande de faltar, de ser mala, de llegar al fondo de todas las cosas! Y mientras su mano inexperta, temblorosa, pálida, arrojaba la cartas, sus labios escanciaban *cocktail* tras *cocktail* [117].

En el vapor de todo aquello sintió como si todos los hombres que estaban allí la besaran, y la poseyeran. Toda quemada de deseos, ardió espontáneamente.

---

116 Neologismo
117 Anglicismo

Recordó sus despertares de virgen. Su oscura y delirante ansia de llegar al placer. Su afán por sentirse martirizada en el goce supremo, por un hombre que le había gustado de pronto en la calle.

Bebió, riendo toda la noche; cada vez más hondo en la pendiente: transida de una alegría malsana, de un sufrimiento mortal.

Como en sueños vió que todos se marchaban. Y ella también.

Que la llevaban a alguna parte. La conducía un hombre. Su voz ronca, insegura, la oyó en las postrimerías de su discernimiento.

¿Era Damián? ¿Félix? ¿Antonio? ¿Delia ? Sus deseos fueron calmados físicamente, sin que ella supiera cómo ni por quién.

* * *

A la mañana siguiente, despertó en la casa y en el lecho de Fonseca. ¿Qué pesadilla horrible había pasado? ¡Ah! ¡Había sido él, Fonseca: el compañero de oficina! Una protesta sincerísima se elevó de lo más recatado de ella misma. Había caído. ¿Qué era aquel fango que manchó una vez su mano, cuando Antonio la golpeó en la calle y quedó sola, tirada en la acera, ante la burla de la gente? Ahora sí llegaba el cieno hasta la boca. Los ojos y la frente la parte más noble del ser humano, le quedaban aún fuera, pero ¿hasta dónde podía asegurar esto?

Fonseca despertó. Al principio se asombró de aquel estado de cosas; luego lo aceptó con esa naturalidad con que los hombres ven los acontecimientos de esa índole sucederse en su vida.

Él no era culpable, ¡qué caramba! Y después de todo, ¿no era bien falsa la situación de Gertrudis? ¿Era nada difícil que llegara a eso? Él no tenía responsabilidades. No haber bebido, no haber jugado, no haberse excitado de aquella manera, y, sobre todo, no haber ido a casa de Guzmán.

Ahora, eso sí, él sería bueno con ella, porque, en medio de todo, ella no era una cualquiera. Aunque no lo creyera y era ridículo hablar de eso, después de «lo otro», él la respetaba. Claro que al estar en su sano juicio, ninguno de los dos hubiera procedido así. Pero ya estaba hecho, y era la vida la que mandaba

No había que entristecerse por eso. Él se tenía por discreto y callaría. Cada uno a su casa, y un velo sobre tan desagradable asunto. Nunca tendría que quejarse de una mirada suya, ni le oiría la menor alusión. Debemos ser indulgentes los unos para los otros. Ella no había dejado de ser una muchacha honrada por eso: palabra de honor. Se lo decía él, que sabía lo que eran mujeres.

Lo que pasa, es que a ella le había atolondrado su desgracia. Él estaba dispuesto a servirla y a resguardarla. Había sido una lección dura de la vida que, ciertamente, ella no se merecía, pero no había más remedio que reaccionar. ¿Se daba cuenta del peligro? Pues a luchar y a tratar de vencer. ¡Ah! ¡Perra vida! ¡Qué indecencia de vida esta!

Gertrudis le oía toda la perorata, sin escucharle apenas. Siempre el mismo sonsonete. Era mucha la insistencia de Fonseca, para que fuera absolutamente sincero. En el fondo, ¿no tenía un miedo cerval a que a ella se le fuera a ocurrir «seguir con él»? ¿No estaba lavándose la manos y despidiéndola bonitamente antes de darle tiempo a quererse implantar allí?

Inmóvil, tranquila, permanecía acostada, mirando delante de sí. Veía a Fonseca ir de aquí para allá, buscando sus prendas de vestir. Reparó, por un hábito de observación, que era limpio en extremo, y siguió pensando en ella y en su vida.

Fonseca se peinaba meticulosamente, sin alterar su costumbre. Gertrudis le veía untarse la pomada restregándose toda la cabeza, echarse el pelo hacia la cara al hacerse la raya, y asentarle luego hacia atrás.

La corbata, la levita, y ¿ahora qué? ¿Se iba a la cama y le decía algo? ¿Por qué no hablaba un poco, discutía, se lamentaba? ¡Sí que era embarazoso! No se atrevía a mirarla y no lo hizo. Como si se tratara de una recomendación diaria, le dijo:

«Acuérdate, cuando salgas, que tienes que tirar fuerte de la puerta, que no cierra bien» Y le oyó marcharse.

Ella siguió meditando terribles pensamientos. Se le cargaba de nubes la frente. La vergüenza la ahogaba. Se despreció tan profundamente, que hizo una mueca de asco. ¡Qué desamparo! ¡Qué dolor más lacerante y más hondo! Y lo peor era que no podía darle la cara a ese dolor, porque no tenía autoridad moral para ello.

Cuando se llegó un poco a la realidad inmediata, hacía largo rato que estaba llorando sin haberse dado cuenta.

Se incorporó. La bebida, el cigarro, el minuto de Delia, la noche de Fonseca; todo se le subió como en un vómito, y tuvo náuseas físicas que la asquearon aún más. Se sentía mal del estómago y de la cabeza.

Una ardentía la escocía toda interiormente y llenaba de bilis la boca.

Pensó en don Esteban, y se le nubló la vista. Huyó al recuerdo. Se acodó en la mesa de noche y esperó sin saber qué. Fonseca había puesto allí el periódico de la mañana. Pasó varias veces la vista por las columnas, y al fin leyó maquinalmente: Divorcios; Antonio Bustillo...

Leyó dos, tres párrafos, sin enterarse, hasta que en un destello de su atención reparó en un detalle y le impulsó a releer de nuevo. Comprendió entonces. Pensó: ¿De qué le habrá servido casarse? Siguió después pensando en sí misma y en su situación. De pronto sus ojos se agrandaron, las pupilas se dilataron en toda su posibilidad. Soltó una carcajada. ¡Ah! La solución a su conflicto moral. ¿Cómo no se le ocurrió antes? ¡Tan fácil y tan pronta! Morir. ¡Oh qué cosa más sencilla! No era, más que eso: morir. Y se empezó a vestir precipitadamente, como si tuviera que estar a una hora fija en un lugar preconvenido.

Mientras lo hacía, cantaba por lo bajo, con música y letra subconsciente, una cancioncilla de moda.

* * *

Apenas tomada esta resolución cambio todo su panorama interior. Se sintió más ligera, dispuesta así al castigo de su vida. Asegurada la manera de solucionar su asunto de la pasada noche, pareció perder de pronto toda su grave importancia.

Con la garantía de la muerte, se decidió instintivamente a continuar la vida.

Ya estaba como lavada y purgada de su delito, ya sentía renacer por la gran necesidad que de ello tenía, su propia estimación. Hasta le parecía que había resucitado. Todo lo veía bajo otro aspecto, y un ansia de ser buena y de consumirse en sacrificio la hacía llorar tiernamente.

Arrepentida, ofrecía toda su carne al martirio más tremendo, y le asaltó el ansia de empezar a ser noble en el minuto inminente, de un modo práctico, como si se tratara de hacer un trabajo manual.

Don Esteban la recibió con sequedad.

—¿Dónde has pasado la noche? ¿Es que piensas que yo voy a seguir soportando tu falta de consideración y respeto?

Empezó por ser humilde. No merecía más que esa justa y cariñosa reprimenda de su padrino. Su perversión merecía una hoguera en una plaza pública.

Pero don Esteban, sorprendido de su silencio y mansedumbre, suspendió todo el discurso que, por otra parte, a fuerza de haberlo repetido durante toda la noche incansablemente, se había resentido en su base, se había debilitado en sus conceptos y amainado en sus furias. En una transición brusca que hizo estremecer a Gertrudis, le preguntó dulcemente:

—Bueno, hija, dime, ¿no ves que te haces mal tú misma? ¿Dónde has estado?

Quiso decir la verdad, pero comprendió que, para empezar a ser buena, tenía que mentir: mentir con firmeza, como la primera obra de caridad del programa. Repugnaba a la entereza de su carácter la mentira, mas prefirió soportarla a imponer aquel nuevo terrible dolor a su tío.

La denigración a que se sometía, era, sin duda, un loco atentado contra ella misma, pero la resonancia lúgubre que su conducta llevaba a la existencia de su padrino, era un crimen.

Con terror, reiteradamente, se llamó a sí misma criminal.

—He dormido donde otras veces.

—¿Has vuelto?

—No; un asunto a liquidar. Ahora, adiós para siempre a mis esperanzas de felicidad.

Don Esteban, conmovido por aquella juventud que envejecía en el dolor, se reprochó su dureza. ¡Él, que no había tenido ninguna!

—¿A quién acudiría si yo la rechazara? —se preguntaba con angustia paternal—. ¿No era peor y más arriesgado una repulsa que pudiera lanzarla al arroyo irredentemente? Toda la dignidad de su hombría se subleva en él, ante la débil aceptación de las circunstancias.

Se preguntó con escrúpulo, como tantas veces lo había hecho, si su actitud no le hacía cómplice de la desgracia de aquel ser desamparado fuera de su tutela.

De todos modos se sintió ligado a ella. Prescindió del mundo, del qué dirán de las gentes; esa opinión de los otros que, por muy solitario e independiente que se viva, siempre toma escaño cuando nos juzgamos a nosotros mismos.

No, no arrojaría lejos de sí aquel dolor ciego, aferrado, de su pobre sobrina. Cierto que él no acertaba a comprender bien aún las exigencias de esta nueva vida real que —todavía encerrado él en la suya, que parecía momificarse dentro de las corrientes modernas—, se veía precisado a contemplar de cerca, como un espectador senil.

Pero ¿qué le importaba a él el dinamismo espiritual de la época? ¿Qué su anarquía, su socialismo, su comunismo, su ateísmo, su feminismo, su amor libre? Su sobrina era lo que le importaba, lo que pesaba sobre él, sin él comprenderlo, como un simbolismo trágico.

La conservaría a su lado, a costa de su propio honor, de su propia estimación. Pronto él se marcharía definitivamente, y de nada habría de servirle la postrer comedia de su autoridad. ¿Para qué tanto aparato en aquella última hora? ¿Qué perseguía con ello? ¿Había sido muy pura su vida acaso? No iba a rescatar ahora su flaqueza.

¿No era, por otra parte, un orgullo delictuoso su severidad? Allí no había más que dos corazones amantes, a los cuales la vida trataba de desorientar con sofismas, y que, próximo a la muerte uno, ansioso de morir el otro, se unían humanamente, con cristiana humildad, en el refugio de su mutua piedad.

Pasaron las semanas. Gertrudis había vuelto a la oficina. En los primeros días, Fonseca había faltado. Discretamente quería librarla de su enojosa presencia. Luego fue al trabajo, pero evitando el verla. Al fin, se encontraron a la salida una tarde; un saludo, dos palabras, porque un compañero se detuvo a hablar con Gertrudis. Ella no le guardaba rencor, y, al contrario, le agradecía sus demostraciones de respeto.

Un día, Félix la esperó. Ahora, Gertrudis no tenía para él las arrogancias, aunque ungidas de lástima, de antes. Le trató con dulzura. ¡Ah! Pero Félix estaba cada vez peor. Flaco, demacrado, parecía envejecer físicamente por días, no obstante el inalterable color de sus cabellos negros.

Sus ojos febriles, su boca impudorosa, daban una expresión precoz y vieja al par a su rostro exangüe.

La exagerada lividez que su pobre organismo reflejaba, consumíale, dándole aire de hombre corrompido y vicioso, que cada vez se hundía más en lo abyecto.

Gertrudis se compadeció. ¿Qué otra cosa iba a ser el infeliz? Cada vez que se encontraba con él, después de dejarle de ver, en ocasiones meses enteros, notaba los estragos de su miserable vida.

Si por ella había pasado lo que había pasado, sí había hecho lo que había hecho, ¿cómo esperar otra cosa de aquel náufrago que la vida iba revolcando cada vez más en el cieno?

—No vengo a importunarte, primita. Sólo quiero pedirte un dinero que me hace falta para...

—Lo que quieras. No me importa. Toma. Hoy lo tengo y te lo puedo dar. Mañana, ¡quién sabe lo que será de nosotros!

Del Félix de niño, de cuando vivía Irene, de cuando aún tenía, como él lo había dicho tiempo atrás, un rinconcito limpio en el alma, le vinieron al Félix degradado de ahora, ráfagas de sana ternura.

—¡Tú siempre tan buena, tan triste y tan desgraciada! Que yo sea un miserable, es una cosa natural, pero tú...

—Yo no tengo por qué ser mejor que tú, Félix; pero tampoco tú tienes por qué ser peor que yo. No lo olvides.

—Cada uno navega en su galera como puede, «vaya». Me he puesto romántico como antes, sin la disculpa ahora de aquellas lecturas de novelas tontas. Quiero que sepas que siempre te recuerdo.

—Y yo, créeme, yo también...

Los pensamientos de Gertrudis iban cambiando. Un escepticismo manso, fatal, carcomía sus mejores resoluciones. No podía estar su espíritu siempre en la misma actitud. Era joven aún, y no se habían cegado las fuentes de su sensualidad. La compañía del hombre, como implacable imperativo, se le imponía.

Mas, no sólo por exigencias corporales, sino por consecuencia del mero hecho de vivir. La vida sin pareja, sin familia, sin intimidad, es irregular. Forzosamente el individuo, el individuo común y corriente, ha de devanar sus filosofías en la práctica, en la realidad de los acontecimientos.

Descontenta de sí misma, Gertrudis había invertido totalmente su fisonomía interior. Siempre lloraba algo dentro de ella, la muerte de aquella otra Gertrudis, ingenua y creyente, de años anteriores. Ella sentía caer este llanto dentro de sí, como un paraje perpetuamente lluvioso en el mundo de sus emociones.

Esta mutación de su carácter la entristecía líricamente, pero no era posible ir hacia atrás, ni detenerse: la marcha forzada de la vida la empujaba hacia adelante. No sin un acerbo dolor.

El encuentro casual una mañana con Damián la conmovió hasta más no poder. Le pareció sorprender en su mirada un reproche. ¡Ah! ¿Con qué derecho? Por la serenidad con que podía juzgarle ahora, comprendió que su amor estaba bien muerto. Al principio le odió, mientras aún quedaba un rescoldo de pasión; ahora..., [118] ahora era el estupor de haberle amado. ¿Tanto había querido ella a ese hombre?

---

118   Esta palabra no se repite en la versión del 2008.

¿No tenía memoria su corazón? ¿O es que ella vivía del último acontecimiento de su corazón?

Damián, mejor vestido, igual de juventud, quizá un poco triste —o eran los ojos de ella empañados por la melancolía del pasado—, seguía su marcha tranquila en la vida.

La saludó quitándose el sombrero, serio y cordial, sí, acaso un poco cordial el rostro. Inconsciencia suma. Él creería que estaba curada porque existía aún, o por lo de Fonseca. ¿Había sabido?... ¿La creería amante de Fonseca? ¿Y su mujer? ¿Y sus hijos? ¿No tenía él el calor de su hogar? ¿Y por qué ella no un poco de equilibrio? De equilibrio no más, porque eso hubiera sido en tal caso, Fonseca para ella.

Pero..., ¿qué le importaba ya Damián? Y al verle andar confundiéndose entre la gente en la calle, en una hora vulgar, despreocupadamente, se asombró de que ella hubiera vivido con aquel hombre; de que ambos se hubieran visto en la más íntima desnudez corporal, que no interviene en las cosas del alma, e interviene demasiado; que le hubiera amado con tanto frenesí e idolatría.

Y el mundo ignorante, impasible. Nada: el imperio de la vida, su fuerza incontrastable y dictadora triunfaba.

III

El mismo día que se había encontrado en la calle ton Damián, tuvo un penoso contratiempo en la oficina.

En los corredores, la lengua maldiciente de una compañera vertía sobre su nombre calumniosos improperios.

Ya a esa hora se hablaba por toda la secretaría que Gertrudis vivía con Fonseca, con su jefe inmediato y hasta con el propio secretario.

—Es un escándalo; es una desvergüenza traer a esas mujeres a la oficina —decía Julia, en voz alta, atrayendo en torno suyo un corro de muchachas al que se agregaban algunos hombres en el último término de la fila.

Julia estaba verdaderamente congestionada de furor. Su despechado amor por Fonseca la cegaba. A mil mujeres que le hubieran puesto delante, les hubiera ripiado el nombre.

Odiaba a Gertrudis con ese odio gratuito e impotente de los espíritus ruines, apestados de envidia. Desde que Gertrudis había entrado a trabajar en la oficina, le había cobrado una sorda enemistad, que había ido tomando incremento en la misma intensidad en que Gertrudis le iba ganando simpatías a Fonseca.

La fama de inteligente y seria que ésta había logrado, era acerbo aliciente para su envidia. Se dedicó, pues, con ahínco, a desprestigiarla. Todos se reían de Julia, la criticaban con dureza; pero, con lastimosa y cobarde malignidad, la hacían coro, la acicateaban, batían con sus alcahuetes comentarios el lodo que iba regando ya, tristemente, la senda de Gertrudis.

Al verla pasar, camino del elevador, el murmullo se acrecentó. Como moscas atraídas por la suciedad, revoloteaban hombres y mujeres sobre la palabra mordaz de la rencorosa Julia.

Veloz, zahiriente[119], venenosa, la peor de las calumnias se clavó a traición[120] en las espaldas de Gertrudis.

—Hasta le gustan las mujeres. Vive con Delia, ¿no saben ustedes quién es Delia? Pues Delia es...

—Fonseca cogió al vuelo este final. Honrado, leal, tuvo un gesto de noble indignación. Se abrió paso bruscamente entre unos cuantos..., pero reaccionó. Previó el escándalo y se detuvo. Iba a ser contraproducente, iba a comprometer más el nombre de Gertrudis.

Echó a andar para alcanzarla. La encontró abajo.

—Ve directa allá. Tengo que hablarte con urgencia.

Los automóviles cruzaban uno detrás del otro, y Fonseca y Gertrudis entraron juntos en la casa.

—¿Qué sucede?

—¡La cochina gente!

—Se habla mal de mí, ya lo sé

—Pero se dice lo peor...

—¿Qué es lo peor?

—Qué vives con Delia.

Gertrudis se quedó muda. Una vergüenza delicada, dolorosa, un poco retrospectiva, le sacó a los ojos repentinas lágrimas de pudor.

—¡Qué asco! –murmuró cansadamente.

—Y tengo que decirte esto, precisamente hoy...

—¿Precisamente hoy?...

—Sí; tenía que darte la noticia de que me embarco. Al fin he sido nombrado canciller.

—Has logrado tu aspiración.

—Me apena dejarte así.

—Ya te pasará la pena.

—Gertrudis, yo te tengo afecto, y me da no sé qué tu actitud de vencida. ¿Por qué no intentas limpiarte de tu amargura?

—¿Ahora que me has dicho eso de la oficina? ¿Ahora que me hiere y ensucia la maldad humana? Soy una vencida, sí. Lo confieso. Estoy en decadencia, como me dijiste un día. Pero, ¡qué tranquilamente y con qué aires de suficiencia dan los consejos los que están fuera del círculo donde uno se siente asfixiar! Encima de todo lo sufrido, debe no reírse para no preocupar ni culpar a los demás.

---

119   Neologismo
120   A traición, palabras que no se encuentran en la versión del 2008.

—Tu desgracia es grande, Gertrudis. No la disminuyo...

—¡Ah! No son ñoñerías...

—Aquellos fueron conceptos, que no debes traer aquí, precisamente cuando yo quiero considerar tu dolor.

Y, después de un receso cargado de tristezas, Fonseca agregó:

—Sobreponte. Damián ha sido un canalla para contigo, pero Damián no es toda la Vida.

—Yo no estoy ahora para razonar qué es la Vida. Bastante hago con sufrirla. La Vida, para mí, es mi infancia desolada, ¡mi orfandad!, la necesidad de tenerme que ganar el pan que como; mi pobreza. Damián, Antonio, tú. Mi oficina, la casa de Guzmán y el tugurio de mis primos. La Vida es, para mí, Manuel, borracho; Justina, imbécil; Irene, muerta; Juan, afeminado, corrompido; Félix... ¡Ah, Félix! Sifilítico, indigente, miserable; Julia, mordaz, envidiosa; Damián..., no hablemos de Damián. Tú, un hombre común; ni bueno ni malo; egoísta de tu tranquilidad. Antonio, mediocre, brutal; un títere bufonesco. La Vida es para mí mis propios delitos, mi propia carne y mi propia alma... Ahora, sólo quisiera tener un hijo. Mi hijo sería el redentor de mi existencia. Tal vez su santa alegría. Le daría a él, lo que no supe dar a mi padrino. También fue ese viejecito muerto la Vida, para mí. La Vida en sí, la de todos. Si fuéramos preguntando de puerta en puerta... Tras los miriñaques del optimismo, encontraríamos las lacerías del pesimismo. Sin filosofías, sin elucubraciones empíricas te digo que la Vida cuesta más de lo que vale, y que la maldad humana no reconoce límites. Échate a andar por esos mundos... Francia, Alemania, Rusia, China, África, América... ¡Bah! En todas partes, enemigos. Dentro de la familia, enemigos en el sentimiento o en la idea. Traición en el amor; en tu lecho o en tu ideal. Siempre egoísmo en la amistad; porque en efecto te necesiten, o porque necesitan que tú necesites de ellos. Éste se expresa en todos los idiomas, en todas las literaturas. Desde el principio del mundo. No es nuevo, porque es eterno. Y por esa misma razón, tampoco es viejo. La Vida está antes que nosotros y sigue después de nosotros. La justicia, el Bien, el Amor. Suelta un poco las riendas a los hombres, y verás. Deja hablar a las guerras, y verás. Haz que surja otro Jesús, y verás... ¡Oh! Fonseca, Damián no es toda la Vida, claro que no.. ¿Quién es toda la Vida? ¿Qué cosa es toda la Vida? Para mí es lo mío; para ti, lo tuyo. Lo cercano, lo inmediato, lo que produce nuestras reacciones, lo que contrasta en torno nuestro, eso es, en fin de teorías, la Vida. ¡Cosa más simple llana y natural!... Donde yo existo, es ahí donde brota mi experiencia, no va a ser en Oceanía. La Vida es cada hombre en cuanto se enfrenta con otro hombre. La Vida es uno mismo que tiene que vivir.

Fonseca sentía llegar hasta él la pesadumbre de aquellas verdades.

—Pero oye, Gertrudis. Eso que sólo ves, es el lado pésimo de la Vida. El espíritu humano, no puede soportar por mucho tiempo esa actitud sin sentirse inútilmente destrozado. Siguiendo tu teoría, nos hacemos impotentes y estériles. Tú quieres pasar por sobre la Vida, Gertrudis, y hay que vivirla en su término medio. Tiene también sus compensaciones y siempre se descubre alguna belleza en la fealdad más horrible.

—Sí, comprendo algo de eso. Mira: Damián, quizá haya sido un buen, hijo y seguramente es un buen padre, como comúnmente se entiende, aunque quizá no pase de ser un mediano padre, pero, en fin, ahí puede haber un poco de belleza moral en Damián. Eso, sin embargo, no indica nada, nada en absoluto, en contra de mi experiencia. Fíjate, Fonseca, mi experiencia digo... Si tú juzgas porque la Vida te resulta muelle y agradable, eres injusto, al no pensar en los demás... Y somos «los demás» los que marcamos la verdad: los que vivimos el dolor de la Vida, no ustedes, los que mariposean por sobre ella.

Fonseca tuvo un gesto de impaciencia. En la egoísta parsimonia de sus días, tembló cobarde el miedo a ponerse triste. No quería enredar su cómoda felicidad en las penumbras de las teorías de Gertrudis. Quiso terminar la conversación.

—¿No sabes que Antonio está en la Habana? Me lo presentaron casualmente el otro día. Por el retrato que tú me habías enseñado, lo reconocí apenas lo vi.

—¿Sí? Se ha divorciado. Parece que con las leyes y el cura y los respetos sociales, le fue mal también.

Salieron. Fonseca se apartó de Gertrudis convencido de que era inútil todo esfuerzo para salvarla de sí misma Al rematar esta consideración en su subconsciente, no pudo evitar un ademán de distanciamiento, preservativo del fatal contagio de aquella vida enferma. Sacudiendo una preocupación y una responsabilidad que ya le cansaba con su trabajo forzoso, siguió tranquilamente su camino.

***

Era el colmo, era el más allá del dolor humano. Don Esteban se moría[121]. Todo resentido, en algunos puntos de su humanidad más que en otros: en el corazón y en los riñones. La edad, el agotamiento, los desgastes y viejos trastornos orgánicos le postraban por última vez.

Gertrudis estaba asombrada. Nunca se le ocurrió pensar que fuera tan pronto. Ahora le remordía inquisitorialmente su conducta; aunque había oído de labios del viejo que se moría, que eran errores de la juventud, para la juventud hechos.

Gertrudis no creyó que aquello iba a ser tan fuerte. No sabía que más hondo, más profundo que amor alguno, estaba en ella el cariño de aquel anciano, que era propiamente toda su familia. ¡Y cuánto le había hecho sufrir con el más cruel egoísmo!

Criada sin discretas ternuras femeninas, marcada como una res por su fatal contumaz sensualismo; sin alicientes su mísera existencia, fuera del amor, había ejecutado la voluntad de un destino que le fue adverso al nacer; pero no había ahora razones sentimentales, filosofías mayores para su humilde y contrito dolor.

Don Esteban se moría y ella quería una tregua, un poco de tiempo, al menos, para hacerle más dulce las últimas horas de su vida. Para resarcirle de las contrariedades y disgustos que le había ocasionado. Para llenar de sonrisas apacibles los últimos años de su vejez.

¡En vano! Don Esteban murió...

Y a ella se le rompía entre las manos aquella nueva posibilidad de rehabilitarse.

***

¡Qué soledad más espantosa! Ahora sí. Nadie sabía darle razón del por qué de nada. La casa vacía estaba llena de su padrino y dentro de ella se sentaba a esperar todas las mañanas, todas las noches a que llegara él de alguna parte.

¡Cómo había sufrido calladamente por ella! Enfermizamente se gozaba de un modo torturante en revivir pormenores. Cansada, con una angustia apretada como un puño dentro de los límites de su corazón infantilizado, desvalido en su enorme dolor, no hallaba qué hacer de su vida.

---

121 La autora comete un desliz pues ya ha dicho líneas antes que Don Esteban ha muerto.

fearful

Una desorientación medrosa, un pánico atroz a salir, andar, a moverse, como si le fuera a faltar el piso al ponerse en pie; como si sobre la cabeza se fuera a destapar el cielo y hundirse todo; los astros, los mundos, en la más grande negrura, la tenía recluida en el cuarto de don Esteban.

Y cada día era peor, cada sol más triste: cada noche más solitaria. De su padrino no había allí más que el eco de sus pasos; la vaga sensación de su presencia; la engañosa resonancia de su voz, pero su dolor se obstinaba en esperar, en esperar que todo aquello fuera mentira.

IV

Luchó. Se sometió a una auto-cura. Dispuso de nuevo de su vida, reorganizó sus horas, La prueba era dura, pero ella sacó del fondo de sí misma todo su viejo heroísmo; lo bruñó con su voluntad, lo reconstituyó con toda la savia de su dolor.

Apeló a los últimos recursos de sus fuerzas morales. Su carácter era como una cantera viva que tuviera esporádicos brotes de rosas.

Sin religión, sin pautas, sin primicias de la suerte, ni la esperanza de galardones a ultra-tumba, Gertrudis vivía de su experiencia: zumo de sabiduría humana.

Tenía la evidencia, la intuición de lo bello y de lo noble, y por eso reaccionaba siempre al crítico punto de la prueba, con un *superávit* de energías espirituales, que la llevaba de nuevo a cargar contra la realidad.

Limpia de supersticiones, horra de capciosidades moralizantes, la virtud para ella no era la virginidad de las sensaciones; era la mejoración[122], la sutilización, la estilización de esas sensaciones.

El bien por el bien. O, con más exactitud y dolor: la vida por la vida. La transustanciación, en el sentido psicológico de sus causas.

La asiduidad, la continuidad de su esfuerzo en pro de su ideal de perfección —plástico en su concepto— la enardecía fríamente, sobriamente. No había un interés ulterior y bastardo. No le importaban los demás. Le era indiferente el más allá: con una indiferencia espartana, ascética y nobilísima.

Para ella, su moral tenía su valor en sí, infragmentable[123], sin cotización, sin nada que lo respaldara. Como la plata y el oro en las monedas: contante y sonante. Intrínseco. Absoluto. Contra su moral no

---

122   Neologismo
123   Neologismo

se giraban bonos ni billetes. Sobre ella[124] no se levantaban hipotecas. Era una potencia... frente a otra: La Vida. De iguales delineaciones, de igual intimidad y condicionabilidad[125].

Gertrudis empezó de nuevo a trabajar con ahínco en la oficina.

Por nobleza quiso perdonar: por su estetismo espiritual, sonreír a todo. Lo intentó bravamente. ¡Qué terrible fue! Acababa de cumplir treinta años y estaba sola, absolutamente sola en el mundo.

Había logrado la tranquilidad, pero estaba vacía: espantosamente vacía. Abandonada a su propia voluntad, sin ninguna finalidad sentimental en la vida. ¡Pobre de ella si la voluntad flaqueaba! ¿En qué apoyarse entonces? Eso mismo de ser buena, ¿para qué? ¿para quién?

¡Oh, antes, que distinto! Estaba él: don Esteban. Y no lo hizo entonces.

Sin embargo, ahora luchaba, luchaba con un estoicismo frío y gozoso. ¿Hasta dónde? ¿Hasta cuándo?

* * *

¡Qué pena le daba la alegría de aquellos niños! El parque vibraba todo de esa alegría. La tarde la rezumaba. La atmósfera la transparentaba.

Gertrudis, desde su banco, miraba, tranquila y mansamente triste, el cosquilleo de las hojas caídas en tierra. Miraba otras arriba, prendidas aún en los árboles. Miraba el mar, allá distante, inerte, como su pena. Aquí, el estanque, cerrado como su porvenir. Y los chicos que cruzaban patinando con una velocidad increíble. En el centro, el monumento al héroe patriótico, con su masa enorme como un borrón al aire. Y mirándolo todo, Gertrudis lloraba por dentro, inconsolablemente.

El bullicio de la muchachería la hacía estremecer de nostalgia. Un enternecimiento silencioso la penetraba de dulzura. Y tuvo el ansia de querer: sin ardor, maternalmente. Y de tanto ver a los niños y sentirlos cerca de sí, los amó hasta lo más hondo de su vida abandonada e inútil. Y por los ojos se le vaciaba el alma hecha lágrimas. Y a los últimos resplandores del sol, brillaron sus nacientes canas, mientras sus manos cobraban sobre su falda una actitud devota.

---

124   La edición del 2008 ofrece una versión diferente de estas frases omitiendo algunas palabras y dejando solamente: «Contra su moral no se levantaban hipotecas». Ofrecemos el fragmento tal y como aparece en 1929 y en 1930.

125   Neologismo

Volvía a su casa pensando contarlo todo a don Esteban, en comentar con él el sufrimiento que estaba ahí latente, vivo, con toda su pujanza. En hablarle de aquel pesar que tenía de haberlo perdido a él mismo. Delirios. Y luego..., lo irreparable. El silencio de las cuatro paredes de su cuarto solo y vacío, sin un anciano, sin un niño, sin calor de vida.

* * *

Félix volvía tarde e inesperadamente a su cuarto. Caminaba renqueando. Las manos en los bolsillos. En los labios un chiflido desentonado, vago, triste. En la soturnidad[126] de las cuencas, los ojos miraban débilmente. Había llegado a ponerse fino, largo, estrecho como la hoja de una espada. La nariz afilábase en la noche como una alarma. Los labios eran en el rostro languidecente dos líneas a lápiz. La inteligencia apenas le producía ya pensamientos.

Félix iba en busca de su mujer. Ya estaba para cumplir el año de aquel nuevo connubio, en el que se sentía esta vez muy satisfecho. Según su propio término, le había «tomado ley» a aquella guapetona de María. Rolliza, lujuriosa, con unos ojos pardos que decían todas las pasiones y en los que, por claros y brillantes, se copiaban todos los paisajes; con una dentadura sana y limpia, que daba voluptuosos escalofríos al mordisquear, había atraído a Félix desde el primer momento con fuerza misteriosa.

Estaría ya dormida, sin duda. Habría así en el encuentro algo de violación que le excitaba. Febril, apresuró el paso. Ni una persona por el paraje oscuro. Félix iba por el medio de la calle. No era posible caminar por las aceras, interceptadas por los latones de basura. Un perro le seguía tenazmente. Lo espantó varias veces. El animal se detenía un momento, y luego echaba a correr tras él, humilde, sin pizca de amor propio.

El silbido de Félix iba quedando como una raya invisible, sonora, por el medio de la calle. Era fino, penetrante, neto. Daba superstición oírle alargarse lúgubremente en el silencio. Todas las casas cerradas herméticamente, tenían en la noche una

---

126 En 1929, en 1930 y en la versión del 2008 se usa la palabra soturnidad que no existe en el diccionario de la RAE. Pensamos que se trata de un error tipográfico del neologismo posible de saturnidad que, derivado del nombre del planeta Saturno, significaría tristeza. El adjetivo correcto es saturnino.

expresión hostil, una crueldad estúpida. Miraban sin ver al paseante rezagado en la hora.

Félix llegó a la casa de vecindad donde vivía.

El llavín produjo, al entrar en la cerradura, un intempestivo estremecimiento a lo largo de toda la puerta cerrada. El perro se decidió a ladrar por lo bajo. Félix le soltó una patada. Chilló el animal, por hambre, por lealtad servil, o por falta de dignidad, adecuada a un hombre, se arrimó a la pared y se quedó allí esperando una caricia u otra patada.

Félix entró. Sus pasos resonaron en el lóbrego patio. Llegó a su habitación. Un tercer llavín se metió ásperamente por otra cerradura. Félix extendió la mano y apretó el botón de la luz. A lo largo de su brazo sintió desperezarse las sombras que acabara de hender. La luz fue en la estancia, como un grito de la noche. Lo despertó todo. Hasta la conciencia de Félix.

María se abrazaba a un hombre, en su propio lecho.

Félix alzó el brazo hacia un madero clavado en la pared, donde se encajaba un cuchillo de cocina. Lo cogió y se lanzó sobre el grupo. Vio al hombre y le hundió el arma en mitad del pecho.

La luz, como humanizada, quedó en expectación de lo que había descubierto y de lo que, desmesuradamente, contemplaba ahora.

* * *

A la mañana siguiente, el pregón del vendedor de periódicos «Con el crimen de anoche, *Heraldo* con el crimen de la calle Ángeles», desconcertó por completo a Gertrudis.

Un temblor de pánico la sacudía. Rechazó la suposición. Pero el presentimiento de una desgracia ocurrida, desataba sus nervios.

Al fin se decidió a comprar el periódico para encontrarse en primera plana con la información gráfica, espeluznante, del crimen cometido por Félix.

Sintió como una mordedura en la garganta. Le faltó la voz de pronto. Tuvo un principio de asma. Cuando pudo hablar, fue para gritar:

—¡Me ahogo! ¡Me ahogo!

* * *

Fue a ver a su primo.

—¿Por qué has venido basta aquí? ¿Cómo no me dejas en esto último de mi vida?

—No lo sé yo misma, Félix, porque la esperanza de salvarte ya casi la he perdido. Pero es que yo, además, te quiero.

Félix tuvo un acceso de desesperación. Se le vio como por detrás de sus ojos secos, caía una lágrima muy íntima. No contestó nada a la tardía ternura de su prima. Como si no hubiera oído, río en exabrupto.

—¡Podrías acabar de perder las esperanzas, para lo que valen! Ya ves, ahora de aquí para el garrote o cuando menos para presidio.

—¡No desesperes, pudiera ser que...

—¡Cuando le da a uno por desgraciarse! ¡Caramba! Todo porque a esa perra mujer le dio por jugarme la cabeza... Pero, ¡vaya! El hombre ha de ser hombre, y a lo hecho, pecho. Y nada me importa si no fueras tú... Mira, Gertrudis, no vuelvas: que me haces más mal que bien. Tengo la sangre en mal estado y puedo cegarme para siempre..

—Como quieras, Félix, no volveré. Acabaré contigo como con tus padres desde que murió Irene. ¿Te han venido a ver?

—Mi madre nada más.

—Veré cómo se evita tu condena.

—Agradezco tu consuelo, pero no seas ingenua. Tú no tienes influencias políticas, relaciones sociales, ni dinero. Vete, Gertrudis, vete, vete...

Le dió la mano convulsamente. Sintió desgarrarse aquel cariño insospechado, compasivo, que le tenía a su primo. Se fue, atravesando toda la cárcel. Félix la seguía con la vista, los ojos secos, la cara pálida, las manos aferradas impresionantemente a los barrotes de la reja.

* * *

Y un mes y otro mes, una suma de meses que acabaron con la precaria libertad de Félix, y con las humanas fuerzas de Gertrudis. ¿A dónde ir? ¿Qué hacer de sí misma? El corazón se le resentía, se le resquebrajaba de tanta aridez; y su dolor, todo el amplio dolor de su vida entera, se hacía cada vez más sordo, más subterráneo.

Unas ansias íntimas de superación la tenían embargada. Iba siempre en pos de un ideal espiritual que no alcanzaba nunca, pero que consumía sus fuerzas morales, en perpetuo ejercicio. Empezó por analizar concienzudamente la vida de los seres que la rodeaban, y se dispuso con toda lealtad, a comprenderlas.

Damián le había hecho un daño irreparable, mas en cambio ¡cómo con la experiencia dolorosa que le había dado la había obligado al desarrollo de su talento, de su voluntad, de su personalidad! Además, Damián era como todos los hombres, de una terrible irresponsabilidad masculina. Para él, muy sinceramente, ningún mal había en su conducta. Tanto como eso no, pero tenía parte de razón porque no otra era la moral del sexo, para la cual aún no estaban preparadas las mujeres: y ella menos que ninguna, que vivía en la desorbitación de un ideal imposible.

Gertrudis, viviendo siempre en la plétora de su potencia imaginativa, ardía en deseos vehementes de renovación. Buscaba con fiebre, misioneramente[127], cómo compaginar las dulzuras de sus ensueños, con las fuertes realidades del ambiente. No podía hallar esa armonía. Haberla hallado hubiera significado para ella haber muerto.

Su espíritu vivaz, divino y material, necesitaba la lucha, el dolor, el placer; brebaje de estoicismo, sedes de humana deleitación.

La tragedia la exaltaba, la enaltecía. La placidez, anhelo supremo de su corazón, la anulaba, la irritaba. Si tenía el bien, echaba de menos la falta del mal, simplemente porque no sufría y el dolor era el morbo incurable de su temperamento pasional y místico.

La tragedia de los sensitivos, de los líricos, de los emotivos, de los sensuales está toda en esa modalidad de su ser, y sienten la necesidad del engaño, del desencanto: la nostalgia de la soledad y la incomprensión.

Son unos inconformes, y la aceptación total, sin reservas mentales de algo, es para ellos como una claudicación, transacción con la realidad que repugna hasta de un modo físico a su vena artística.

¡Embellecer la vida! Gertrudis hubiera dado su sangre por lograrlo. Ver por un minuto, un solo minuto efímero, reinar de verdad en la tierra, la Justicia. Ver un solo instante brillar el mundo en medio de su luz. Y esplender en esa luz la felicidad de todas las almas.

---

127 Neologismo

El conflicto espiritual de Gertrudis era cada vez más complicado. Naturaleza de una sensibilidad sutilísima,[128] todo lo sufría de un modo casi suicida, porque los grandes pesares, las máximas alegrías, la obligaban siempre a una crisis aguda. Pero las mil pequeñas inconsecuencias de la vida, que su implacable análisis determinaba, la tenían perennemente sumida en una pena vaga, hipocondríaca, misántropa a veces, siempre honda, tenaz, tristísima.

---

128   Palabra cambiada en la versión del 2008 a altísima.

V

Aquellos niños la preocupaban todo el día. A cada hora se preguntaba cómo vivirían en sus casas. Vinieron para ella unas tardes dulces que embelesaban a su corazón.

Mirando a los niños deseaba saber qué aportarían al porvenir de la Humanidad, cuál sería su manejo a la nueva civilización del pensamiento.

Recordaba las afirmaciones de Fonseca... los engaños de Damián. ¿Cómo amarían esos niños cuando fueran hombres? ¿Y ellas, las futuras mujeres?

Gertrudis sintió que le abrasaba el alma un sentimiento de dolorosa humillación. ¡Vanas, pueriles penas las suyas!

Alguien había dicho una vez en casa de Guzmán: «La ilusión no es más que la imagen falsa de un hecho real».

Sin duda, ella no había tenido el talento de comprender la vida. Era una equivocada. ¿Por qué haberse empeñado en imponerle a la realidad el colofón admirable de su fantasía?

Y los niños jugaban, saltaban y se le quedaban mirando con extrañeza.

—«¿Quién será?» –preguntó uno.

Las lágrimas se agolparon a los ojos cansados de Gertrudis. Un estremecimiento triste pasó por toda ella, pobre, sola, gris, en la tarde de arrebol.

Para no sollozar, fingió un acceso de tos. La anulación fue tan lúgubre y tan quebrada, que se le rompió la voluntad. Y ella misma murmuró: ¡Oh! ¡pero qué triste, qué triste estoy!

Y siguió reflexionando. ¿Qué nueva estructura darían a la vida aquellos seres? Amarían sin blanduras, sin flaquezas, sin claudicaciones, sin arrebatos. Para ellos los celos serían una cosa repugnante y estúpida. Amarían con llaneza, sin complejidades psicológicas.

¿Una mujer podría querer a varios hombres y viceversa sin que se conmovieran por eso las esferas? ¿Acaso no era un concepto tradicional y arcaico el que había guiado su apreciación de la conducta de Damián? ¿Hubiera ella juzgado así si no hubiera sido una ley moral establecida, de que esto se debe tener por bueno y esto se debe tener por malo? Entonces, ¿dónde había estado su independencia mental, de la que tanto se ufanaba, si en vez de haber constituido un caso excepcional, de verdadera superioridad de ultracivilizada[129], había sido una de tantas?

Y esas teorías en embrión ¿no invadirían en el futuro la vida de los hombres mismos? ¿Por qué muchos hombres no aceptaban que su mujer amara a otro si lo necesitaba o le gustaba más a la par que a él? Por el concepto, por la opinión prefijada ya sobre la moral de los hombres que así obraban, no por otra cosa: no por falsos honores, que desaparecen en cuanto a la ignorancia general de su caso les libraba de esa responsabilidad externa, mundana, que lo tarifa como hombre de dignidad, esclavizándolo, a su dictamen.

La biología y la fisiología venían poniendo los puntos sobre las íes en las relaciones sexuales de los hombres. Venían rajando el terrón, azúcares y sales, de la moral. Venían absorbiendo tanta lágrima, tonta, y explicando tanto conflicto pueril. Venían destruyendo el sentido falso, convencional, endeble; hipócrita, de la virtud.

Los hombres y las mujeres de la nueva generación, los niños aquellos que, ella estaba viendo jugar, amarían con más valor y más verdad, y darían su vida a cosas más altas, serias y trascendentales que el amor.

¡Los niños! Los quería a todos. Aquel rubio, un poco gordinflón, un niño pesado, sin ninguna gracia espiritual. Al otro, pálido, tan pálido, que le llenaba de intranquilidades maternales, y cuyos ojos negros y cuyo pelo tenebroso le atraían, transiéndola de ternura. Al de más allá, feo, penosamente feo: con un cerquillo ralo hasta las cejas, bajo las cuales unos ojillos saltones, sin apenas pestañas, la miraban con miedo. A todos, ¡oh, almas! los amaba. Y el sol iba ya de bajada en el cielo, y el parque se ennegrecía y enfriaba que era un dolor. Y besos había en la boca sabia y triste de Gertrudis, que morían, antes

---

129 Neologismo

de llegar a su destino: aquellas cabecitas infantiles que poblaban sus sueños como ejércitos de ángeles.

No podía resistir el silencio del parque sin sus niños, y se alejaba, caminando débilmente, taciturna, pesándole su vida honrada, metódica y solitaria. Miraba por sobre las calles el cielo, y los ojos húmedos de un llanto dulce y tierno, buscaban en la suave luz lunar una respuesta a su romántica inconformidad.

¿Era un error o un acierto su vida? ¿Tendría ciertamente la nueva generación esa otra orientación? ¿No la seguían ya muchos seres de su edad y condición? Esa realidad, ¿era hermosa o ruin? ¿Grande o mediocre? ¿De mentalidades superiores, o de gente vulgar?

Su corazón, en sombras, no respondía: sufría.

***

¡Ah, congoja suprema del alma! ¿Hacia qué finalidad la llevaba su vida? Aquel niño pálido de ojos negros, era de Antonio.

Se había enfermado y lo comentaban las manejadoras en el parque. No pudo resistir. Lloró toda la noche, despierta y tan sola, tan sola, que no bastaba la sombra de don Esteban para llenar su soledad. Preguntó dónde vivía y se fue a verle. ¿Para qué?

Para saber qué era de Antonio, que en su divorcio lo había conservado a su lado. Aquel niño enfermo le había llenado de nostalgias el alma.

Su encuentro con Antonio fue menos penoso de lo que esperaba. Su antiguo novio había seguido su vida paso a paso. Estaba en la Habana desde antes de la muerte de don Esteban. Le habló con libertad, sin reparos.

Aún estaba Gertrudis preguntando a la criada por el niño, cuando Antonio, atraído, sin duda, por su voz, se acercó a ella.

—¿Qué haces aquí? ¿A qué has venido?

—¡Pero... tú! No sabía... Entonces, nada.

Había bajado la cabeza, aplanada, y no vió la mirada singular, codiciosa, con que Antonio la recorrió toda.

—¿Qué esperas? ¿Por quién preguntabas? ¿Qué querías?

—Me habían dicho que era aquí donde vivía un niño como de cuatro años, que hace muchas tardes no va al parque. Sin duda la manejadora que me lo dijo: no estaba segura de donde fuera.

—Es aquí. Antónico, sí, mi hijo. Hace unos días, que está enfermo.

—¡Tu hijo! Te aseguro que ignoraba, que no podía prever... Dime sólo, antes de irme, ¿está muy malo?

—No, una ligera indisposición. ¿Quieres entrar a verlo?

—Deja, deja. Me basta con lo que sé.

—Pero, mujer, ¿qué tiene de particular? Entra por una vez.

Entró. El niño le tenía una inexplicable antipatía y como todavía no sabía fingir, la recibió descortesmente[130].

Gertrudis estuvo a punto de llorar. ¿Por qué la repelía aquella criatura inocente? ¿Qué mal le había hecho? ¿De qué podía estar resentido? Y se desbordó toda, entera, su vida sentimental.

—Papá, llévatela de aquí.

Gertrudis no supo qué decir, ni qué pensar. Ante aquella sincera repulsa inclinó la frente como un reo. A los grandes se les puede rebatir. Existe, como medio de defensa, la palabra; como medio de ofensa, la acción. A un hombre se le insulta o se le mata. A un niño, ¿qué decirle? ¿Qué hacerle, cuando rechaza, cuando hiere?

Antonio levantó la voz para reprenderle a su hijo. Quiso obligarle.

—Déjale, no le mortifiques. No insistiré.

Lejos de ablandarse, el niño, por el regaño del padre, que consideraba injusto, se volvió de espaldas a la pared.

Salieron de allí.

—Has de perdonarle. Está enfermo, irritado.

—Ya pasó el mal efecto. La crueldad de los niños es casi noble, es leal.

—Tus frases, siempre tus frases, Gertrudis.

—¡Mis frases!...

—Todo esto te lo has traído tú.

—¿Tú crees?

—Sí. No había para qué haberte buscado la situación en que hoy te encuentras.

—Sin duda he sido la primera en hacerme daño. ¿No es esto lo que quieres decir?

—Eso mismo Si hubieras continuado tu vida modesta, tranquila, virtuosa. Tu casa y tu trabajo.

—...Y me hubiera casado contigo, aunque después me hubiera divorciado. Al menos, Antoñico fuera ahora hijo mío y no me arrojaría de su lado, ¿verdad? —y rió convulsa, nerviosa, un poco escandalosamente.

---

130 Neologismo

—¿Acaso es mejor todo lo que te ha pasado a esto que hubiera podido pasarte? ¿Quién tiene la culpa de que te gastes semejantes amistades? ¿Cómo no seguiste tu vida sencilla al calor del viejo don Esteban? Tu casa era pura y la dejaste.

—Es cierto. Pero era inevitable. ¿Olvidas que también dejaba la dulce compañía del padrino para ir al suburbio donde se hundía de miseria mi familia? Vivir no es, no era para mí, ir todos los días a la oficina, calentarle la sopa a mi padrino y esperar mi boda contigo.

—Sin embargo, era lo normal. Bien que hice por que terminaras con Irene y su compañía.

—Lo recuerdo, descuida. Pero si yo te hubiera hecho caso, ¿hubiera vivido mi vida? Sintiéndome vivir funcionalmente, no era posible que fuera feliz. Hay seres, como tú, impermeables al dolor de los demás: a mí, el dolor de lo demás me invade, me mina, como una enfermedad. La anormalidad de la vida está en los que viven ligeramente como tú, en los que pueden ser felices. Su verdadera normalidad está en su tragedia: sólo luchando desesperadamente se está dentro de su ley. He fracasado, lo sé. ¿Estás seguro que no hubiera fracasado también casándome contigo o con otro? Una burguesa más.

—Y hoy...

—¿Una cualquiera más, ibas a decir?

—No tanto.

—¿Una loca más, entonces?

—Casi, casi.

Te perdono. Cosas peores he perdonado.

Salió de casa de Antonio ya tarde. Sentía como si quisiera estar alegre. No sabía por qué ni de dónde le venía ese contento. Ensayó mentalmente a despreocuparse, a sentirse feliz.

Probó a cantar a media voz. Al principio desentonaba un poco. Aquella música le salía como una queja plañidera. Escogió otra canción. Más caliente y segura, la voz se entonó.

Siguió cantando, sin darse cuenta, hasta que notó que la gente la miraba burlonamente. Se calló y apresuró el paso.

Sintió hambre. Apenas había comido en todo el día. La inapetencia, que tanto preocupara ya a don Esteban en vida y la adelgazaba a ella, tuvo el gesto histórico de rebelarse. El hecho de sentir hambre la alegró infantilmente.

* * *

Gertrudis volvió a casa de Antonio para saber del niño. No entraba en su cuarto. A veces hablaba con Antonio. Cierta tarde, ya el niño estaba convaleciente, Antonio recibió una carta de Santiago de Cuba.

—Es de su madre, como siempre, pidiéndome que se lo mande.

Y Gertrudis, que sufría en silencio la repulsa del niño, del débil y pequeño niño, que no la amaba, que hoscamente la había mirado desde el fondo de su camita con una dolorosa e ingenua interrogación en sus ojos precozmente tristes, abogó por la madre, conmovida por el drama que se desarrollaba entre la madre y el hijo.

—¿Por qué no se lo devuelves?

—¿Devolverlo? ¿Es que, lo he robado, acaso? Las leyes me lo han dado.

—De mala manera, tú sabes que en el fondo le pertenece a ella. Hay cosas que las influencias políticas y el dinero no legitiman nunca. Y ésta es una de ellas.

—Tú has venido aquí de intrusa, y haces esto porque el niño no te quiere.

—Desgraciadamente para mí, no me quiere, es cierto. Quizá sea porque es muy pronto aún, porque está muy reciente la separación de su madre, porque ya está crecidito: por todo esto, y porque es tan taciturno, tan sufrido.

—Es lo que me desespera a mí también, ¿Tú sabes? La madre lo tenía muy pegado a las faldas.

—Por eso, devuélveselo. Es un niño melancólico, y no puedes imaginarte el mal que le haces para el mañana.

—Pero es que yo le quiero, Gertrudis. Que es mi hijo, que deseo tenerle a mi lado. Que estoy muy solo ¿Comprendes, Gertrudis? Muy solo. Si tú quisieras...

—No lo retengas a la fuerza, te pesará más tarde. Es tu hijo, sí, pero... yo también estoy muy sola. Yo quisiera un hijo, y si tú...

—Pudiera ser un trato, con ventajas para ambos: tú, mujer sana, joven y limpia... Yo... ese hijo que anhelas con todas las fuerzas de tu alma.

Y nuevamente Gertrudis se encontró de lleno en la vida. Una experiencia, más terrible que ninguna para su idealismo, la torturó hasta lo infinito.

No es el instinto neto de la procreación lo que impulsaba a hombres y mujeres a aparejarse. Hipocresías de la especie. La sucesión era un resultado y muchas veces enojoso. El placer era el verdadero móvil. Para gozar, se unían hombres y mujeres, y en el momento de la entrega, el hijo, la relativa inminencia del hijo, está, o muy lejos del deseo y el propósito de los amantes, o, muy cerca... para tratar de evitarlo.

No ya Antonio, que iba a la posesión, esta vez bien cómoda, de una nueva hembra, sino ella: ella, que sí lo había tomado como un medio hacia una finalidad más trascendental, había vibrado, ciega y deliciosamente, por las inherentes emociones carnales del acto.

Esa vida interior suya, donde la reflexión desmenuzaba con una sinceridad implacable todos los motivos, mataba de un modo radical su tranquilidad. ¿Cómo evitarlo? ¿Cómo librarse de ella? Todos sus más sublimes anhelos se retiraban a veces atrás en lo subconsciente a la hora de actuar, y sólo quedaba en primera fila, con predominio de actualidad y mando, los más reales y positivos impulsos, las más feas verdades del hombre, que le manejaban, como a un muñeco, y contra las cuales, para no denigrarse, tenía que estar reaccionando constantemente.

Y este esfuerzo le rendía el espíritu, no por cobardía moral, sino por desencanto, al ver que, doquier refugiaba su sueño, la realidad, imperio de la vida, le hería.

Sin embargo, el anuncio del hijo en sus entrañas pacificó un poco sus rebeldías. Esperó... Esperó con un amor exacerbado por aquella criatura que se formaba dentro de ella, lentamente.

¿Qué le importaba la inconsciencia, el egoísmo de Antonio? ¿Su mal humor? ¿Su arrepentimiento? ¿Sus furores? Antonio no quería que naciera ese hijo. No lo quiso nunca. Todo había sido un ardid. Y ahora, que había enviado el otro a su madre, que, joven, con absoluta libertad y unos pesos en el bolsillo podía gozar con independencia de las ventajas de su situación, aquel nuevo hijo, engendrado sin amor —aunque para él el amor era lo de menos—, era un obstáculo que irritaba.

¡Estupidez la suya comprometerse de ese modo! Y aquí todo su brutal rencor se desbordó. Había tomado a Gertrudis como a un mujer fácil, satisfaciendo, con absoluta ligereza de espíritu, viejas curiosidades carnales en su antigua novia. La aventura tenía para él un sabor picante, con rescoldo de viejos e insatisfechos apetitos.

Quizás un sordo deseo de venganza, una secreta intención denigrante, un rabioso instinto de revancha, le habían impulsado a hacer aquella vida.

Esto lo veía bien claro Gertrudis. Es más, lo había previsto. Pero, ¿qué le importaba? Que se marchara luego, dejándole su pequeño y gran tesoro, por el que lucharía, el que llenaría y dignificaría su existencia con su noble ocupación.

¿Qué le iba a costar el hijo? Eso sí que no lo pudo imaginar. En su «borrachera ideativa», en su afán por enaltecer y mejorar moralmente su vida, perdía a trechos la visión de las contingencias reales, que la ponían en peligro.

Heroicamente, siempre tratando de superar con su imaginación la vulgaridad de los hechos humanos, se entregaba a aquella nueva creación. ¡Ah! ¡Si ella hubiera podido dar empleo a sus facultades creadoras!

¡Si ella hubiera nacido con alguna facultad genial! Tal vez hubiera encauzado mejor las aptas disposiciones de su espíritu. La vida activa, inquieta, constructiva de los artistas, tenía un sello aristocrático de finalidad útil, fructífera.

¿Qué podía hacer ella con sus nervios sensibles, siempre dictándole una nueva norma a sus actos, sino dejarlos martirizar su vida?

Se volvía al porvenir. Vislumbraba una nueva concepción de la vida, en la que la mujer, educados sus sentimientos, aprendería a vivir sin tanta soflamera creencia, y aplicara a su modo de existencia un virtuosismo intelectual que tuviera a raya las vehemencias dementes de su corazón.

Y tornaba a preguntarse, ¿quién sabe si no cambiarían los hombres también? ¿Quién sabe si la marejada de la guerra no traería algo más estable para la Humanidad que los corchos flotantes de los sistemas políticos?

Pero, mientras, ahora, ¿qué hacía ella, que en la actualidad no podía ser heraldo, sino conformarse en su papel de oteadora?

Gertrudis recordaba obstinadamente, con una insistencia penetrante, aguda, en las palabras, que tanta impresión le hicieran al leerlas, de Oscar Wilde: «Si la vida es un problema para mí, yo también soy un problema para la vida».

Ahí estaba todo el dilema y la tragedia toda de Gertrudis.

Y la vida, ¿qué hacía con ella? ¿La había comprendido tan siquiera? ¿Había resuelto el enigma, había hallado la clave de su corazón? ¿La veía con reproche, con rencor? ¿Podía prescindir de ella? ¿Podía dar de lado a una inteligencia complicada, misteriosa, como la suya, que tenía caminos inéditos, cúspides inaccesibles, para mirarla a ella: la Vida?

Entre amores se había desenvuelto la existencia de Gertrudis, pero sobre sus peripecias pasionales, que la realidad amenguaba, había en ella un sentido trágico de la naturaleza, una orientación espiritual, un precipitado intelectual, que de haber tenido posibilidades de desarrollo, la hubiera hecho marchar por el mundo como una orientadora, como una maestra de una nueva escuela de vivir.

Sólo el Arte podía salvarla. Sólo el Arte, levantando en vilo, heroicamente, la catástrofe de su vida privada, podía haber hecho obra imperecedera de ella.

Pero Gertrudis era una humilde mujer, que no tenía a su alcance para vivir, más que medios comunes, y modos vulgares. No tenía otra forma de emplear sus grandes condiciones psíquicas y mentales, que la de aspirar, dentro de los límites humanos de su vida llana, realista, no intelectualizada, a una superación moral, basada en la maternidad.

Lo que Gertrudis no había podido prever era que la dejaran cesante.

Entre las ínfulas de su jefe, la rivalidad de Julia y la ambición de un arribista que aspiraba al puesto, ella quedó cesante. Poco más o menos, todos sabían lo de Damián y lo de Fonseca, aunque éste no la había delatado.

Fonseca era hombre de mundo, de experiencia en los lances de amor. Honrado por naturaleza, era discreto también por aprensión. Gracias a ello, Gertrudis se mantuvo más tiempo en su lugar, pero tanto su nombre como su reputación, andaban ya en tela de juicio.

Tuvo que sufrir el despecho impotente, encubridor de patente envidia, de sus compañeras. El ataque soez de los hombres, que se lanzaban sobre ella como una jauría lujuriosa.

Y tuvo que sufrir los vejámenes de Antonio, y casi su abandono.

Fonseca, como cuando lo de Damián, acudió en su auxilio, y, por ese gesto, pareció por un momento que en el mundo había aún un poco de piedad para ella.

—No le culpes demasiado: Antonio no es malo; sólo que es muy joven.

—¿Muy joven? ¿Y entonces Damián? –preguntó Fonseca asombrado.

—Es cierto.

—Tres hombres que no hemos sabido hacerte feliz, Gertrudis.

Ella se irguió. Con las manos aferradas a su vientre deforme en la dolorosa preñez; con los ojos dilatados, encendidos; con la boca amarga, enderezada enérgicamente en ahilado perfil, exclamó, toda rebelde, toda trágica:

—Es el imperio de la Vida.

Fonseca murmuró conmovido:

—También es cierto.

Ella dejó llorar a sus ojos.

—Hoy unos, mañana otros, empujándonos todos; atacándonos y defendiéndonos. Tú, que me hablas así, no renuncias a tu vida, a tu porvenir. Como no lo hizo Damián, como no lo hace Antonio. Los hombres fácilmente se desembarazan de lo que les constituye un problema. Su consideración y bienestar personal es lo que les importa. Lo demás, es carne de la vida.

—Damián quiere venir a verte.

—Que no venga.

—¿Le guardas rencor?

—Qué ingenuo... o qué inconsciente eres, Fonseca. Si así fuera, ¿te asombrarías?

—Como le has defendido alguna vez...

—¿Defendido? ¡Nunca! Interpretar su proceder como algo fatal, humano, inevitable, sí; pero de él a mí, entre él y yo existieron muchas cosas y con ellas y mezcladas a ellas está hoy algo más: el tiempo. No tengo interés ninguno en verle. Su lástima... sí, no protestes..., me es irresistible. No me la tuvo en un tiempo, y no me ofendí. Era la demostración de que aún me tenía en alto en su aprecio. Que me juzgaba fuerte, grande, capaz: a la altura de mi desgracia. Hoy me vendría a ver como una obra de caridad... ¡Y no quiero! Será soberbia. Lo acepto. Me alegra el descubrirlo. Me reconozco en esta actitud. Me habla a mí misma mi yo de antes.

—Cálmate, será lo que tú quieras...

—Tú, también me tienes lástima..., pero no me importa...; entre tú y yo, no ha habido más que unas sábanas...

—¿Nada más, Gertrudis?

—Y un poco de buena voluntad, como dijiste un día. Pero... te embarcarás dentro de una semana. Te absorberá tu propia vida. Tus asuntos, tus proyectos, tus problemas... Yo no seré ya más que un do-cumento humano en tu archivo de novelista. Y quizá ni para eso sirva: esto es pura ñoñería. Y no importa que yo encuentre lo otro ficticio, ¿verdad?

—Tú te contradices a cada paso, Gertrudis.

—Tú no sabes bien lo que yo me contradigo. Esto me hace sufrir, porque me demuestra que no acabo de ponerme de acuerdo conmigo misma, que no acabo de realizar, de afirmar mi yo. Y... ¿quién me dice que mi destino no sea precisamente éste no acabar de conocerme? ¿No será precisamente porque en mi vida intensa me despierta cu-riosidad a cada nueva sensación, por lo que me contradigo?

—Bueno, dejemos eso. Tú necesitas aquí una mujer en estos mo-mentos.

—La comadrona, sí.

—¿No tienes una tía?

—¿He tenido yo alguna vez una tía? ¡Vaya, Fonseca! Cesa de pre-ocuparle por mí. Todo se arreglará. No creo que Antonio me abandone en estos momentos. Despidámonos hoy. ¿Para qué dejarlo para mañana? Aquí no puedes volver. Y yo no puedo, ni quiero, salir más. Cuando te embarques dentro de ocho días, yo pensaré: ya se fue Fonseca. Y tú, tal vez, ¿no?: ya Gertrudis tiene a su hijo...

Gertrudis hubiera preferido que Fonseca la hubiera fecundado, en vez de Antonio. Por lo menos, aquél era de conciencia más limpia y decente, pero su compañero de oficina había tenido para ella un gesto tan elocuente de negación, que hubiera sido único por parte suya abordar tal asunto.

Ni esta insignificante facilidad o ventaja se había podido permitir.

VI

La calle, empinada en aquella parte del Vedado, escurríase hacia el mar que la cruzaba al final como una ancha lista azul.

El cielo, tranquilo, sin color, sin nubes, tenía para la tierra, en aquella hora que caía a plomo sobre La Habana, un gesto antipático, indiferente.

Los árboles estaban como idiotizados de calor. Con las ramas caídas, las hojas inmovilizadas, parecían agobiados por la cargazón eléctrica de la atmósfera.

El polvo que, al paso de los vehículos se levantaba en cernido oleaje por las calles resecas o impavimentas[131], recubría las plantas de los jardines de un grotesco maquillaje.

Las fachadas de las casas y las aceras relucían a un sol que cegaba. Una pesantez terrible caía sobre todas las cosas, y parecía que el día se había detenido en ese instante y que no acababa de pasar nunca.

En su casita solitaria, caldeada por aquella leche hirviente que manaba del sol, Gertrudis gravitaba bajo el peso urgente de su maternidad, ya en próximo trance de alumbramiento, mientras daba los últimos retoques al ajuar del hijo que habría de venir. Antonio leía cerca un periódico.

—¿Cómo te sientes?

—Bien, como el mejor día de mi embarazo. Yo creo que esto tarda todavía.

—No hay que fiarse. Las primerizas son siempre una sorpresa. Debías decir a la comadrona que viniera a verte, así podré marcharme más tranquilo.

---

131 La palabra no está registrada por la RAE, pensamos que es un neologismo que significa no pavimentadas.

—No creo que sea necesario. De todos modos, puedes irte sin preocupación.

Antonio se marchó. Había llegado sólo por un momento a saber de su estado y tenía el compromiso con unas amigos de ir a ver una pelea de boxeo.

A las nueve se le presentaron los dolores a Gertrudis. Fuertes, pero aún relativamente soportables. Sufría con calma la prueba que ella misma había provocado, pero nada de sus sutilezas espirituales, de sus ansias artísticas por restaurar sus destartalados ensueños había apreciativamente en su valor.

Valor sustancial, íntegro, de condición idónea. Valor, como su dolor, natural. Orgánico, lógico, como su moral misma.

Como en el momento de engendrar a aquel hijo, el placer la había arrebatado con su imperativo, con su despotismo fisiológico, dejando en lo subconsciente los trascendentalismos intelectuales de su ambición ideativa[132], ahora, el desgarramiento, las torturas físicas, la sumían en un sufrimiento puramente carnal, animal, sencillamente humano: un padecer humilde, localizado en toda su materia.

A las doce, ya los dolores habían arreciado, presentándose de tres en tres minutos, en un desesperado *crescendo* de intensidad. A cada arremetida del hijo, Gertrudis se retorcía, respirando penosamente entre queja y queja.

Pasó la noche entera en el máximo suplicio de todo su ser. A la mañana se resolvió francamente el parto.

Cuando Gertrudis sintió desgarrarse hacia afuera con la proximidad de su hijo, un conmensurable momento de felicidad la hinchió de ternura. Como miradas infinitas recibió en el corazón el revivido recuerdo de sus muertos. Fue toda su vida aquel solo minuto; el más íntimo, el más particular, aquel en el cual se encerraba su alma plena, de gloriosa alegría y ahondaba en las profundidades más secretas de su existencia.

Todo su aliento, toda su sangre, todas sus fuerzas eran pocas para dárselas al hijo que parecía redimir con su presencia sus cruentos errores. Le amó, como no había amado nunca nada ni a nadie.

Sintió claramente cómo su hijo iba emergiendo del fondo de sí misma, de la cerrazón entrañable de su carne. Cuando hubo asomado la cabeza, un gran alivio físico la consoló de sus sufrimientos. Fue des-

---

132   Puede ser un error tipográfico de ideática, o un neologismo derivado de esa palabra.

tacando rápidamente todo el cuerpecito de su hijo al pasar[133] por la femenina abertura. Un hombro, los bracitos. Por último, todo él.

Después, su llanto; el primer llanto. Unos ojillos grandes, despiertos, abotargados, que nada ven y todo lo miran. La carita con una expresión de azoro, de susto, por el efecto auditivo, el único perceptible, de la vida que choca, y allí donde las tenazas aprisionaban el cordón umbilical, un latido fuerte, constante, vital.

Gertrudis llora en silencio, con dulzura. Renace ella en aquel hijo, nuncio de privadas reivindicaciones futuras que nadie comprendería.

Con voz tierna, melódica, Gertrudis dice a la comadrona que la asiste.

—Todo ha de molestarle, ¿verdad? Los ruidos, la claridad, las ropitas. Pobrecito, todo le es extraño. Desnudito, casi como ciego, sumido en un silencio..., un silencio que era como la primera canción de cuna de mi amor maternal. Sí, como la canción de cuna era ese silencio, porque yo le cantaba bajito muchas veces, cómo si ya pudiera oírme. Ahora parece que ya empiezan a aturdirle, a mortificarle, las groserías de esta vida..., ¡pobrecito! Yo le defenderé, le protegeré... ¡Está tan desvalido, tan necesitado de mí!... No tiene más a que su madre... ¡Hijo mío!... ¡Hijo de mi alma!

La voz se le había roto de emoción y hecha lágrimas fluía de sus ojos dulcemente.

—Vamos, no se aflija así, no se altere. Piense que ahora tiene que estar contenta, que ser feliz para él. Ni disgustos, ni incomodidades. Hay que salvar su leche para ese niño. Todo lo que a usted le pase, le afectará al niño. Ahora usted ha de vivir sólo para él, como si el mundo no existiera. La salud de su hijo depende de usted.

—Si, ¡verdad! Sí, sí, María. Reiré, seré feliz para él, por él. Hasta mi dolor va a ser sana alegría para él...

La última frase salió velada, turbia, casi silenciosamente.

Ambas mujeres se miraron enternecidas. Se comprenderán. Nacía un cariño entre ellas dos.

Cinco horas más tarde el niño moría, por insuficiencia del agujero de Botal.

* * *

---

133 Al pasar, palabras que no se encuentran en la versión del 2008.

El hijo había muerto. ¿Y ahora? ¿Era posible transigir más con la vida, cederle más? Había hecho acopio de todas sus fuerzas y había resistido, resistido...

Sobre cada nuevo derrumbe había levantado un valladar nuevo. En cada miseria había sembrado una rosa. En cada cruz había elevado una estrella. Y nada.

Como Cristo, había caído tres veces. Había pecado, amado, sufrido, perdonado. Había escalado el Sinaí y el Gólgota. Había querido hacer belleza de su dolor. Después de haber mordido el polvo, se había remontado a la cumbre.

Su voluntad de vivir bien había superado a su instinto de vivir mal. En su modo, como pudo, con el alma que le había sido destinada, con el cuerpo que le había tocado en suerte procuró una y mil veces mantener enhiesta su única moral, su única religión: la depuración.

¿Para qué seguir? ¿A qué más y mayores proezas? Lo único que podía ya embellecer su vida, salvarla de la vulgaridad que siempre la había rondado, que había exasperado a su espíritu de esteta, era la muerte.

Y nuevamente el viejo deseo surgió de su subconsciente y cobró poder y mando en su voluntad.

En alas de este anhelo que era así, un nuevo ideal en su ilusión retoñadora[134], un nuevo sueño en su negra realidad, Gertrudis concibió su muerte.

A lograrla, se encaminaron todas sus reflexiones; a anticiparla, todos sus afanes.

Rompió con el mundo, con la insignificante parte del mundo que estaba ligada a ella. Quiso ir bordando en el tiempo esa renunciación postrera. Suicidarse aún no. Eso era fácil. Matarse en vida. Ser viva, como un muerto que anda entre vivos. Acabar con la vida toda, con el ansia de ella, con el instinto de ella, dentro de sí misma.

Llegar a verlo todo, dentro de todo, como si estuviera fuera. Y así empezó su última etapa. En el incesante laborar de su espíritu, se tendió una posibilidad más.[135] Para sus alas había aún rincones inéditos en el espacio. Había, encerrado dentro de la existencia, un más allá ¡Pero era tan difícil alcanzarlo!

Se agarraba tan firme a la tierra su miserable carne, que daba es-

---

134   Neologismo
135   ORA anticipa con estas reflexiones la etapa mística de sus últimas obras.

calofrío. Era increíble como seres que no son más que guiñapos, que son casi parias, que son como bestias sin campo, como aves sin cielos, como montañas sin soles, quieren seguir viviendo. ¡Qué fuerte es la vida! ¡Cómo tira de uno! ¡Y qué terrible, qué humillante, el tener que obedecerla!

Un día y otro día, sin embargo, ella fue rompiendo ataduras, zafando lazos, derribando puentes. Una serenidad le fue cubriendo como un sudario y empezó a ver los hombres y las cosas con magnanimidad divina.

Llenó sus horas de buenas acciones. Se hizo de miel. Cada mañana, en el aumento de su tristeza, una tristeza desconocida, quintaesenciada, nazarena, descubría su próximo fin. La carne le pesaba menos, a cada hora que pasaba. El pensamiento, sin tempestades, se le nimbaba de luz.

Veía la gente trajinar como hormigas, y sonreía. «Ellos ignoran» —se decía—, y toda el alma se le quedaba quieta, extática. Por las calles acariciaba a los niños, nostálgicamente, taladrado el corazón por un pesar tan hondo, tan hondo, que ni le era posible pensar en él. Acariciaba a los niños con sus últimos mimos, los más dulces, los más tiernos. «Pronto no los veré más y ellos no lo saben».

Sentía pasar las noches, pasar los días, rodar los minutos, y murmuraba: «Quizá mañana...»

Sufría, sufría como no había sufrido jamás, porque era un golpe de vista tan fuerte, que trasladaba al presente los restos del pasado. Cuando pensaba en Irene, en Félix, en don Esteban, en su hijo, una pena filante[136], una lástima profunda la ensombrecía por momentos. «Cuando yo me vaya ya nadie los recordará».

Y su dolor se hacía manso, infantil, desgarrante. Parecía que su vida se quejaba por todas partes, que no daba abasto su alma, a medio desprenderse, para todos los recuerdos humanos.

Damián, Fonseca, Antonio, ¿quiénes eran ya? Fantasmas que erraban en su mente: fantasmas, que sin ser más criminales que cualquier otro fantasma, la habían dañado: a ella, la sensible, la inverosímil, la trágica.

Tendida sobre la arena de la playa, cerca de la orilla, Gertrudis miraba extáticamente al cielo. El mar lamía sus pies. A la húmeda ca-

---

136 Neologismo

ricia, una voluptuosidad mística, psicológica, la transía[137] de beatitud; una beatitud taciturna, como un pensamiento de despedida a todas las cosas que son.

Sintió la plenitud del llanto sereno, interior sonrisa que era como una absolución a su pasado.

Quiso llorar y no pudo. Buscó afanosamente su dolor y no lo halló. Su dolor había huido hacía mucho tiempo. Le había acariciado hasta el último momento, había quedado en ella después de la última concentración y ya no estaba.

Indagó, registró por todos los rincones de su mente. Nada. El recuerdo de Damián la dejaba limpia, no ya de rencor, sino de amargura. El de don Esteban y su hijito ya no la entristecían directamente. Sintiose sucumbir al peso de la ley universal que todo lo borra. Ya no era su pena por este o aquel motivo. Ya no sufría por esta o aquella experiencia. Ni accidentes, ni matices. El tiempo cumplía su cometido.

Había desaparecido el grande, el fuerte, el tremendo dolor de Gertrudis.

Ella era como todos, por más que su bondad, en su ideal, quisiera ser más firme en su fidelidad a sí misma y a su propia vida, que el olvido.

Se levantó. Había dejado escapar con las olas su corazón. Estoicamente miró al mar, sin sonreír ni llorar. Volvió a su casa. Dejó tras de sí la frase fatal: «Ya no hay nada que esperar».

Y por el horizonte huían las velas blancas de una goleta. Pasó una mariposa de oro con incrustaciones en negro. Sal en el ambiente, en las rocas, en los abruptos y ríspidos caminos hacia tierra.

El sol tostaba la piel de Gertrudis, recalentando sus cabellos negrísimos.

¿Era su dolor la vela? ¿La mariposa ¿El sol? El mar no le dijo nada.

Acostada en su cama pasaba horas, quizás días, Se levantaba, cogía la jarra de leche que con lentitud iba vaciando en el vaso y bebía maquinalmente. Su espíritu estaba en la misma posición, como su pensamiento. De espaldas a la vida.

La autosugestión la tenía allí, inmóvil. Estaba intensamente pálida. Los ojos le brillaban con fulgores metálicos. Hacía cuatro días que no hablaba. Había olvidado su propia voz. Algo solemne ocurría en ella.

---

137   Neologismo

Se levantó, con una tranquilidad pasmosa, y vació todas las gavetas. Libros, papeles, ropa, retratos. Los llevó al fondo de la casa, al aire libre, y los fue quemando.

Tardó mucho en desaparecer todo aquello. Veía llamear el montón, hacerse cenizas. Con los ojos enrojecidos, ardiéndole, lagrimeándole, entró en la casa. No quedaba nada. Se acostó y alargando el brazo cogió el revólver que sobre la mesa dejaba todas las noches. Lo cargó con fría precisión. Se lo puso en la sien y tiró del gatillo.

* * *

¿Esa era la muerte? Vagaba, sin plena conciencia de ello, por ámbitos de luz. Una paz íntima, paradisíaca, embargábala de dulcedumbre. Se sentía feliz, feliz por completo, por vez primera.

Porque nada deseaba. Porque ningún dardo la torturaba. Porque se le habían borrado de la mente romántica todas sus quimeras de oro; porque ella misma era, en medio del espacio, la llanura azul y el beso de amor.

¡Ah! Pero, ¿por qué ese vértigo? ¿Ese aterrizaje? ¿Por qué empezar a revivir cosas viejas?

¡Voces! ¿Era posible? ¡Voces de tierra! Reconocía una. ¿Qué hacía Antonio allí?

Quiso remontarse con esfuerzo de alas y sintió en su brazo una presión particular, y de nuevo la voz de Antonio. Deliraba sin duda. Eran espejismos de su vida, ya saldada. Pero, no. Ahora oía más claro.

Descubrió que estaba pensando. Lo inapelable de esta función puso un ligero trastorno en su alma ya en liberación. Mas era inútil negarse a la evidencia. No había muerto. También el tiro le había hecho traición.

Al reconocerlo, al confesárselo, tuvo un arranque de rebeldía. ¿Qué? ¿Otra vez la vida? Mil veces, no.

Y para protestar de esa realidad había que despertar de una vez... ¡Desesperación! ¡Despertarse![138] ¡Despertarse ! ¿Cómo? Había abierto ya los ojos y no veía aún. ¿Qué sucedía? Los cerró y tornó a abrirlos. ¡Nada! Toda su alma se quedó de pronto en silencio. Un pavoroso silencio de muerte

---

138   Esta palabra no se encuentra repetida en la versión del 2008.

Una luz invisible, interior, inmanente, empapó su pensamiento todo. Comprendió... ¡Ciega!

Su grito fue por toda la casa una tortura viviente que se retorcía, que chocaba, que se blandía como cosa manejada, y se agrietaba como en derrumbe.

La demacración de Gertrudis, su delgadez, la blancura triste de sus labios, el hundimiento de sus ojos ya sin vista por la trayectoria del proyectil en el nervio óptico, las ojeras cárdenas, ampliadas, la ungían como de cera; le daban al rostro una emoción impresionante.

Mientras sus uñas se clavaban, engarfiadas; en la carne de sus senos. Gertrudis sonreía patéticamente.

Fin de la Novela

Habana, Vedado, agosto 1928. [139]

CRITERIOS DE EDICIÓN DE LA NOVELA: se ha trabajado con las tres ediciones disponibles. Cotejando la primera de 1929 y la segunda de 1930, se han incorporado algunos ligeros cambios hechos en la segunda que tienen sentido y debió hacer los autora misma o la casa editorial Biblioteca Rubén Darío, que publica ambas. Hemos revisado la edición de 2008, Editorial Oriente, Cuba, y se han señalado cambios introducidas por esta, algunos de los cuales hemos adoptado, así como también hemos señalado la omisión en la misma de algunas frases que se encuentran en las primeras ediciones. Se han anotado al pie los abundantes neologismos que la autora crea, así como los anglicismos y galicismos que incorpora como parte del lenguaje coloquial de su momento y su medio. Sólo en algunas ocasiones se han corregido obvios errores tipográficos.

---

[139] La edición del 2008 omite estas dos oraciones que se encuentran en las ediciones de 1929 y 1930.

OTROS TEXTOS

«La construcción de un hijo»

La arena era el faldellín de la playa. El mar, translúcido, de un verde tierno. El sol lo acariciaba todo enervante, afrodisiacamente.

Las cabezas de los bañistas brincaban en el agua, en un pueril retozo. La tarde, en sus primeras horas, se abría hasta sus confines más inaccesibles. En la terraza del club el ocio mundano agitaba a las gentes.

Virginia se erguía con prestancia en la conjunción de la tarde, la arena, el sol y el mar. Los contornos audaces y rotundos de su cuerpo, la plasticidad de sus elementos integrales salvaban el riesgo pornográfico de la trusa.

Su paso diligente, firme; la arrogante indiferencia con que mostraba casi al desnudo toda su figura; la soberanía de sus modales sin etiquetas moralistas para la consideración del público levantaba ampollas en la envidia de las mujeres y pasmaba la hipócrita alarma de los hombres.

Intrigábales, sin embargo, la personalidad de Virginia, cuyo carácter tan libre se les antojaba de una insolencia inimitable. Cuando la veían hender las olas son su cuerpo a filo contra ellas, murmuraban, impotentes, de aquella manifiesta intimidad de la mujer y la naturaleza. Cuando salía al borde renuente de la playa, las líneas pujantes y plácidas de su cuerpo, horizontalizadas en la visualidad individual del paisaje, les removía en el comentario hiriente, sus secretos rencores.

Aquella tarde, Virginia seguía con su mirada limpia y persistente al joven *sportsman* cuyas atléticas proezas y perfección física, ocupaban la atención mundana.

Eduardo era un espécimen de la raza. Su record en todos los *sports* era invencible. Su cuerpo, todo él de proporciones armónicas, elástico y recio, de una belleza genuinamente escultural.

Era el enérgico y victorioso domador de los elementos, de la fuerza resistente: motor, olas, corcel, garrocha. La singularidad de su belleza, la corrección modelo de sus formas, resultaban de una normalidad anormal entre los demás hombres.

Vivida y plástica, su figura irradiaba de esplendor físico, de salud prodigiosa, de estupendos valores estéticos y eugenésicos.

La gente comentaba, en su escandaloso asombro, la acometividad, perfectamente elegante, de Virginia.

Dorada por el orgiástico champán del sol, la joven saltó, ágil, sobre las riberas aguas del mar, y con paso ligero y surcador, se dirigió en línea recta a Eduardo.

—Deseo hablar con usted dos palabras.

—Lo que usted guste, señorita.

Sobre la playa, rubia y pálida, las comadrejas alborotaron insidiosamente.

—Es para hacerle una proposición.

—¿Matrimonial? –preguntó Eduardo con azoro, ingenuo y malicioso.

—Precisamente, no. Científica, más bien.

—No entiendo de ciencia, señorita; pero en lo que pueda servirle...

—Pues sí que puede usted servirme, por eso me dirijo a usted.

—Y se trata...

—De que deseo tener un hijo con usted...

La gente sufrió un ataque de dignidad. La moral había recibido un saetazo envenenado y se desangraba en una hemorragia incontenible y pestilente. Todo el mundo se levantó como temeroso de que la virgen les asaltara.

Eduardo sintió que el bochorno le secaba las aguas del mar en la piel y en la trusa. El polvo de las sales le cosquilleaba el cuerpo. Reaccionó en plan de conquista vanidosa.

Sin darle tiempo a hablar, Virginia le espetó con voz clara e inalterable, la razón de su propósito.

—Hace tiempo que venía siguiéndole a usted la pista. Quiero tener un hijo, con fines exclusivamente maternales. Me afirmo para ello en un derecho que me dan la Vida y la Ciencia. Pero deseo un hijo perfecto, ¿me explico? Usted es un espécimen de la raza...

—Un semental...

—Duro, pero cierto. Eugenésicamente, es usted el hombre que me conviene. Me he enterado de su *record* en la universidad y en los clubs. He ido personalmente a estudiar su hoja de servicios, pudiéramos decir. Es usted el hombre que reúne las condiciones que yo exijo para la concepción de mi hijo.

—Estoy a sus órdenes, para cuando usted guste.

—Un momento: especifiquemos las bases del contrato, porque ya usted comprenderá que esto es un mero contrato.

—Usted dirá.

—Nada de compromiso amoroso.

—Entendido.

—Sí; pero, ¿aceptado? Piénselo bien.

Después cada uno seguirá su rumbo en la vida. Yo he de embarcarme la próxima semana. Escribiré a usted si la experiencia ha dado resultados. Libertad absoluta. ¿Acepta usted?

—Acepto. Honrado y encantado de su selección.

La playa estaba desierta. Virginia miró serenamente a la engañosa ficción del horizonte, que se había bebido el sol.

Le pareció que descubría un mundo virgen en las profundidades soberbias de la Naturaleza.

—Bien; se lo agradezco profundamente. Esta noche nos iremos a la ciudad. Le invito a usted a comer y al teatro. Nos separaremos mañana.

II

La amplia sala de la Audiencia se desbordaba de público. Había una enorme expectación. Jamás se le había presentado a los señores magistrados un caso más extraño y difícil, como que la ley, arcaica, derrengada por falta de vitalidad, no había previsto semejante problema jurídico en los tiempos de su mocedad. «El mundo anda revuelto, —pensaban los magistrados— pero a nosotros nos toca velar por él, conducirle».

Estas cosas de los tiempos nuevos eran incomprensibles a la moral de sus viejos tiempos. La necesidad en que estaban de fallar inapelablemente, les había despabilado del sueño consuetudinario de sus normas legislativas.

El Presidente impuso silencio con un toque autoritario de la campanilla. La curiosidad del público se empinó por sobre la distancia que le separaba de los magistrados. Acusada y acusador recibieron de pleno la mirada agnóstica del tribunal y la mirada estupefacta del público.

Todos los valores humanos se jugaban en aquel juicio. La Moral estaba erizada de terror. La justicia, tras los barrotes de las leyes se estremecía de espanto.

Grave, la voz del presidente se elevó en el ambiguo silencio de la sala.

—Virginia Rosati. ¿Desea usted declarar?

—Sí, señor.

—¿Jura decir la verdad?

—No juro, señor Presidente, prometo.

—Por convicción, señor Presidente. No creo en juramentos. Mi palabra vale más, tiene por sí sola el valor de un juramento.

—Cuestión de forma, así...

—Cuestión de principios, señor.

—Absténgase de interrumpir.

—Cuestión de forma, así que aceptada la palabra de la acusada, con valor de juramento. ¿Qué edad tiene usted?

—Veintiocho años.

—¿Ha sido procesada alguna vez?

—No, señor.

—Declare.

—En la tarde del...

La voz de Virginia era insegura. Un ligero estremecimiento de sus manos hacía que arañase con sus uñas la cartera que bajo sus dedos nerviosos parecía animarse de vida propia.

No era el trastorno de sus sentimientos debido a falta de convicción en sus ideas, y mucho menos a la íntima seguridad de la honradez de su proceder. Sabía que tenía la razón, pero que ésta había de ser cogida entre las mallas de la ley.

Perdía a su hijo, sin que de nada pudiera valerle la legítima defensa de su situación excepcional. Para la ley, toda unión fuera de ella, estable o pasajera, era ilícita y por tanto inmoral.

Eduardo quería reconocer a su hijo. Era un ardid. Una venganza.

Meses más tarde, después de aquella noche en la que había satisfecho, con todas las ganancias del caso, lo que él juzgaba un extravagante capricho de Virginia, había recibido la carta prometida en la cual se le anunciaba el anhelado nacimiento del hijo. Eduardo que había creído vivir tan sólo una aventura, se encontró con las más inesperadas consecuencias sentimentales: se había enamorado de Virginia.

El amor, Alfa y Omega de la vida, le había enredado el corazón en sus más dolorosas y apremiantes complicaciones. Apasionado de aquella mujer singular, a la que sólo había servido de instrumento procreador, se había rebelado contra la imposición de las bases aceptadas en un principio.

Al saber que su relación sexual, responsablemente tenida con un exclusivo propósito maternal y eugenésico, había dado un resultado efectivo, reclamó su hijo, desde luego, con fines al logro de la madre. Con las cartas como prueba, afirmaba que aquel hijo era suyo e imponía su derecho a reconocerlo como tal.

Virginia contestó enérgica, indignada, que moralmente no le asistía ese derecho. El había aceptado el contrato en todos sus puntos. Había reconocido la no existencia del amor entre ellos en el momento de la concepción, salvando para el futuro la posible contingencia de un compromiso legal con la madre o con el hijo. Trato hecho del que hoy se desdecía, por un egoísmo amoroso en el que para nada intervenía el sentimiento paternal.

Las mismas cartas que servían de prueba a Eduardo, constituíanla también para ella. Todo el conflicto se exponía en aquellas páginas, tan claro y terminante, que delataba el abuso, la traición del hombre, valido de los privilegios arbitrarios que la ley le concedía.

Virginia sentía que en su corazón, eminentemente maternal, el amor del hijo, dominador, trágico, se le estremecía de angustia.

—Nada puede oponerse a la voluntad del padre que quiere reconocer su hijo —decía ahora la voz rencorosa y estentórea del abogado acusador.

«Todo puede oponerse, en cambio —pensaba tristemente Virginia— a la voluntad de la madre que quiere conservar su hijo para sí.»

Las simpatías del público estaban, de una manera inconsciente, con Virginia: las ideas tradicionalistas con Eduardo. Los magistrados con la ley: la ley de los hombres.

En la sala el silencio dejaba al desnudo la emoción.

Toda la tragedia biológica de la mujer, no le daba derecho a la maternidad libre y responsable.

Las conclusiones del abogado defensor llevaban implícitas el fallo del tribunal. Los magistrados se aligeraron en el de la carga inútil del problema: la Moral estaba salvada. La Justicia soportaba con sonrojo la vergüenza del atropello cometido en su nombre. La mujer-madre se desangraba por toda el alma.

El hombre victorioso, con todo y las de la ley, se sentía culpable. No hubiera sabido decir para qué quería el hijo y qué iba a hacer ahora con él. Sus ojos seguían con desesperación creciente, delirante, el andar desmayado de la culpable. Recordó aquel salto ágil, juvenil, de Virginia al borde de la playa, cuando rectamente fue a él a proponerle el pacto.

—¡Soy un cobarde! ¡Soy un cobarde! –se recriminó tardíamente.

El público se congestionaba a la salida de la sala. Si pensaba algo, no se sabía, a ciencia cierta, qué podría ser.

Bohemia, Sept. 7. No. 36, 1930

CRITERIOS DE EDICIÓN: Se han respetado los neologismos y la tendencia de la autora a usar las formas enclíticas del pronombre reflexivo que se encuentra en todas las obras compiladas. Se han cambiado algunas comas cuando es obvio que son errores gramaticales o tipográficos pero en general respetamos la puntuación. Se ha cambiado fue a su forma moderna no acentuada. Se han dejado las mayúsculas que brindan énfasis. Se mantienen los anglicismos que han sido italizados. Se corrigió una errata significativa: hander por hender.

«Rebasando el Feminismo»

Prometíamos en el artículo anterior, deslindar en éste los puntos que presentábamos, las ideas que esbozábamos. Pero cada aspecto enunciado en aquél requiere un comentario exclusivo, aparte.

Escogemos, por hoy, la cuestión del feminismo, visto desde el nuevo ángulo de los últimos estudios, reflexiones y experiencias.

El feminismo que se ha venido practicando en Cuba adolece de un error grave, de capital importancia: ha sido un movimiento de apariencia democrática, moral y políticamente visto, pero de subterránea esencia y finalidad aristocráticas. Las instituciones feministas que han existido y existen en Cuba, y, más aun que las instituciones mismas, la propaganda de las ideas, se han significado por un fondo conservador, aun cuando más han alardeado de liberales.

El quid de la cuestión está en que se ha venido entendiendo por feminismo una actitud emancipadora frente al hombre, como género masculino, cuando el feminismo es, por sobre todo esto, un ejercicio de responsabilidad frente a la vida.

Hagámosle un corte transversal al problema, y descubriremos todas sus capas; veremos que estamos no frente al Hombre, sino a los hombres, y hallaremos, a la vez, que frente a él no está la mujer, sino las mujeres. El feminismo, como movimiento ideológico avancista, atraviesa toda la Vida y está concatenado con todos los motivos y objetivos de ésta; está involucrado a la esencia vital, a la fuerza dinámica que la impulsa.

De donde se deduce que el feminismo no puede ser aislado de las cuestiones morales, sociales y políticas que palpitan en la razón ambiental en que se mueve. Más qué lindar, está ligado a los problemas científicos de la época.

No se le puede, al arbitrio de las *leaders,* recortarlo. Abarca todas las situaciones de clase y es, más que una reacción moral y asunto de política, problema económico, con su raíz científica. Tan es así, que una mujer no es absolutamente independiente por mucha libertad moral, intelectual y social que goce, y aunque lograra su plenitud política, si no está principalmente liberada del yugo de la esclavitud económica.

La Vida se mide, racionalmente, por la responsabilidad económica. Pesemos en firme esto de la responsabilidad económica. No se trata del aspecto material del asunto, de pesos más o menos; en un sentido de superflua utilidad. Se trata de la realidad dramática del problema.

Si las mujeres obtuviéramos el voto, ¿habría triunfado por ello el ideal feminista-sufragista? No; en lo absoluto, no. Dos o tres figuras femeninas destacándose en el Congreso, una agitación electoral en la masa anónima y humilde de las mujeres del pueblo, no resuelven los problemas. Básicos de la ideología feminista, y mucho menos constituye el triunfo de la causa.

Mientras no sea manumitida la mujer pobre de su esclavitud económica, mientras las mujeres todas de la clase media, empleada y oficinista, y las obreras, (las tan insuficientemente atendidas obreras cubanas, dentro de nuestro feminismo al desgaire) no habremos triunfado; si se entiende por feminismo, no una aptitud de suficiencia frente al hombre, sino una solidaridad con la mujer. Y no con la mujer como género femenino identificador, no, sino con la mujer como ser humano, perfectamente juzgable y condenable cuando falta, si desvía o traiciona el principio humano y trascendente de la causa: la causa vista como problema de la civilización contemporánea, que es toda ella un principio materialista, un problema económico-científico.

Mientras el feminismo no resuelva, a más del de derecho políticocolectivo, el problema económico de la mujer, no habrá cumplido su misión. Mientras el feminismo no haga a la vez que una provisión de ventajas políticas, una provisión, de pan y una distribución de hogares para todas aquellas mujeres que carecen de ambas cosas, no habrá cumplido con las exigencias de su ideal. Viene ahora, traída y planteada, la pregunta trascendental; concreta y lógica: ¿es éste problema, deber y finalidad del feminismo? ¿No es esto desviar el feminismo hacia una cuestión de clases, señaladas en doctrinas socialistas dentro del campo, deslindado, de una política *de hombres?*

Si no es así, desdeñemos el feminismo como el mediocre recurso de un egoísmo más, y confesemos de una vez, que hemos rebasado el feminismo como algo que viene muy estrecho a nuestra actual visión del progreso humano; y hagamos nuestras, además, las frases de Angélica Balafanof, en su libro «Días de Lucha»:

«Los problemas femeninos se confunden con los sociales también, y sólo una sociedad socialista podrá darles solución. La igualdad de la parte femenina de la Humanidad ha sido axiomática, siempre para mí; pero jamás he sentido más solidaridad o afinidad con las mujeres que con los oprimidos: *además, que yo no considero más mujeres verdaderos miembros de la sociedad con igualdad de derecho, que las que le son realmente útiles y subvienen con su trabajo a su propia existencia. En cuanto a las que viven del trabajo ajeno, me son tan odiosas como cualquier otro parásito.»* (Subrayamos nosotros) *

Bohemia 22 (09/27/1931): 24

*Nota de la autora.

«Tetuán»

Henos pues en Tetuán la más mora de estas tres ciudades del norte de Marruecos. El aspecto de su plaza central es de un interés extraordinario. Está rodeada de cafés típicos, que son como pequeñas casetas rebosantes de moros que toman el té acurrucados sobre los taburetes y las mesas de tablones. Afuera, en las terrazas, la aglomeración es casi imponente. Ningún extranjero se arriesga a mezclarse con los moros en estos cafés que son como un predio exclusivo suyo. Tranquilos, en una actitud de inercia desesperante lo miran a uno con cierta curiosidad vagamente irónica desde sus ojos enigmáticos, de una negrura profunda como la de un pozo. Fuman sus largas pipas de una manera casi ritual. Los jóvenes con el rostro rasurado a la «europea». Envueltos en sus «chilabas»; amplias túnicas blancas, o color pajizo, gris acero o azul muy desvaído, un azul de cielo ceniciento. Los turbantes y los «tarbuch» (especie de bonete de todos los tonos del rojo, con o sin borla) les cubren las cabezas, que jamás se destacan. Sobre las mesas, el eterno vaso de té; un té especial, de un sabor indefinible, al que le mezclan hojas de azahar o cualquiera otra planta. El aspecto verdoso del vaso lleno de hierbas nos causa cierta repugnancia. En toda la plaza, parque y calles, un incesante ir y venir de sombras blancas, que se mueven lentamente sin objetivo alguno. Hora tras hora, día tras día, año tras año los moros de Tetúan se están allí clavados, ajenos al mundo, fumando sus pipas, bebiendo el brebaje de su té extraño, jugando a los naipes o a los dados. Se pregunta uno de qué viven. Aquéllos de su fortuna, éstos de su miseria. Realmente no tienen en qué gastar la una ni por qué salir de la otra. La única preocupación de los moros es la de hacer dinero para dejárselo a sus hijos a fin de que no tengan que trabajar en el mañana. Ninguna ambición y acaso ningún ideal. Están estancados allí sin mayores inquietudes ni mayores necesidades. ¿Felices? ¿Quién puede saberlo? O la felicidad no les preocupa y la desdeñan con esa especie de sentido estático que tienen de la vida, o para ellos la felicidad es eso. Ni una sola mujer se ve en los cafés. Cruzan por la plaza siempre solas o en grupos, de prisa como si urgentemente fueran a alguna parte. Jamás las acompaña un hombre. Si por rarísima casualidad se las ve conversar con uno con toda seguridad es el padre, el hermano, el marido o el tío. Siempre un familiar. Ningún hombre se les acerca, ninguno puede dirigirle la palabra.

A las ocho de la noche sólo se ve alguna que otra mora que se ha rezagado en la hora y que se encamina casi en fuga hacia su casa: su paso silencioso y acelerado deja una como sensación de patinaje sobre el hielo en las calles semi-oscuras y solitarias. En una esquina de la Plaza está la Gran Mezquita: hermética, inaccesible. Imposible visitarla. La entrada está completamente prohibida a los turistas. Por su culpa, pues según me dicen cuando era permitida cometían la irreverencia y la imperdonable falta de buena educación de escribir estupideces e insultos en las paredes. Y ahora «justos por pecadores». En otra esquina está el Palacio del Jalifa, con su imponente Guardia a la puerta. Negros altos, fuertes, estatuarios. El uniforme es el más elegante que hayamos visto. A base de un rojo y un azul muy vivos combinados con el negro de las altas botas, de los puños un poco al estilo mosquetero, de los cuellos, de las cartucheras... de la piel, y del blanco de los guantes. El oro viejo de los cordones y las rosetas colorinesca de las medallas. Los pantalones caen al borde de las polainas en enormes bombachos que casi forman una falda en pliegues naturales y que ceñidos a las rodillas marcan bien el carácter masculino de la vestimenta. Quisimos tomar unas fotos con estos bellos ejemplares de la raza tan decorativos con sus magníficos uniformes, allí contra aquella ventana come tejidas a *crochet*. Uno de estos soldados, joven y simpático, con una sonrisa que era un ramalazo de sol en la pasta negra y brillante de su rostro, nos conoce por el habla que no somos españolas. Al decirle que somos cubanas, se echa a reír infantil y escandalosamente y nos contesta: «Allá en Cuba hay muchos negros». Seguramente no sabe ni donde está Cuba, pero ha establecido una sintonización de motivo racial que le divierte y enorgullece. El barrio moro de Tetuán es lo más característico, lo más típicamente definido que hemos encontrado en la parte visitada de Marruecos. Entramos una mañana decididamente por la calle que desemboca a la Plaza. El aspecto feérico, la luz fulgurante que casi saca efectos especiales en la blancura de las fachadas, las sombras temblorosas que parecen navegar por sobre ellas y que vienen de aquellas enredaderas culebreando por el emparrado, los colorinescos tenduchos que cuelgan hacia afuera sus mercancías exóticas, los hombres que de trecho en trecho detrás de un tablero portátil hacen el cambio de la moneda (española, francesa, árabe o inglesa), haciendo tintinear un puñado de ellas en la mano con un movimiento rítmico, incesante, el ir y venir de los moros, pacíficos, joviales entre sí, con un paso ligero, casi elástico que les ciñe y desciñe la túnica al cuerpo, nos gana hasta el entusiasmo como si el corazón se nos inundara de pronto de sol, nos trinara un pájaro en el oído en aquel choque cantarino de las monedas en la mano del cambiador y el paso se nos fuera en un vuelo por el medio de la calle. Andando, andando nos internamos en el barrio sin preocuparnos gran cosa de cómo habremos de salir luego de allí. Y, sin embargo, era un verdadero problema a resolver: callejuelas inverosímilmente estrechas algunas que se trenzaban entre sí formando un jeroglífico de caminos. En unas se tocaban las paredes con sendas manos con sólo estirar los brazos. La construcción no podía ser más irregular y no obstante conservar de una manera más precisa su unidad fisonómica. Ventanucos y puertas asimétricas como abiertas a capricho y a veces arcos de un lado a otro en los que se continuaban las viviendas. ¡Aquella lechada elemental, aquella blancura monótona e hiriente! Los chiquillos corretean que es un júbilo verlos. Son alegres y simpáticos, despreocupados y candorosos como todos los niños del mundo: pero, pero... cuando queremos sorprender a las moras para fotografiarlas se echan materialmente sobre ellas y las arrancan al enfoque casi con ira hablando precipitadamente en su lengua llena de extraños sonidos que nos recuerda un poco el alemán. Ellas pasan como cuerpos amortajados saliendo de tumbas milenarias. Sólo se les ven los ojos, hermosísimos y con cierta palidez inquietante en la propia mirada. Esta costumbre es de una ingenuidad que nos hace sonreír de primera intención pues es en los ojos, justamente lo único que dejan al descubierto, donde radica el mayor peligro del ser humano. Más tarde hubimos de convencernos de que este hábito no tiene tanto de ingenuidad como pensábamos. El moro abriga la creencia de que por el tamaño y la forma misma de la nariz se puede conocer de modo infalible el carácter sensual de la mujer la que «entonces» se avergüenza del desnudo de esta parte de su rostro como podría avergonzarse del de su sexo. En los zocos la gente se aglomera con un murmullo espeso de moscardones. Se vende hierbas, leche, huevos. Son los mercados, donde también se puede comprar telas y baratijas. Acurrucados en el suelo contra las paredes los moros parecen bultos de ropa. Su mirada nos sigue divertida y sin mayor asombro que el que les causa el cigarrillo. De regreso, lo vamos observando todo. Nuestra mirada sigue el paso de este moro delante de nosotros deteniéndose en sus recias pantorrillas al desnudo o se mete a curiosear por las puertas abiertas, sin éxito, porque tropieza siempre con un paredón que tuerce el rumbo de las habitaciones en el pequeño zaguán típico, construcción expresa pues él moro es un celoso guardián de su intimidad, se sube a los aleros de madera por cuyas ranuras se asoma de vez en cuando un bozo verde, resbala sobre el desorden calculado de éstos cacharros y cestas en el suelo y entre los cuales se sientan las moras «que hacen el comercio» y se distinguen de las otras en que sobre el manto que les cubre la cabeza llevan un enorme sombrero de paja, que nos recuerda el estilo mexicano. Nuestra mirada, sobre la marcha, registra los bebederos de mosaicos donde se doblan a sacar el agua los hombres y las mujeres siempre a distancia, y luego se alza en ímpetu de flechas hacia la torre de una mezquita que de pronto se levanta por entre los murallones, blanca, calada, recta, como síntesis de una raza y de toda su historia. Y, también, de su secreto: de ese secreto que en vano trataremos de penetrar en nuestras próximas crónicas cuando narremos nuestras visitas al Hogar Moro que hicimos en Tetuán y las cosas que vimos y oímos en Tánger. Por hoy tenemos que detenernos aquí ¡Siempre el límite, el límite en todo! Y más cerrado, más intraspasable que nunca en esta enigmática mirada del moro cuya vida interior reposa hoy sobre un pasado de guerra, de arte, de poder, de lujo y de gloria, resignándose, aparentemente al menos, en la actualidad a los designios para nosotros no muy claros —tan pocos claros como los del Dios de «los civilizados»— de su Profeta.

Graphos 34 (enero, 1936): 22

«LA MUERTE PURA DE MARTÍ»

Algunos biógrafos y comentaristas de José Martí –entre los que yo conozco– se inquietan, amorosamente, ante la decisión repentina del Apóstol de picar espuelas a su corcel y arrancar, con fulgurante brío, hacia el combate, en forma en apariencia inconcebible en él: con cierto viso de irreflexión, de imprudencia, acaso hasta de una manera indisciplinada, o al menos olvidadiza, con respecto a la orden de Máximo Gómez, situándolo a la espera junto a Bartolomé Masó.

Voy a intentar desarrollar, con esmero encariñado, una interpretación personal del enigmático *movimiento interno que expelió a Martí hacia la muerte*. Esta apreciación se basa sólo en una intuición, que no sé de dónde viene, pero que sí sé a dónde va.

¿Impaciencia de su propia oportunidad; «avaricia de su hora»; impulso (ya que no intención) suicida; necesidad de justificar su presencia civil en una actuación militar; gesto de estrechar su mano con la guerra, como de él lo dudaron antes, de lo que iba honda y largamente herido, no de mísero rencor, sino de pena, de mucha pena subconsciente?

Quizá no se ha considerado suficientemente el hecho de que Martí murió en la lid sin matar un solo hombre. No se ha reflexionado con detenimiento, tal vez, en por qué ello ocurrió así.

Durante su breve, apretada y opulenta vida: opulenta hasta de modestia, hasta de renunciamiento, hasta de pobreza, se acentúa y subraya en él lo superhumano, lo celeste, lo milagroso, lo santífico. Se le denomina, dada su singularidad, el señalado, el predestinado, el marcado, el clarividente. Apóstol y Genio: dos dimensiones inmensurables desde la condición humana. Mas, hecho curioso y paradójico, tal vez con anhelo conmovedor de conservarle en alguna medida su estatura terrena, a su hora de morir surge en la observación de lo inexplicable desorbitado, un contorno físico limitador.

En esa hora: la clave de su arcano, la trascendencia de su misterio genésico y angélico, se le ve, se le piensa, se le razona como hombre. Casi sin la mayúscula del estupor, del presentimiento, de la adivinación.

«¡Vamos!», dice a Angel de la Guardia. ¿No es una respuesta a una llamada interna? ¡Vamos! Esto es: «ahora, ya voy». Cada quien muere de su propia muerte, dice Rainer María Rilke. Martí no podía morir de muerte guerrera. Martí podía dar la vida, mas no morir matando. Martí debió morir sin matar.

Lo quiso, porque lo entendió así como parte de su deber, como gaje de la contienda, como necesidad de su ejemplo. Pero no lo dejó su destino, porque su destino era otro y diferente y suyo. Lo que llevaba en él de Mesías, lo que en él era Mesías, se lo impidió, contra todo lo que el hombre dispone, aunque ese hombre fuese un José Martí histórico. El Profeta, mejor aún: el Misionero, lo salvó. A la muerte presentó la otra mejilla, como individuo de humanos quehaceres, pero la muerte: antes que perderle en su trayectoria de seráficos menesteres, lo sacrificó. Tenía que ser lo que era: EL PURO.

Humanos, nosotros, tememos al prejuicio–por la responsabilidad que suponemos– de ¿cómo decir esto del Libertador? ¿Y no se señalará con ello, con índice aparentemente equívoco, a un Gómez, a unos Maceos, a un Calixto García, a un Masó? ¡No!, exclamo sin vacilar. Ni al pueblo puede extrañarle, ni desorientarle el rumbo de Martí, ni confundirle a sus demás héroes, ni relajarle el ánimo en sus exaltaciones.

Si se le explica en su emoción esclarecida la formidable, la luminosa, la señera parábola de la ida de Martí a los cielos, el pueblo recorre en seguida el camino de la idea comprensiva en su propia intuición despejada. Y siente que Martí era Unico. Que no se le puede juzgar por los demás, ni a los demás por él, porque él era Incomparable.

También de Mesías y Profetas, guerreros y combatientes hubo arrasando coléricos y justicieros a pueblos y muchedumbres: Moisés, Mahoma. Hablaban, aplicándolos– de la ira de Dios, de la venganza de Dios, del terror de Dios. Martí, si Mesías, y Profeta, y Apóstol, lo fue al estilo y a la misión de Jesús. Lo crucificaron: la bala lo clavó en tierra, porque la tierraa fue su cruz tendida a sus pies, ya bajo su cuna.

¿Por qué las balas admiraron, respetaron a Máximo Gómez? ¿Por qué temieron, odiaron a Maceo? ¿Por qué fueron tan aviesas, tan alevosas con Carlos Manuel de Céspedes? Cada muerte es, además, una prueba. Ellos tenían, con pareja predestinación y excelsitud, su forma de muerte que sufrir. Y así debía de ser: también pudieron decir, y lo dijeron en la práctica: «Hágase en mí tu voluntad»; y la voluntad secreta es sola y distinta para cada quien. La heroicidad no está tanto, o lo está por ello, en la gesta épica: está en esa conciencia profunda con que antes se ha pronunciado, solo, en silencio y en humildad frente a la ley universal, ese «Hágase en mí tu voluntad», cualquiera sea el signo de esa voluntad.

Para Máximo Gómez y para todos los supervivientes, hasta el anónimo «mambí» del pueblo, blanco o negro, fue el deber de cargar la vida a hombros, al final de la última batalla, luego de haberla ofrecido el millón de veces que el viril corazón exigía como ofrenda al ideal de Libertad, obedeciendo así la determinación incógnita de ese precepto del destino.

La bala de Martí no pareció presentir en él el Héroe como enemigo bélico, sino al Héroe como Idea, como Sembrador, como Espíritu, y fue a él magnetizada por su luz, enamorada de su amor para que de amor muriese, y no de coraje, veredicto ni represalia de hombres. Para que no le doliera a él, no el morir, el hacer morir. Para salvar al Cordero.

De haber arrancado vida física por delante, que le pesase sobre la hostia de su corazón al entrar en el firmamento, ¿habría podido alzar su ternura nazarena, ofrecer su pudor de honradez modestísima, ante el orden ce autoridad innominada, esto es: de presencia máxima, que allá existir y ser pueda?

Ciertamente, empecé diciendo que sólo me basaba para esta interpretación en una sencilla intuición, de experiencia interna, de conocimiento infuso. Podrán decir que el juicio sobre Martí, sobre el aspecto acaso más importante de su vida, por ser su más óptimo rendimiento, cual es el de su muerte, no puede exponerse a intuiciones de expresión romántica, de efluvios líricos, inconsistentes como pensamiento formulado, insostenibles como lógica, inválidas como técnica histórica, absurdas como exposición de sentido, etc., etc.

Ninguna muerte, menos aún que alguna otra la suya, es verificable por reactivos intelectuales. Más, que la suya, ninguna muerte permanece tan consagrada. La consagración es el signo y el arte de los dioses, no el acta y la ciencia de los mortales.

Sin necesidad de buscar refugio en la ilustración de que prominentes filósofos han aceptado nada menos que en el plan de las postulaciones de su teoría del conocimiento la directriz de la intuición, cabe enfatizar que todos estos modos y disciplinas del saber humano pueden llegar en un momento dado y ante la magnitud del hecho indescifrable, a un punto muerto: el de la incomprensión, el de lo intraducible a lenguaje concreto, físico. Y ante el fenómeno, que es fenómeno en cuanto a acaecer cósmico, de la muerte de Martí, florecen las Interrogaciones de la perplejidad, con todos los instrumentos culturales de la interpretación directa caídos en su punto muerto de ineficiencia racional.

A Martí, su ley propia, su destino particular le cerraron los ojos antes que disparase. Acaso, de haberlo hecho en el blanco, se le hubiesen caído del rostro, con toda su luz apagada, a la vista del primer hombre que él hubiese convertido en cadáver.

No; no es exagerarle ni amasarle la blandura, la dulzura del ánimo, ni desvirtuarle en flaquezas la hombría de las reacciones. Lo másculo de su carácter lo encajó a horcajadas en su caballo insurrecto, plantado en la manigua «mambisa». Lo inmaculado de su alma era ya el cariz privado, hasta con lo que de estoica inmolación de íntimos sentires pueda contener, de la conciencia individual. A ese retiro, a ese dilema de agonía moral, nadie tiene acceso. Se respeta, por fuerza de su inviolabilidad.

¿A quién le asaltan estos temores, tan mundanos, estos celos y pruritos seculares por la nombradía y la personalidad, por ejemplo, con respecto a lo definida y destacadamente viril en la energía ética y espiritual de todo un Mahatma Gandhi?

Y cuando de Martí se trata, acaso no sea tan falsa posición, ante el misticismo indiscernible del Mesías, la de este sentimiento afínmente místico con su morir, por el cual, con concentrado afán de comprensión que de él mismo impetra su respuesta, me abrazo a su muerte. Muerte en sí misma toda sola, por ninguna superada en inocencia.

Porque La Muerte Pura no es la que se desea; no es, tampoco, la que se piensa: es la que se espera. La Muerte Pura no es el paralizante hecho físico: es la consumación espiritual de una vida santa. La Muerte Pura no es la que se padece forzosamente, sino la que se crea como un ideal sublime. La Muerte Pura no la da más que el vivir virtuoso.

Aquel desear la muerte de Martí, era un ofrecer la vida del patriota. No era una provocación: era una disposición a morir. En doble dimensión: la elección, en cuanto a libre albedrío y la preparación en cuanto a conocimiento interno de la muerte. Más que quererlo, más que entregarse, más que desafiarlo, Martí *sabía* que *ya* iba a morir.

El beso a la tierra de Máximo Gómez al desembarcar en la Isla insurrecta, a la tierra lo estampa y a su firmeza telúrica lo retiene. No habrá muerte que en la conflagración de esa entraña real lo siegue. La mirada de Martí a las estrellas, con los pies sólo alígeramente posados en suelo cubano, lo iza al infinito sideral.

Quien así lo contemple, al llegar a Cuba en aquella noche: hecho ya un espiral de hombre, ha de encontrar en ese rostro transfigurado la explicación de su acto de morir. Porque si en algún ser el morir fue un acto del espíritu, y no un mero accidente de la materia, lo es en Martí.

Por eso no llegó a pelear. Por eso se produce la paradoja, en la secuencia histórica, de que pereciera un soldado en combate en medio de un asombroso claro de simbólica paz sobre los campos. Martí que de soldado no tenía más que la actitud mundana del patriota, esto es: su estar vuelto al mundo de los sucesos empíricos biografiables que promueven la historia, murió en la paz sellada, auguralmente, de la eterna conciencia universal.

La muerte de Martí no fue una caída ni una explosión: fue ascensión. Eso es la Muerte Pura: Ascensión. Mirando a las estrellas, no pensó en matar: pensó en morir. No miró las estrellas José Martí; miró el ser, su yo, lo que hacía que Martí fuese lo que era, llegase a ser lo que iba a ser muriendo. Y las estrellas, en su pálida sonrisa íntima que él recibía a pleno rostro en éxtasis, le infundieron ya el vuelo con que habrían de arrebatarlo de la tierra. Porque Martí fue arrebatado del mundo. Su muerte no fue un episodio humano, fue, no ya por muerte, sino por forma de muerte, una decisión de privilegio divino.

Porque su naturaleza es la incontaminación, la manera de ser de la Muerte Pura, su modo de actuar, es la elevación. La elevación excluye, por principio y por condición, la violencia.

Matar, sea cual sea el impulso o la razón justificativos: en orden a las circunstancias, o en orden a las convicciones, el deber, es siempre una acción violenta, del brazo o del sentimiento.

Esa violencia, sin más, era el imposible psicológico de Martí, era la negación del ser Integral, de la cabalidad del ser de Martí.

Le fue permitido como Libertador, en consecuencia con su obra, el sacrificio de su vida material, exponiéndola a la bala. Pero esa bala fue saeta que le desengarzó el alma del cuerpo, porque su Espíritu... su Espíritu no era cosa, al cumplirse, a ser manejada ni juzgada por los hombres. Su Espíritu tenía que ser salvado.

La Muerte Pura es eso: Salvación de la condición humana del hombre. El morirse sin haber pecado contra la condición divina del hombre. Cuando oigo su voz: «¡Vamos!», me parece oir estas otras palabras: «Aparta de mí, Señor, este cáliz de amargura».

Pere ya las estrellas le habían mirado profundamente a los ojos inmortales, que les rezaban.

Publicado en el «Excelsior» de La Habana, el 17 de Enero de 1953 –Centenario de José Martí.

CRITERIO DE EDICIÓN. Se ha respetado el uso de neologismos que es propio de la autora y cuyo sentido se capta fácilmente, también se ha conservado su uso de los signos de puntuación aunque muchas veces no estemos de acuerdo, se han arreglado evidentes erratas, se ha mantenido su uso de mayúsculas y de itálicas para dar énfasis, se ha reemplazado el verbo conjugado «fué» por su forma modernizada sin acento.

«Agonía»

I

Ocupaba todo el patio vecino. En redondo, toda la armonía suprema, como en el seno de la enorme y serena cúpula de una catedral.

No lo conocí de pequeño. No supe de su asombro, de su timidez, de su júbilo ni de sus ansias. Ya estaba allí. Ni pasado, ni futuro: un inmenso, un eterno presente. No sabía yo si había sido sembrado o era de espontánea generación, aquel árbol feliz. El tiempo, en él, no tenía comienzo ni fin. Juventud y vejez en una síntesis. Era actual. Era un hecho. Era una verdad.

II

Sus frondosos ramajes rozaban la pared, escudriñando táctilmente por entre las persianas del ventanal. Aquel calor de alma, aquella sombra de cuerpo, me ablandaron la vida. Abrí. No cabía en mí mirada.

El mundo físico fue sólo ante mí, dentro de mis ojos, aquel verde remolino en la copa de agua azul de la noche, y del día. Todo, en él: nada, fuera de él. En él inmersa, yo.

Reposaba. Seguro de su hogar, abajo; de su eternidad, arriba. Masa vital en sueño de su grandeza. Tranquila respiración de inmortalidad en un milenario silencio de inaudibles sonidos. Y me iluminaba el rostro con el interno resplandor de su follaje. Y me palpaba la piel con la secreta humedad de su aliento. Y me desbordaba la pupila con el nudo floral de su corazón en ramas.

III

Lo comprendí todo, a la mañana. Cuando el amor se reconoce en su misterio. Era impresionantemente hermoso, como ningún otro árbol en el orbe fuera. Con la majestad de su raza. Con la fuerza de su herencia. Y noble. De una nobleza de semblante. Y feliz... Feliz... porque vivía, y vivir bastaba a su destino. Para cumplir su destino sólo tenía que ser. Y había de ser como era: bello. Estar, como estaba: solo en la vastedad sin orillas.

Como si en todo el globo terráqueo no hubiera más que él. Como si en él se hubiera dado el principio de todas las cosas. Como si en él se negase el fin de las cosas todas. Infinitamente uno en su éxtasis de vida pura.

IV

Pero, se le acercó el hombre. Él lo miró por todas sus hojas en silencio, una única vez. Indiferente. Tranquilo. Justo. Ignoraba que el hombre es, siempre, peligro.

Valiéndose de los derivados de su forma multiplicada, el hombre lo atacó. Pequeños, y además mezquinos, se congregaron en su torno, los hombres. Mucha nuca en alto, mucha boca abierta, mucho ojo atento, y no pudieron ver su superioridad, sentir su hermosura, abarcar su tiempo sin edad. Apenas supieron medir su tamaño, y calcular su resistencia.

Era un hormiguero. Pardo. Nervioso. Maligno. Y peor, cobarde. Le tuvieron miedo. Porque sus gajos eran fuertes y extensos e hirsutos. Porque su tronco era amplio, era recio, y le rezumbaba la savia de los largos años y de las generosidades buenas. Porque era alto: porque subía hasta las nubes, porque ocultaba el cielo.

Hacia arriba, no se veía más que árbol, tanto árbol. Todo: a la vista, al pensamiento, a la voluntad, no era más que eso: árbol. Cual si la tierra toda se hubiese citado en aquel lugar, recogiéndose en su entraña, para engendrar y alumbrar aquel su unigénito árbol: precioso, verdinegro, hidalgo, contento.

E inmensamente solitario.

V

Entonces, supersticiosos y humillados, bajaron la vista, la clavaron: caras en sombras interiores, en la maraña de sus plácidas raíces acordonadas y trascendidas a la superficie telúrica, allí, a sus pies. Un segundo de indecisión, de ira, de pavor. Quizás les estremeció su inocencia... porque la inocencia suele arredrar. Quizás les emocionó su invalidez... porque la invalidez suele apiadar. Quizás los acusó su confianza... porque la confianza suele avergonzar.

Pero los hombres, tentáculos del Hombre, levantaron traidores, los brazos y acometieron a la Creación. En el enigma en calma, filó la muerte. En el íntegro árbol: vertical, horizontal, bajo suelo, hacia el espacio, por todo él, se abrió el azoro, emergió la pregunta, se estremeció el dolor.

Mas el árbol no gimió... Todavía no. Tan solo observó a los hombres, y, vibrándoles las hojas, cada una y todas, les sonrió dulcemente.

VI

En el primer día, se le treparon dos, tres de ellos, con mucha cautela, con mucha aviesa intención. Tentándolo, buscándole las partes vulnerables de su maravillosa anatomía. Temerosos de resbalar por su corteza casi lisa, porosa, toda untada de suavísima secreción. Reptaron por su robusto cuerpo, montándose a horcajadas en sus carnosos miembros a oscuras entre el caudal de hojas brillantes. La sorpresa inundó al árbol de interrogantes. Un cosquilleo lo recorrió de molestias e inquietudes, fibra a fibra, cuerda a cuerda de sus innúmeros brazos.

Los hombres, con sus brutales puños, le hundieron las hachas.

Así fue como al primer golpe, que eran varios primeros golpes, el árbol dejó de sonreír y empezó a transpirar de terror. Pareció una faz angustiada de espanto, vuelta hacia el firmamento. Jamás había tenido él tan aguda conciencia del cielo. Jamás el árbol había querido huir de la naturaleza; había sentido tal necesidad de fuga. Al sufrirse herido, cada rama se le agitó en ala, y una delirante aspiración de vuelo, le aborrascó el corazón doliente.

Pero aún se agarró a la tierra por su raigambre crispada: amándola desesperadamente hasta remorderla, hasta conmoverla. Seco, mudo, estoico, aguantó sin quejarse. Así: sin queja, sin crujimiento, esperó todavía...

VII

Al segundo día, se le fueron acercando al corpulento tallo, despacio, astutos. Ya aparecían: por este lado, por aquél, albeas manchas abruptas por entre las extremidades mutiladas. Ya el árbol se hacía chico, se hacía pobre: se hacía moribundo. Grandes huecos, que se llenaban de luz como los baches de agua, en su tupida copa de sombras, de crenchas, de rumores.

Perdida toda esperanza; en absoluto abandono. Por primera vez se sintió desnudo, y eso le dio tal sensación física de soledad, que una intensa melancolía le anegó la entraña, hondamente silenciosa.

El silbido, en el viento, del hacha. Los zumbidos de las hachas en el aire. Los círculos de muerte anillando, anillando... y más golpes y más golpes. Los pequeños hombres sanguinarios, encaramados, cercenándolo, poco a poco, con absurda sevicia.

Y con un valor temerario, el árbol resistía. No podía luchar. No había defensa ni agresión posibles. Tal vez empujar a algún hombre porque...:

—¡Cuidado, no caiga uno! Sujétense bien; vayan despacio.

Sí; quizás soltar a un hombre... Pero el árbol se concentraba totalmente en el drama de su creación, de su pasión y de su desfallecimiento, para comprender.

Y tenía necesidad de toda su entereza. Su valor caería dentro con él: dentro suyo.

VIII

Al tercer día, llovió torrencialmente. Los hombres no subieron. Las heridas suavizaron primero su hervor de pena en la dulzura del agua poca; mas, cuando ya el agua mucha se hizo, se le fueron enfriando hacia adentro... tanto, que el árbol se la sintió en los huesos, y tiritó.

Hubo una última ilusión: señuelo de ilusión, espejismo de ilusión en las hojas aún vivas, en los músculos aún vigorosos, en los nervios aún vibrantes... en el tronco todavía sano, viril, entero. Abajo, en lo nocturno, en lo ciego, en lo tenaz: allá, matriz adentro, los órganos vegetales palpitaron de alegría; y hacia arriba, hacia fuera exhalaron su añoranza en un pugnaz afán de supervivencia. Tembló de todo ello, el árbol. Una profunda piedad de sí mismo, lo enterneció. ¡Cuánto hubiera querido retener la linda vida que se le acababa!

Bajo la lluvia, fresca y olorosa, que anestesiaba su mal físico y alimentaba su bien vital, el árbol, en su extrema sensibilidad, lloró toda su infinita tristeza, escondiendo con pudor cada lágrima suya en cada gota de las nubes.

Más allá, los hombres espiaban, esperando: sus ojos impávidos contra el árbol de las agonías lentas. Más acá, se me cayó el alma de rodillas, murmurando:

—«¿Por qué? ¿Por qué?»

IX

Al cuarto día fue un asalto furioso. Se perdía mucho tiempo. Había que liquidar de una vez. Bien, que fuese demasiado árbol para un fin rápido; bien, que las casas próximas impidiesen la aserradura que provoca la caída en colapso, pero, consecuentemente, el derrumbe de un coloso en erección que requiere pródigo espacio como ataúd; bien, que ya crecían en torno los túmulos de las ramas, y que él: su ser, así, ya estaba medio muerto, mas era excesivo aguardar, exagerado desperdiciarse el hombre en la tala de un simple, tonto e inútil árbol perezoso.

Y llegaron a su parte troncal. El sol, allí, en derredor, donde antes estuviese lo verde, lo sedoso, lo abigarrado, era ahora blanco, duro, grueso. Era aquél un grandioso vacío. Un vacío sin volumen material, en una red de esencia invisible. Una suerte de extraño vacío marmóreo. Porque todo era anormal; era todo ilógico.

Solo, en medio, aquel tallo destrozado, reduciéndose, reduciéndose atrozmente.

Ahora sí: de lo poco que iba quedando, cada vez menos, emergió un murmullo de sonidos. Era el dolor de las raíces, que se soltaban de la tierra. Hubo una sacudida, una convulsión. Un ruido indecible. Un ruido que despidió humedad. El ruido de una voz. La voz de un sollozo. El sollozo del árbol: aun tal, todavía presencia agónica de árbol, en aquel exangüe pedazo de tronco.

Era humano... porque tenía que ser, al fin, la renunciación. Y todo él entró en el coma.

Al quinto día, a ras de hierbas, abrumadas por la carga del descuartizado esqueleto del árbol, se veía, al centro, una enorme hostia pálida. Una redonda luna amarillenta. Una pupila vidriada. La calva huella del árbol. El charco de su agonía. El disco de su muerte.

Mi alma, en pie, se volvió a todos los rincones del mundo. Y preguntaba, preguntaba:

—«¿Por qué ha sido ésto? ¿Por qué?»

Inédito   México, agosto, 1954.*

Algunos cuentos (De ayer y de hoy) : 9-15

*Nota de la autora a pie de página